Lennart Schwedler

Die formalistische Prätention des Rechts

Lennart Schwedler

Die formalistische Prätention des Rechts

Ansatz einer postkritischen
Rechtstheorie

VELBRÜCK
WISSENSCHAFT

Die vorliegende Arbeit wurde im Sommersemester 2025 als Dissertation am Fachbereich Rechtswissenschaft der Justus-Liebig-Universität Gießen angenommen. Sie wurde durch ein Graduiertenstipendium der Universität gefördert.

Meckenheimer Str. 47 · 53919 Weilerswist-Metternich
info@velbrueck.de
www.velbrueck.de

Printed in Germany
ISBN 978-3-95832-438-1

Bibliografische Information der Deutschen Nationalbibliothek
Die Deutsche Nationalbibliothek verzeichnet diese Publikation in der Deutschen Nationalbibliografie; detaillierte bibliografische Daten sind im Internet über http://dnb.d-nb.de abrufbar

Inhalt

Einleitung

Zu den Grundfesten des Rechts zählt die Prämisse, dass der Richter das Recht findet und nicht schafft – dass er also das zur Anwendung kommende Recht vorfindet und es mit seinem Urteil nicht erst kreiert. Doch hält diese Annahme einer eingehenden Untersuchung nicht stand. Es lässt sich zeigen, dass die abstrakte Regel nicht dazu imstande ist, ihre eigene Anwendung zu determinieren. Es stellt sich somit die Frage, warum das Recht eine Funktionsweise vorgibt, der gerecht zu werden es nicht vermag.

Diese Diskrepanz ist in der rechtstheoretischen Diskussion freilich nicht unbemerkt geblieben. Vielmehr wird eine vielstimmige Kritik nicht müde, sie als Unaufrichtigkeit zu beklagen und ihre Beseitigung zu fordern. Doch scheint auch dies dem Wirken des Rechts keinen Abbruch tun zu können. Vielmehr evoziert es die von der Kritik widerlegten Versprechungen in seinen Entscheidungen stets aufs Neue. Als zweites stellt sich deshalb die Frage, wie sich diese Immunität des Rechts gegenüber einer auf den ersten Blick verheerenden Kritik erklären lässt. Die naheliegende Antwort liegt in einem Verweis auf die fehlende Wirkmacht des theoretischen Diskurses gegenüber einer machtorientierten Praxis. Darüber hinaus drängt sich jedoch die Vermutung auf, dass die Kritik des Rechts, obschon ihre zentralen Beobachtungen zutreffen, einem wesentlichen Zug des Rechts nicht hinreichend Rechnung trägt. Und tatsächlich legt ein Blick auf die grundlegende Funktion des Rechts nahe, dass der Formalismus trotz seiner Unerreichbarkeit für das Recht von zentraler Bedeutung ist. Einerseits muss die Realität der Rechtsanwendung also am formalistischen Anspruch scheitern. Andererseits erweist sich gerade dieser Anspruch als unverzichtbar für das Bestehen des Rechts und somit letztlich auch den Fortbestand rechtlich verfasster Gesellschaften.

Beim Versuch diesen paradox wirkenden Befund rechtstheoretisch zu verarbeiten, gerät das Verhältnis zwischen Entscheidungsfindung und -darstellung in den Blick. Während sowohl das Selbstverständnis des Rechts als auch die Rechtskritik davon ausgehen, dass zwischen diesen beiden Dimensionen der rechtlichen Praxis ein Verhältnis der inhaltlichen Entsprechung besteht beziehungsweise bestehen sollte, lädt der obige Befund zu dem Versuch ein, das Verhältnis von Entscheidungsfindung und -darstellung jenseits des Paradigmas der Repräsentation neu zu formulieren. Wie aber lässt sich eine Praxis beschreiben, die auf der Erhebung eines Anspruchs beruht, der sich nicht einlösen lässt?

Hierauf versucht die vorliegende Arbeit eine Antwort zu geben. Dabei soll eine Untersuchung der sprachphilosophischen Grundlagen der Operationen des Rechts mit einem Blick auf die gesellschaftlichen

Voraussetzungen seines Wirkens kombiniert werden. Diese Herangehensweise ebnet nicht nur den Weg zu einer Beschreibung des Rechts, welche die ihm inhärente Diskrepanz für wesentlich erklärt, sondern verleiht dieser Diskrepanz mit dem Begriff der Prätention erstmals einen eigenständigen Ausdruck.

Das erste Kapitel zeichnet das Scheitern des dem Recht zugrundeliegenden formalistischen Anspruchs nach. Dabei ist zunächst festzuhalten, dass sich der Begriff des Formalismus nicht etwa auf die Karikatur einer streng formalen Rechtsanwendung bezieht. Gemeint ist stattdessen die in sämtlichen Operationen des Rechts vorausgesetzte Annahme, dass sich das konkrete Urteil in der Anwendung der ihm zugrundeliegenden Vorschriften erschöpft. In Anschluss an die sprachphilosophische Tradition des späten Wittgensteins soll die Unhaltbarkeit dieser Annahme aufgezeigt werden. Ihr steht entgegen, dass weder die inhärenten Eigenschaften einer sprachlichen Äußerung noch die Begebenheiten eines vermeintlich feststehenden Kontextes herangezogen werden können, um die Bedeutung eines Rechtssatzes in zuverlässiger Weise zu bestimmen. Beide werden stets in zutiefst situationsspezifischer Weise und gegenseitiger Abhängigkeit konstituiert und entziehen sich somit jeder dauerhaften Festschreibung. Offenkundig steht dies einer funktionierenden Kommunikation und einem zuverlässigen Funktionieren des Rechtsystems jedoch nicht im Wege. Es bedarf deshalb einer alternativen Beschreibung der Faktoren, welche den individuellen Interpreten einhegen und eine erfolgreiche Kommunikation ermöglichen. Eine solche findet sich in den Arbeiten Stanley Fishs. Ihm zufolge vollzieht sich die Zuschreibung von Bedeutungen stets innerhalb interpretativer Gemeinschaften, deren jeweils herrschende Gepflogenheiten das Verständnis spezifischer Äußerungen prägen und außerhalb derer es keine erfolgreiche Kommunikation geben kann. An die Stelle feststehender Bedeutungen tritt somit ein komplexer intersubjektiver Aushandlungsprozess, in dem eine unüberblickbare Vielzahl von Faktoren die Auslegung beeinflusst und in dem das einzig verbleibende Kriterium gelingender Äußerungen in den nachgelagerten Bezugnahmen der anderen Praxisteilnehmer liegt. Die Bedeutung einzelner Äußerungen wird mit jeder dieser Bezugnahmen neu verhandelt und ist demnach stets fluide. Anwendung und Regel stehen in keinem Ableitungsverhältnis zueinander, sondern konstituieren sich gegenseitig. Der formalistische Anspruch, auf dem die rechtliche Praxis aufsitzt, muss somit unerfüllt bleiben.

Das zweite Kapitel legt sodann dar, warum der Formalismus trotz seines offenkundigen Scheiterns für das Recht und den ihm inhärenten zivilisatorischen Wert von entscheidender Bedeutung ist. Dabei werden drei – eng miteinander verbundene – Aspekte voneinander unterschieden. Zuvorderst vermittelt der Formalismus eine dem Recht eigene Form rechtlichen Wissens und ist somit konstitutiv für dessen disziplinäre

Eigenständigkeit. Dieses Wissen begründet wiederum den hervorgehobenen Status rechtlicher Äußerungen im Rahmen gesellschaftlicher Konflikte. Vor allem aber weist es das richterliche Urteil als bloße Anwendung des demokratisch erlassenen und für alle gleichermaßen geltenden Rechts aus und verleiht ihm so die erforderliche Legitimation und Autorität. Somit versetzt der Formalismus das Recht dazu in die Lage, zwischen miteinander unvereinbaren Positionen zu vermitteln und erlaubt den hierbei vertretenen Ansichten, vor allem aber dem am Ende solch einer Auseinandersetzung stehenden Urteil, als allgemeingültige Auffassung aufzutreten. Das formalistische Recht ermöglicht somit einen Umgang mit dem Dilemma zwischen der grundlegenden Verschiedenheit der Menschen einerseits und der gleichzeitigen Notwendigkeit kollektiven Handelns andererseits. Der formalistische Anspruch erweist sich somit seinem Scheitern zum Trotz für das Recht und für rechtlich verfasste Gesellschaften als unverzichtbar. Das Recht ist folglich auf die Vorgabe einer Funktionsweise angewiesen, die zu erfüllen es nicht imstande ist. Damit rückt die Frage in den Vordergrund, wie sich das Verhältnis zwischen dem nach außen getragenen Anspruch und der tatsächlichen Funktionsweise in überzeugender Weise beschreiben lässt.

Das dritte Kapitel weist zunächst die These zurück, dass es sich beim rechtlichen Urteil und seiner Darstellung um voneinander unabhängige Tätigkeiten handele, zwischen denen kein innerer Zusammenhang bestehe, so dass auch die Diskrepanz zwischen ihnen letztlich unerheblich sei. Dem steht entgegen, dass die richterliche Entscheidung nicht losgelöst von ihrer formalen Begründung betrachtet werden kann. Vielmehr stehen dem urteilenden Richter die Möglichkeiten der Begründung bei seiner Entscheidung immer schon vor Augen. Sie prägen somit die Urteilsfindung in maßgeblicher Weise und werden nicht bloß zu deren nachträglicher Rechtfertigung herangezogen. Somit wird zugleich das oben nur grob skizzierte Bild der richterlichen Entscheidungsfindung unter Heranziehung der Arbeiten Sabine Müller-Malls präzisiert. Demnach werden die geltenden Gepflogenheiten im konkreten Urteil nicht bloß in unreflektierter Weise unmittelbar zur Anwendung gebracht, sondern fließen in einen vielschichtigen Prozess ein, in dem der Richter eine Vielzahl von Kriterien in idiosynkratischer Weise in ein subjektiv empfundenes Verhältnis des Passens fügt. Diese Darstellung lässt sich durch einen kurzen Blick auf die empirische Rechtsforschung untermauern. Aus dieser geht hervor, dass das richterliche Urteil von einer unüberblickbaren Vielzahl von Faktoren beeinflusst wird, unter denen die institutionellen Rahmenbedingungen eine hervorgehobene Rolle spielen, ohne jedoch die Urteilsfindung jemals ganz beherrschen zu können. An dieser Stelle liegt wiederum die Entgegnung nahe, dass es auf das tatsächliche Zustandekommen des richterlichen Urteils gerade nicht ankomme, eben weil die Begründungspflicht dessen Rechtfertigung von den Unwägbarkeiten seiner tatsächlichen Entstehung unabhängig mache. Dieser Einwand übergeht jedoch, dass der Formalismus seine legitimierende Kraft gerade daraus bezieht, dass er für sich in Anspruch nimmt, die richterliche Entscheidungsfindung auch in tatsächlicher Hinsicht zu bestimmen. Auch nach dieser Lesart kann die These von der Unabhängigkeit demzufolge kein überzeugendes Bild vom Verhältnis zwischen Anspruch und Wirklichkeit des richterlichen Urteilens zeichnen.

Das vierte Kapitel versucht schließlich die Frage zu beantworten, wie die ständige Erhebung eines Anspruchs beschrieben werden kann, der sich doch nicht einlösen lässt. Zurückzuweisen ist dabei zunächst die These, es handele sich um eine bewusste Irreführung. Dies entspricht weder der obigen Beschreibung der richterlichen Entscheidungsfindung noch kann diese Beschreibung die dem Recht eigene Widerstandsfähigkeit erklären. Ertragreicher scheint demgegenüber der auf Hans Vaihinger zurückzuführende Begriff der Fiktion. Diesem gelingt es, das für den Formalismus maßgebliche Nebeneinander von Kontrafaktizität und hiervon unbeschadeter Wirkmacht einzufangen. Allerdings zeichnet die von Vaihinger beschriebenen Fiktionen aus, dass den Beteiligten ihr fiktiver Charakter stets vor Augen steht. Dies passt nicht zum Recht, in dem Zweifel am formalistischen Anspruch zwar nicht unüblich sind, regelmäßig jedoch im Vagen gehalten und nicht zur Grundlage des eigenen Handelns gemacht werden. Gerade deshalb scheint das von Robert Pfaller entwickelte Konzept der »Illusionen der anderen« passend. Ihm zufolge gibt es Annahmen, die zwar durch besseres Wissen widerlegt werden, die jedoch auf ein imaginäres Publikum ausgelagert und so ihrer Widerlegbarkeit zum Trotz aufrechterhalten und zur Grundlage einer gemeinschaftlichen Praxis gemacht werden können. Der Formalismus kann so die rechtliche Praxis beherrschen, ohne darauf angewiesen zu sein, dass die beteiligten Akteure restlos von seiner Umsetzbarkeit überzeugt sind. Der formalistische Anspruch lässt sich demnach zwar nicht realisieren, wird aber über den Umweg der Projektion auf einen unbestimmten Dritten aufrechterhalten. Auf diese Weise prägt er die rechtliche Praxis und entfaltet seiner Unerfüllbarkeit zum Trotz einen ihm eigenen Realitätsgehalt. Diese spannungsreiche Struktur wird im Begriff der formalistischen Prätention zusammengefasst. In ihm kommt zum Ausdruck, dass das Recht auf die Vorgabe einer Funktionsweise angewiesen ist, der gerecht zu werden es nicht imstande ist. In ebendieser Anmaßung, diesem ständigen Über-sich-Hinausweisen liegt das Wesen und zugleich der immense Nutzen des Rechts.

Das fünfte und letzte Kapitel geht überblicksweise der Frage nach, welche Schlussfolgerungen einem solchen Rechtsverständnis entnommen werden können. Festzustellen ist dabei zunächst, dass sich aus ihm keine verallgemeinerbaren Anhaltspunkte für eine gelingende Rechtsanwendung ableiten lassen. Denn diese sind zutiefst situationsabhängig und entziehen sich somit jeder abstrakten Festschreibung. Gleichwohl kann die Einsicht in das prätentiöse Wesen des Rechts dazu beitragen, den Umgang mit den vielerorts aufstrebenden autoritären Bewegungen zu informieren, welche die bestehende Ordnung zu unterlaufen, wenn nicht gar zu beseitigen versuchen. Dabei erweist sich das Recht als voraussetzungsreiche kollektive Praxis, deren regulierende und friedensstiftende Wirkung maßgeblich von der kooperativen Mitwirkung aller Beteiligten abhängt und das einer hierauf gerichteten Verweigerung entsprechend vulnerabel gegenübersteht. Zuletzt werden die Ausführungen zum Wesen des juristischen Urteils dem Ansinnen entgegengehalten, das richterliche Urteil auf eine künstliche Intelligenz zu übertragen.

Kapitel I: Sprachphilosophische Grundlegung

Vom Formalismus zum Konventionalismus

> And Plato in his »Theætetus« noteth well, »That particulars are infinite, and the higher generalities give no sufficient direction; and that the pith of all sciences, which maketh the artsman differ from the inexpert, is in the middle propositions, which in every particular knowledge are taken from tradition and experience.« And therefore we see, that they which discourse of the inventions and originals of things refer them rather to chance than to art, and rather to beasts, birds, fishes, serpents, than to men.[1]

Die Realität der richterlichen Entscheidungsfindung entspricht nicht dem in ihrer Selbstdarstellung erhobenen formalistischen Anspruch. Während sich das richterliche Urteil nach außen als das Ergebnis einer neutralen Regelanwendung ausgibt, gelingt einer kritischen, sprachphilosophisch informierten Untersuchung der Nachweis, dass eine Regel ihre Anwendung nicht zu determinieren vermag. Weder ein ihr vermeintlich inhärenter Inhalt noch der jeweilige Kontext rahmen das richterliche Urteil dergestalt ein, dass sich dieses als bloße Anwendung einer ihm vorausgehenden Rechtslage verstehen ließe. Stattdessen zeigt sich, dass sich Regel und Anwendung stets gegenseitig konstituieren, zwischen ihnen also kein einseitig hierarchisches, sondern vielmehr ein zirkuläres Verhältnis besteht und die konkrete Anwendung für die abstrakte Regel mithin von konstitutiver Bedeutung ist.

Zugleich scheint offensichtlich, dass der Richter[2] seine Entscheidung nicht nach bloßem Gutdünken trifft. Um jenseits des Formalismus ein plausibles Bild der richterlichen Entscheidungsfindung zu zeichnen, bedarf es also einer alternativen Erklärung der Zwänge, denen sich der Richter bei seiner Entscheidung gegenübersieht. An die literatur- und rechtstheoretischen Arbeiten Stanley Fishs anknüpfend soll dem Formalismus deshalb ein konventionalistisches Verständnis der juristischen Praxis entgegengestellt werden. Ihm zufolge wird das richterliche Urteil allein durch die zum Zeitpunkt der Entscheidung innerhalb

1 Bacon, The Advancement of Learning, S. 150.

2 Zur besseren Lesbarkeit wird in dieser Arbeit das generische Maskulinum verwendet. Die verwendeten Personenbezeichnungen beziehen sich – sofern nicht anders kenntlich gemacht – auf alle Geschlechter.

der juristischen Praxis vorherrschenden Gepflogenheiten eingehegt. Das maßgebliche Kriterium für eine gelungene Rechtsanwendung liegt demnach in der zustimmenden Reaktion der weiteren Teilnehmer ebendieser Praxis. Die Vorstellung einer neutralen Anwendung der Regel ist folglich durch ein praxeologisches Verständnis zu ersetzen, in dem sich das als Recht bewährt, was in nachgelagerten Handlungen und Äußerungen die Anerkennung der maßgeblichen Akteure findet. In inhaltlicher Hinsicht entscheidend für den Ausgang einer Entscheidung sind somit regelmäßig nicht der Inhalt der anzuwendenden Normen oder die Vorgaben der juristischen Methode, sondern die zum Zeitpunkt der Entscheidung innerhalb der juristischen Praxis vorherrschenden impliziten Wertentscheidungen, Gerechtigkeitsvorstellungen und empirischen Prämissen. Somit finden auch jene Faktoren Eingang in die richterliche Entscheidung, deren Ausschluss die Begrenzung auf die Anwendung des geltenden Rechts gerade sicherstellen soll. In einem ersten Schritt widerlegt das konventionalistische Rechtsverständnis so die formalistische Selbstbeschreibung des Rechts.

I. Begriffsbestimmung

Jedes gewöhnliche gerichtliche Urteil wird mit den Worten eingeleitet, das Gericht habe die nachstehenden Festlegungen »für Recht erkannt«. Damit ist der hier in Rede stehende, von der Selbstdarstellung des Rechts erhobene Anspruch im Kern bereits auf den Begriff gebracht. Denn der Vorgang der Erkenntnis impliziert ein zu erkennendes Wesen des Rechts.[3] So transportiert der Ausspruch in aller Deutlichkeit die Vorstellung von der Rechtslage als feststehende, dem richterlichen Urteil vorausgehende Entität, die der Richter in einem Erkenntnisakt nur noch zu Tage fördern muss.[4] Und hierauf beruht wiederum die für das Recht und seine Rolle innerhalb des institutionellen Gefüges schlechthin konstitutive Annahme, der Richter finde das Recht und mache es nicht.[5] Diese soll im Mittelpunkt der nachfolgenden Untersuchung stehen.

In der einschlägigen Literatur finden sich hierfür verschiedene Begrifflichkeiten, unter denen es nunmehr eine passende auszuwählen gilt. Sabine Müller-Mall legt in ihrer Arbeit, an welche die vorliegende Untersuchung gleich in mehrfacher Hinsicht anknüpfen möchte, den Fokus auf den Umstand, dass die richterliche Entscheidung im Einzelfall als bloße

3 von Schlieffen, Sachlichkeit, Rhetorische Kunst der Juristen, S. 127.
4 Somek, Rechtliches Wissen, S. 110.
5 Müller-Mall, Verfassende Urteile, S. 124f.; Fish, Almost Pragmatism: Richard Posner's Jurisprudence, *The University of Chicago Law Review* 57 (1990), S. 1447–1475, S. 1463.

Anwendung geltenden Rechts ausgegeben wird und spricht deshalb vom »Norm-Anwendungs-Paradigma«.[6] Inhaltlich stimmt dies zu weiten Teilen mit dem hier verfolgten Ansatz überein. Allerdings erschöpfen sich rechtliche Entscheidungen nur selten in der Anwendung expliziter Normen. Häufig nehmen sie darüber hinaus Bezug auf dahinterstehende rechtliche Prinzipien, allgemeine Grundsätze oder etablierte Rechtsfiguren und nehmen auch dabei in Anspruch, sich in einem Erkenntnisakt zu erschöpfen. Dies scheint der Begriff des Regel-Anwendungs-Paradigmas nicht in hinreichender Weise zum Ausdruck zu bringen. Vor allem aber geht aus ihm nicht deutlich genug hervor, dass es sich hierbei nicht um vergleichsweise technische Fragen der Regelanwendung handelt, sondern ein zentraler Wesenszug des Rechts ins Auge gefasst werden soll.

Dem steht in der angelsächsischen Literatur der Begriff des Formalismus gegenüber, mit dem vor allem die Vorstellung einer Entscheidung verbunden ist, die sich im Befolgen vorgegebener Regeln erschöpft und auf diese Weise als unzulässig betrachtete Faktoren von der Entscheidungsfindung ausschließt.[7] Dieser Begriffsverwendung möchte ich folgen. Dafür spricht neben der Einheitlichkeit mit der angelsächsischen Literatur, auf die ich mich weitgehend stützen möchte, die Prägnanz des Begriffes, vor allem aber dessen Ausdrucksstärke. Denn er weist – wie zu zeigen sein wird – über Fragen der Rechtsanwendung deutlich hinaus und impliziert die Existenz einer methodischen Sterilität und Neutralität, auf die sich wiederum der Anspruch des Rechts auf disziplinäre Eigenständigkeit und in letzter Konsequenz auf die legitime Ausübung herrschaftlicher Gewalt stützt. Insoweit rückt der Begriff des Formalismus in die Nähe einiger abstrakterer Formulierungen, wie der Objektivität oder der Rationalität der juristischen Methode. Da diese als grundlegende philosophische Kategorien jedoch vielfach anderweitig belegt sind, ohne zugleich einen unverzichtbaren Beitrag zur vorliegenden Fragestellung zu erbringen, soll von ihrem Gebrauch in der Folge so weit wie möglich abgesehen werden.

Im Folgenden soll stattdessen vom Formalismus die Rede sein und damit gemeint sein die Vorstellung, dass der Richter das Recht nur erkennen muss und es mit seinen Entscheidungen nicht erst schafft. Trotz gewisser inhaltlicher Überschneidungen entspricht diese Begriffsverwendung nicht der Kritik an einer richterlichen Entscheidungsfindung, in der als wesentlich erachtete substanzielle Erwägungen keine Berücksichtigung finden.[8] Entscheidend ist nämlich nicht das formale Wesen der in Betracht gezogenen Erwägungen, sondern vielmehr die in Anspruch genommene Neutralität und Passivität der Entscheidungsfindung. Vor

6 Müller-Mall, Performative Rechtserzeugung, S. 259.

7 Schauer, Formalism, *The Yale Law Journal* 97 (1988), S. 509–548, S. 510.

8 Schauer, Formalism, *The Yale Law Journal* 97 (1988), S. 509–548, S. 510.

allem aber ist der Zuschnitt der hier ins Auge gefassten Annahme ein gänzlich anderer. Denn die nachstehende Untersuchung bezieht sich nicht auf eine spezifische Form der Rechtsanwendung. Sie gilt vielmehr der der gesamten juristischen Praxis zugrundeliegenden Vorstellung, dass sich das richterliche Urteil im Wesentlichen in der Anwendung einer ihm vorausgehenden Rechtslage erschöpft.

1. Kein Strohmann

Diese Begriffswahl weist sogleich auf eine ernstzunehmende Gefahr im Zusammenhang der hier untersuchten Fragestellung hin. Diese besteht darin, mit dem Formalismus einen Scheingegner aufzubauen, eine Position also, die in dieser Form niemand (mehr) ernsthaft vertritt und deren Widerlegung deshalb ohne Konsequenzen bliebe.[9] Um dieser Gefahr zu begegnen, ist besonderer Wert darauf zu legen, den formalistischen Anspruch in seiner überzeugendsten Form darzustellen und darüber hinaus seine ungebrochene Relevanz aufzuzeigen.

Dabei ist zunächst klarzustellen, dass der Begriff des Formalismus nicht gleichzusetzen ist mit der Karikatur des Subsumtionsautomaten beziehungsweise der ihr zugrundeliegende Vorstellung einer Regel, die auf mechanische Weise und bis ins Detail das Ergebnis ihrer Anwendung determiniert.[10] Denn schon ein selbstbewusstes Gericht ist bereit anzuerkennen, dass seinen Entscheidungen über die bloße Rechtsanwendung hinaus ein indeterminierter Moment der Rechtsetzung innewohnt.[11] Ohne dieses Element der freien Setzung ließe sich auch schon gar nicht sinnvoll von einer Entscheidung im engeren Sinne sprechen. Dem folgt der größte Teil der Rechtswissenschaft und begreift das juristische Urteil als Nebeneinander kognitiver und voluntativer Elemente.[12] Diese Relativierung vermag der Begriff des Formalismus jedoch abzubilden. Denn er umfasst auch die von Hans Kelsen auf den Punkt gebrachte Vorstellung, dass die Rechtsnorm nicht den genauen Inhalt der Entscheidung, sondern gerade den sie einrahmenden Spielraum festlegt. Entscheidend ist demnach, dass unter Verweis auf den Inhalt der Norm die zulässige von der unzulässigen Rechtsanwendung in verlässlicher Weise unterschieden werden kann.[13] Gegenstand der antiformalistischen Kritik ist folglich nicht notwendigerweise die Vorstellung, dass die Norm

9 Alexy, Theorie der juristischen Argumentation, S. 17.

10 Montesquieu, Vom Geist der Gesetze, S. 131.

11 Müller-Mall, Performative Rechtserzeugung, S. 105, 247f. unter Verweis auf BVerfGE 34, 269.

12 Alexy, Theorie der juristischen Argumentation, S. 22ff.

13 Kelsen, Reine Rechtslehre, 2. Auflage, S. 346ff.

ihre Anwendung vollends determiniert, sondern dass sie der Anwendung klar umrissene oder zumindest ermittelbare Grenzen setzt und es insofern möglich ist, die Grenzen der zulässigen Rechtsanwendung aus der geltenden Rechtslage abzuleiten.

Zwar wirkt auch Kelsens Unterscheidung zwischen dem rechtlichen Rahmen einer Entscheidung einerseits und der politischen Setzung innerhalb dieses Rahmens andererseits in ihrer Strenge mittlerweile überholt.[14] Dennoch liegt sie zumindest implizit der Eigendarstellung des Rechts und den verschiedenen Verteidigungsversuchen der rechtlichen Rationalität nach wie vor zugrunde. Denn erst das Bestehen objektiver, aus der Rechtsnorm erwachsender Grenzen verleiht der Rechtswissenschaft ihren Gegenstand und ermöglicht ihr so die Behauptung ihrer Objektivität und ihrer disziplinären Eigenständigkeit.[15] Dabei kommt es nicht darauf an, worauf sich die Behauptung der Grenzen im Einzelnen stützt, ob also die Norm als sprachliche Entität, die juristische Methode oder eine bei der Rechtsanwendung zum Tragen kommende allgemeine Rationalität im Vordergrund stehen soll.[16] Insofern umfasst diese Begriffsbestimmung auch Positionen, die sich ihrem eigenen Anspruch nach vom Formalismus abzugrenzen versuchen, weil sie die korrekte Rechtsanwendung nur durch substanzielle, über eine formalistische Betrachtungsweise gerade hinausgehende Überlegungen für ermittelbar halten.[17] Entscheidend für die hier verfolgten Zwecke ist allein, dass das formalistische Dogma in seiner relativierten Form zum einen voraussetzt, dass der Inhalt einer Norm eine der Interpretation vorausgehende Größe darstellt, die ihre Anwendung zu disziplinieren vermag,[18] und dass es in dieser Form nach wie vor im Zentrum der rechtlichen Selbstdarstellung und ihrer affirmativen theoretischen Aufarbeitung steht.

2. Keine Inkorporation

In diesem Zusammenhang scheint es angezeigt, auf einen weiteren grundlegenden Einwand gegen die hier verfolgte Fragestellung einzugehen. Und zwar ließe sich gegenüber der Annahme, das Recht sei auf den Eindruck einer neutralen Anwendung vorgegebener Vorschriften

14 Dreier, Rechtslehre, Staatssoziologie und Demokratietheorie bei Hans Kelsen, S. 148ff.

15 Fish, Almost Pragmatism: Richard Posner's Jurisprudence, *The University of Chicago Law Review* 57 (1990), S. 1447–1475, S. 1463.

16 Wenngleich sich schon diese Abstufung als Rückzugsgefecht bezeichnen lässt, siehe Somek, Von der Rechtserkenntnis zur interpretativen Praxis, *Rechtstheorie* 23 (1992), S. 467–490, S. 468.

17 Vgl. Dworkin, Taking Rights Seriously, S. 7.

18 Schauer, Formalism, *The Yale Law Journal* 97 (1988), S. 509–548, S. 528.

angewiesen, anführen, dass das Recht schon ausweislich seines eigenen institutionellen und prozessualen Aufbaus mit dieser Annahme breche. So zeigten beispielsweise mit mehreren Richtern besetzte Spruchkörper sowie die Einrichtung des Instanzenzugs, dass das Recht sich der Tatsache bewusst sei, dass es zwischen verschiedenen Entscheidungsträgern stets zu unterschiedlichen Auslegungen kommen könne. Dieser Einwand scheint in besonderer Weise herausfordernd, weil er davon ausgeht, dass das Recht die Problematik der fehlenden Determinationskraft von Rechtsnormen nicht nur zur Kenntnis genommen, sondern sie in sich aufgenommen und somit zugleich erfolgreich aufgelöst habe.

Einen so weitgehenden Schluss scheint das bloße Vorhandensein der genannten Vorrichtungen jedoch nicht zu rechtfertigen. Unbestritten ist zunächst, dass sie darauf schließen lassen, dass sich das Recht der Problematik unbestimmter Auslegung bewusst ist und ihr auf institutioneller Ebene zu begegnen sucht. Das Recht beweist insofern eine gewisse Reflexivität hinsichtlich der eigenen Funktionsbedingungen. Gleichwohl entkräftet dieser Umstand die obige Annahme nicht, sondern fügt ihr vielmehr eine weitere Komplexitätsebene hinzu und kann auf diese Weise sogar dazu beitragen, sie zu bekräftigen. Denn zum einen entledigt der Instanzenzug die einzelnen Ebenen nicht von der Notwendigkeit, für jede ihrer Entscheidungen die Neutralität im oben beschriebenen Sinne zu beanspruchen. Und zum anderen sind auch die einzelnen Richter einer Kammer oder eines Senats nicht davon befreit, für ihre jeweiligen Auffassungen allgemeine Gültigkeit zu beanspruchen. Kommen sie diesem Erfordernis nicht nach, können sie nicht mit der Gefolgschaft ihrer Kollegen rechnen. Vor allem aber tragen diese Vorrichtungen, die eng mit dem hierarchischen Aufbau des gerichtlichen Entscheidungsprozesses verwoben sind, dazu bei, der letztgültigen, rechtlich nicht weiter angreifbaren Entscheidung eine umso größere Legitimation zu verschaffen. Insofern bilden die besagten Vorrichtungen zwar den Umstand interpersoneller Ambivalenzen ab. Dies jedoch nur, um im Gegenzug dazu beizutragen, dessen destabilisierendes Potenzial einzufangen und durch die von ihnen vermittelte kollektive Kontrolle in ihr Gegenteil zu verkehren. Im Ergebnis tragen sie so dazu bei, den Anschein neutraler Rechtsanwendung nochmals zu verstärken.

3. Kein Gerichtspositivismus

Es könnte außerdem der Eindruck entstehen, dass sich die vorliegende Untersuchung mit ihrem Fokus auf das richterliche Urteil einem bloßen Teilaspekt der rechtlichen Praxis verschrieben hat und dass sie deshalb entweder nur zu Aussagen begrenzter Reichweite fähig oder aber dazu gezwungen ist, die Rechtsprechung im Anschluss an die Kritik des

Rechtsrealismus zur primären, wenn nicht gar einzigen Rechtsquelle zu erklären.[19] Doch gerade einem solchen Gerichtspositivismus, demzufolge das Recht schlichtweg das sei, was der Richter sagt,[20] soll hier nicht das Wort gesprochen werden. Denn ohne den folgenden Ausführungen zu sehr vorzugreifen, kann schon an dieser Stelle festgehalten werden, dass die Bestimmung dessen, was als Recht gilt, nicht als einseitige Setzung seitens staatlicher Gerichte, sondern als ein stets im Wandel begriffener, immer nur vorläufige Ergebnisse hervorbringender, vielschichtiger und vielstimmiger kollektiver Aushandlungsprozess verstanden werden soll. In diesem Prozess nimmt das richterliche Urteil zweifelsfrei eine exponierte Stellung ein, jedoch kann es immer nur eine von vielen zu berücksichtigenden Stimmen darstellen. Gleichermaßen maßgeblich sind beispielsweise die Stellungnahmen und Entscheidungen anderer öffentlicher Stellen, wissenschaftliche Auffassungen[21] sowie die Äußerungen von Rechtsanwälten, aber auch Laien, die sich auf das Recht berufen.[22] Erst aus dem Zusammenspiel der Äußerungen all dieser verschiedenen Akteure und der Resonanz, die ihre jeweiligen Interventionen hervorrufen, emergiert über die Zeit das, was als Rechtsgeltung beschrieben werden kann.[23] Gemein aber ist all diesen Äußerungen, dass sie, soweit sie die Autorität des Rechts auf ihrer Seite wissen wollen, auf die Implikation des formalistischen Dogmas angewiesen sind. Insofern zielt die vorliegende Untersuchung weniger auf das richterliche Urteil im Speziellen und mehr auf das juristische Urteil als solches ab.

Dies zieht wiederum die Frage nach sich, wie sich der gleichsam gewählte Fokus auf das richterliche Urteil rechtfertigen lässt. Der Grund für diese Wahl liegt in dem Umstand, dass im richterlichen Urteil Wesen und Funktion des Formalismus in besonderer Weise hervortreten und sich deshalb besonders gut untersuchen lassen. Dies ist freilich kein Zufall, sondern wiederum damit zu erklären, dass in gerichtlichen Verfahren regelmäßig die legitime Anwendung von Gewalt und damit eine zentrale Frage der staatlichen Ordnung verhandelt wird und insofern die spezifische Autorität des Rechts besonders hervortritt und der Rechtfertigungsdruck entsprechend hoch ist.[24] Hinzu kommt, dass das Recht in seiner Wirksamkeit entscheidend darauf angewiesen ist, durch spezifische Urteile konkretisiert zu werden und dass die gesamte rechtliche

19 Kantorowicz, Some Rationalism about Realism, *The Yale Law Journal* 43 (1934), S. 1240–1253, S. 1243.

20 Schlink, Die Entthronung der Staatsrechtswissenschaft durch die Verfassungsgerichtsbarkeit, *Der Staat* 28 (1989), S. 161–172, S. 163.

21 Somek, The Legal Relation, S. 97f.

22 Hart, The Concept of Law, S. 102.

23 Engelmann, Rechtsgeltung als institutionelles Projekt, S. 217.

24 Luhmann, Ausdifferenzierung des Rechts, S. 184.

Praxis daher gewissermaßen auf den Vorgang des Urteilens zuläuft.[25] Das richterliche Urteil ist insoweit der besonders akzentuierte Ausdruck eines allgemeinen Wesenszugs des Rechts, so dass die vorliegende Untersuchung trotz ihres scheinbar begrenzten Untersuchungsgegenstandes beansprucht, sich zum Recht als solchen und nicht bloß einem seiner Teilaspekte verhalten zu können.

4. Keine Beschränkung auf geschriebenes Recht

Zuletzt könnte der Eindruck entstehen, dass eine von der fehlenden sprachlichen Bestimmtheit rechtlicher Normierungen ausgehende Darstellung nur Konstellationen zu verhandeln vermag, in denen die Anwendung geschriebener Gesetze in Rede steht. Zu Rechtssystem und -gebieten, in denen von Richtern geschaffenes Recht im Vordergrund steht, könnte die vorliegende Untersuchung demnach keine Aussagen treffen. Wie aus der obigen Begriffsbestimmung jedoch bereits deutlich geworden ist, ist die spezifische Codierung des vom Recht erhobenen Korrektheitsanspruch für die hier verfolgten Zwecke von nachrangiger Bedeutung.[26] Entscheidend ist vielmehr, dass dieser fortwährend erhoben wird und dabei dazu dient, das richterliche Urteil als bloße Anwendung vorgegebener Maßstäbe auszuweisen, um es so mit der erforderlichen Legitimation auszustatten. Auch wenn die vorliegende Untersuchung also an der fehlenden sprachlichen Bestimmtheit rechtlicher Regelungen ihren Ausgang nimmt, hofft sie gleichwohl, für verschiedene systematische Ausprägungen der rechtlichen Organisation gleichermaßen sprechen zu können.

5. Beschränkung auf den Ansatz einer Theorie

Aus diesem weitgefassten Anspruch folgt im Umkehrschluss, dass die Untersuchung von nur begrenzter Spezifität sein kann. Da das Ziel die Beschreibung eines grundlegenden Strukturelements ist, können dessen verschiedentliche Ausprägungen im Gegenzug nur angedeutet werden. Dies gilt sowohl in räumlich-zeitlicher Hinsicht für verschiedenartig konfigurierte politische Systeme als auch für die verschiedenen Ausprägungen und Erscheinungsformen rechtlicher Urteile innerhalb dieser Systeme. Davon unbenommen bleibt jedoch die Feststellung, dass in all diesen Ausprägungen auf den formalistischen Anspruch nie ganz verzichtet

25 Müller-Mall, Verfassende Urteile, S. 76f.

26 Dellwing, Derrida, Fish und das Gesetz, *Zeitschrift für Rechtssoziologie* 29 (2008), S. 261–278, S. 273.

werden kann und dass es somit stets auch eines Ausgleichs der hieraus erwachsenden Spannung bedarf. Es muss insoweit aber bei dem Ansatz einer (postkritischen) Rechtstheorie bleiben.

Als postkritisch soll eine solche Theorie bezeichnet werden, weil sie darauf aus ist, die durchgreifende Kritik am Recht zum Ausgangspunkt ihrer Beschreibung zu machen. So macht sie sich zwar deren Einsichten zu eigen, indem sie das Scheitern des formalistischen Anspruchs nachzeichnet. Jedoch findet sie damit gerade nicht ihr Ende, sondern versucht vielmehr, in ebendiesem Scheitern das Wesen sowie den spezifischen Wert des Rechts zu verorten. Auf diese Weise soll ein Blick auf das Recht entwickelt werden, welcher die Einsichten der Kritik in sich aufzunehmen und mit dem inhärenten zivilisatorischen Wert des Rechts in Einklang zu bringen vermag.

II. Das Dogma des Formalismus auf dem Prüfstand der Sprachphilosophie

Die Plausibilität der formalistischen Annahme, dass die Norm ihre Anwendung entscheidend einzuhegen vermag, soll nun aus sprachphilosophischer Perspektive kritisch untersucht werden. Ausgangspunkt und Grundlage dieser Untersuchung ist die Sprachlichkeit des Rechts. Damit gemeint ist nichts weiter als den Umstand, dass das Recht stets sprachlich vermittelt ist, also in der Form sprachlicher Äußerungen auftritt.[27] Damit soll gerade nicht gesagt sein, dass sich das Wesen der Rechtsnorm auf ihren sprachlich vermittelten Inhalt reduzieren ließe.[28] Gleichwohl folgt hieraus, dass die Einsichten der Sprachphilosophie prinzipiell dazu geeignet sind, Konsequenzen für unser Verständnis des Rechts zu entfalten.[29]

1. Der fehlende externe Referenzpunkt sprachlicher Äußerungen

Wie gezeigt beruht das formalistische Dogma auf der Annahme, dass die Bedeutung der Norm zumindest in Grundzügen feststeht, bevor der Richter sie mit Bezug auf einen konkreten Fall zur Anwendung bringt. Dieser Annahme scheinen aus sprachphilosophischer Sicht jedoch gewichtige Bedenken entgegenzustehen.

Dabei ist zunächst die Vorstellung zu verwerfen, der zufolge ein Begriff einer bestimmten Entität in der nicht- beziehungsweise vorsprachlichen

27 Müller-Mall, Performative Rechtserzeugung, S. 15.
28 Vgl. Möllers, Die Möglichkeit der Normen, S. 279.
29 Müller-Mall, Performative Rechtserzeugung, S. 18.

Realität korrespondiert.[30] Dies folgt schon zwingend aus dem Umstand, dass wortgleichen Äußerungen unter der Annahme verschiedentlicher Äußerungsumstände völlig verschiedene Bedeutungen zukommen können.[31] Man denke nur an die Äußerungen eines Schauspielers in- beziehungsweise außerhalb der stets fluiden Grenzen einer Performance[32] oder die sich jeder Definition entziehende Subtilität der Ironie, deren Annahme eine vermutete Bedeutung jederzeit in ihr Gegenteil oder auch etwas ganz anderes verwandeln kann. Es ist folglich nicht möglich, die Bedeutung einer Äußerung allein aus ihrer Wortfolge abzuleiten.[33]

Will man einer Äußerung dennoch eine eindeutige Bedeutung zuordnen, liegt es daher nahe, sich ihrem Kontext zuzuwenden.[34] Doch auch der Kontext einer Äußerung bildet keine feststehende Einheit. Dies wird schon allein daraus ersichtlich, dass eine prinzipiell unbegrenzte Zahl von Faktoren als relevante Begleitumstände einer Äußerung in Betracht kommt. Es ist daher unmöglich, den Kontext einer Äußerung in seiner Gesamtheit explizit zu machen.[35] Vielmehr muss auch er durch interpretative Arbeit immer erst erzeugt werden.[36] Der Kontext einer Äußerung kann also nicht zur Bestimmung ihrer Bedeutung herangezogen werden.[37] Kontext und Bedeutung werden stattdessen stets in gegenseitiger Abhängigkeit konstruiert.[38] Somit erlaubt auch die Konzentration auf den Äußerungskontext nicht die zuverlässige Ermittlung einer vorgegebenen Bedeutung. Deren Zuschreibung muss somit ohne die Verankerung in einem feststehenden, der Interpretation vorausgehenden Referenzrahmen auskommen.[39]

2. Die fehlende Regelmäßigkeit der Begriffsverwendung

Zur Verteidigung des Formalismus ließe sich dem entgegenhalten, dass die Unmöglichkeit einer solchen externen Verifikation für die Regelanwendung unerheblich sei. Denn ungeachtet des Verhältnisses zu einer vermeintlich außersprachlichen Realität würde es genügen, wenn die Bedeutung von Begriffen innerhalb des sprachlichen Systems zuverlässig bestimmt werden könnte. Wenn auch die spezifische Bedeutung eines

30 Neumann, Wahrheit im Recht, S. 14.
31 Fish, Is There a Text in This Class?, S. 306.
32 Somek, Forgó, Nachpositivistisches Rechtsdenken, S. 127.
33 Fish, Doing What Comes Naturally, S. 4.
34 Austin, How to Do Things With Words, S. 138.
35 Derrida, Before the Law, S. 11.
36 Fish, Doing What Comes Naturally, S. 53.
37 Augsberg, Die Lesbarkeit des Rechts, S. 111.
38 Fish, Is There a Text in This Class?, S. 313.
39 Fish, Doing What Comes Naturally, S. 8.

Begriffs willkürlich sein mag, sei doch der korrekte Gebrauch durch sie festgelegt.[40]

Mit Blick auf die skeptischen Überlegungen zur Regelbefolgung scheint jedoch auch dies zweifelhaft. Ihnen liegt die Einsicht zu Grunde, dass der endlichen Formulierung einer Norm eine unendliche Zahl möglicher Anwendungsfälle gegenübersteht. Aus dieser Differenz folgt die Unmöglichkeit, allein mit Blick auf die Regel darüber zu urteilen, ob eine spezifische Anwendung dieser Regel entspricht.

Wie Kripke[41] in Anschluss an Wittgenstein am Beispiel des Begriffs der Addition illustriert, lässt sich nämlich aus den bisherigen, vermeintlich regelkonformen Additionen einer Person nie schließen, dass sie tatsächlich der uns bekannten Additionsregel folgt. Denn weicht die Person bei der nächsten Rechnung plötzlich von dieser Regel ab, könnte sie dies mit dem Hinweis rechtfertigen, sie habe in der Vergangenheit sowie bei der in Rede stehenden Anwendung stets eine eigenartige Regel befolgt, die ihr exakt das erzeugte Ergebnis vorgeschrieben habe.[42] Zwischen den bisherigen Additionen dieser Person und einer Person, die tatsächlich der gemeinhin anerkannten Additionsregel folgt, bestehen keinerlei Unterschiede. Und da die Zahl der möglichen Anwendungsfälle unbegrenzt ist, lässt auch die größtmögliche Zahl von Übereinstimmungen nicht den Schluss zu, dass zwei Personen derselben Regel folgen. Denn bei jeder neuen Operation kann eine Abweichung auftreten, die mit den vorherigen Operationen unter Verweis auf eine bestimmte Regel in Einklang gebracht werden kann. Dies macht es letztlich unmöglich zu beurteilen, ob die bisherigen Operationen der einen oder der anderen Regel entsprochen haben.[43] Das Befolgen einer Regel entpuppt sich somit als nicht belegbare Behauptung: Eine Regel kann »keine Handlungsweise bestimmen, da jede Handlungsweise mit der Regel in Übereinstimmung« gebracht werden kann.[44]

Hiergegen liegt der Einwand nahe, die erfolgreiche Begriffsverwendung bestehe gerade nicht in der bloßen Aneinanderreihung von Beispielsfällen, sondern im bewussten Befolgen einer abstrakten Regel. Jedoch bestünde auch eine solche Regel nur aus Begriffen, deren korrekte Verwendung nicht abstrakt determiniert werden könnte. Insofern wiederholt sich auf dieser vermeintlich übergeordneten Ebene das beschriebene Problem bloß.[45] Eine Regel für die Anwendung der Regel unterläge derselben Problematik. Sie könnte folglich keine Abhilfe

40 Schauer, A Critical Guide to Vehicles in the Park, *NYU Law Review* 83 (2008), S. 1109–1134, S. 1121.

41 Kripke, Wittgenstein on Rules and Private Language, S. 7ff.

42 Kripke, Wittgenstein on Rules and Private Language, S. 7ff.

43 Kripke, Wittgenstein on Rules and Private Language, S. 39.

44 Wittgenstein, Philosophische Untersuchungen, § 201.

45 Kripke, Wittgenstein on Rules and Private Language, S. 17.

schaffen, sondern führte allenfalls in einen infiniten Regress immer weiterer Regeln.[46]

Indem diese Überlegungen Bedeutung und Regelmäßigkeit kurzschließen und letztere für unnachweisbar erklären, stellen sie die zentrale Prämisse des Formalismus in Frage. Sofern sie zutreffen, muss die Bedeutung der anzuwendenden Norm als feststehende, die Rechtsanwendung beschränkende Größe ausscheiden. Dann aber wäre die Regel letztlich nicht dazu in der Lage, ihre Anwendung zu regulieren[47] und die sich auf die Regelbefolgung berufende Selbstdarstellung des Rechts wäre in Frage gestellt.

III. Konventionalismus

Für sich genommen scheint solch ein radikaler Skeptizismus zunächst wenig plausibel, steht er doch im offenen Widerspruch zur geradezu erdrückenden Evidenz alltäglich glückender Kommunikation und eines funktionierenden Rechtssystems.[48] In Anbetracht dessen wirkt es abwegig, das Be- und Feststehen eindeutiger Bedeutungen sowie die Möglichkeit des Regelfolgens zu bestreiten. Es ließe sich sogar anführen, dass sich die Darstellung eines solchen Sprachverständnisses schon allein dadurch widerlege, dass sie zwangsläufig von der sprachlichen Bestimmtheit Gebrauch mache, deren Existenz sie bestreite. Denn ohne feststehende Bedeutungen könne auch die Theorie der Unbestimmtheit sprachlicher Bedeutung schon gar nicht schlüssig behauptet werden.[49] Jedoch kann das bloße Bestehen erfolgreicher Kommunikationsvorgänge auch nicht ohne Weiteres über die oben dargelegten skeptischen Überlegungen hinweghelfen. Vielmehr bedarf es einer Erklärung erfolgreicher Verständigung, welche die Einsichten dieses fundamentalen Skeptizismus in sich aufzunehmen imstande ist.[50]

1. Kommunikation als gemeinschaftliche Praxis

Den Schlüssel hierzu bietet das Verständnis von Kommunikation als gemeinschaftliche Praxis. Demzufolge beruht erfolgreiche Kommunikation nicht auf der (unmöglichen) Kenntnis der abstrakten Bedeutung von

46 Somek, Von der Rechtserkenntnis zur interpretativen Praxis, *Rechtstheorie* 23 (1992), S. 467–490, S. 475.

47 Wittgenstein, Philosophische Untersuchungen, § 198; Müller-Mall, Performative Rechtserzeugung, S. 93ff.

48 Hart, The Concept of Law, S. 135.

49 Boghossian, The Rule following considerations, *Mind* 98 (1989), S. 507–549, S. 525.

50 Kripke, Wittgenstein on Rules and Private Language, S. 73ff.

Begriffen und den Regeln ihrer sinnvollen Kombination, sondern auf einer Art zu denken, einer Lebensform, deren Teil wir sind und die das Vorhandensein bestimmter Objekte, Ziele und Werte immer schon voraussetzt.[51] Die Mitgliedschaft in einer solchen Lebensform hängt von der Verinnerlichung der ihr eigenen Setzungen in Form von impliziten Vorverständnissen und Wertvorstellungen ab.[52] Erfolgreiche Kommunikation ist nur innerhalb einer solchen Lebensform möglich und das zu erreichende Verständnis zwischen Personen ist dieser Lebensform spezifisch.[53]

In Ermangelung eines externen Maßstabes liegt das maßgebliche Kriterium für die erfolgreiche Verwendung eines Begriffs demnach in der Zustimmung der anderen Teilnehmer dieses Sprachspiels.[54] Letztlich kann jede Begriffsverwendung nicht mehr sein als der Versuch, eine spezifische Situation als Anwendungsfall des Begriffs auszuweisen. Und der Erfolg dieses Versuchs hängt von der Reaktion der anderen Teilnehmer des Sprachspiels ab. Die für das erfolgreiche Kommunizieren ausschlaggebende Fähigkeit besteht also darin, deren Reaktion bestmöglich zu antizipieren beziehungsweise zu beeinflussen.[55]

Trotz des Fehlens einer der Interpretation vorausgehenden, feststehenden Bedeutung ist der individuelle Interpret somit keinesfalls frei, über die Bedeutung eines Textes zu befinden. Aus der Ablehnung eines objektiv gegebenen Wortlauts folgt kein Solipsismus.[56] Jedoch beruht seine Unfreiheit, die eine erfolgreiche Kommunikation erst möglich macht, nicht auf den inhärenten Eigenschaften des Textes, sondern auf den aktuell dominanten Gepflogenheiten innerhalb der interpretativen Gemeinschaft, Teil derer der Interpret ist.[57] Selbstverständliche Übereinstimmungen, wie sie uns täglich begegnen, sind demnach nicht Beleg einer korrekt ermittelten oder gar wortwörtlichen Bedeutung. Vielmehr handelt es sich um Konstellationen, in denen sich die Annahme eines spezifischen Kontexts und somit einer bestimmten Lesart dergestalt verfestigt hat, dass sie als die einzig vertretbare Auslegung angesehen wird. Unter der Annahme eines anderen Kontexts gälte eine andere Bedeutung als wortwörtlich. Hinsichtlich ihrer Konstruiertheit besteht jedoch zwischen den beiden Lesarten kein Unterschied.[58] Ebenso wenig besteht folglich ein grundsätzlicher Unterschied zwischen eindeutigen und umstrittenen Auslegungen. Beide sind das Ergebnis derselben Art interpretativer Arbeit, die in

51 Fish, Is There A Text in This Class?, S. 303f.
52 Kripke, Wittgenstein on Rules and Private Language, S. 96.
53 Fish, Is There a Text in This Class?, S. 306.
54 Kripke, Wittgenstein on Rules and Private Language, S. 97.
55 Kripke, Wittgenstein on Rules and Private Language, S. 105.
56 Fish, Is There a Text in This Class?, S. 306.
57 Fish, Is There a Text in This Class?, S. 306.
58 Fish, Is There a Text in This Class?, S. 306.

schwierigen Fällen bloß in offensichtlicherer Weise zu Tage tritt.[59] Und wie gezeigt ist auch diese Unterscheidung ohne unabänderliche Grundlage und somit letztlich volatil. Sie wird unweigerlich mit jeder einzelnen Begriffsverwendung neu verhandelt und selbst die gefestigtste Interpretation kann unter gewissen Umständen überworfen werden.[60]

2. Kein naiver Relativismus

Hieran schließt wiederum der Vorwurf an, der Konventionalismus münde zwangsläufig in einen haltlosen Relativismus. Denn wie Paul Boghossian anmerkt, richtet sich der skeptische Angriff in letzter Konsequenz nicht bloß gegen die Möglichkeit des Regelfolgens, sondern stellt vielmehr die grundsätzliche Möglichkeit in Frage, sprachlichen Äußerungen eine bestimmte Bedeutung zuzuordnen.[61] Doch kann der mögliche Wahrheitsgehalt einer Aussage immer nur eine Funktion solch einer Bedeutung sein.[62] Ohne zuordenbare Bedeutung lässt sich demnach der Wahrheitsgehalt einer Äußerung gar nicht bewerten. Durch diese Verknüpfung erweitert sich die Reichweite dieser Position dramatisch: In letzter Konsequenz scheint der skeptische Ansatz die Möglichkeit wahrheitsfähiger Sätze grundsätzlich in Zweifel zu ziehen und so in einem »global non-factualism« zu resultieren.[63]

An dieser Stelle ist zunächst festzuhalten, dass es über den Anspruch dieser Arbeit offensichtlich weit hinausgeht, etwas zu dem Widerstreit zwischen solch einer relativistischen und einer realistischen Haltung beizutragen oder hierzu auch nur Position zu beziehen. Es sei dennoch erwähnt, dass erstere, sofern sie ihre eigenen Einsichten konsequent auf sich selbst anwendet, eine durchaus schlüssige Position darstellt, die weder in der Äußerung rein subjektiver und insoweit folgenloser Auffassungen resultieren muss, noch ohne Weiteres eines verheerenden theoretischen oder performativen Widerspruchs überführt werden kann.[64] Denn lässt man den für uneinlösbar gehaltenen absoluten Wahrheitsanspruch tatsächlich hinter sich und erkennt stattdessen die immer nur innerhalb kontingenter Grenzen denkbare Überzeugung der Beteiligten als einzig verbleibenden Maßstab an, lässt sich auch der Auseinandersetzung um

59 Fish, Is There a Text in This Class?, S. 309f.

60 Fish, Doing What Comes Naturally, S. 141ff.

61 Boghossian, The Rule following considerations, *Mind* 98 (1989), S. 507–549, S. 524.

62 Boghossian, The Rule following considerations, *Mind* 98 (1989), S. 507–549, S. 524.

63 Boghossian, The Rule following considerations, *Mind* 98 (1989), S. 507–549, S. 524.

64 Fish, Doing What Comes Naturally, S. 29.

diese und den in dieser hervorgebrachten Äußerungen eine entsprechende Berechtigung und Relevanz zusprechen.[65]

Glücklicherweise ist es jedoch für die hier verfolgten Zwecke nicht erforderlich, zu dieser Frage abschließend Stellung zu beziehen. Denn die Pointe der konventionalistischen Auffassung besteht gerade darin, zwischen der Frage nach der Möglichkeit einer kontextunabhängigen Objektivität und dem Bestehen von als gesichert geltendem lokalen Wissen differenzieren zu können.[66] Dieses Wissen setzt der Konventionalismus nicht nur voraus, sondern er beschreibt auch positiv die Bedingungen seines Zustandekommens. Wie erwähnt können sich nämlich die herrschenden Konventionen innerhalb einer kommunikativen Praxis derart verstetigen, dass ihre Verinnerlichung zur Voraussetzung einer erfolgreichen Teilnahme wird und dass ihr Status dem einer unverrückbaren Wahrheit gleich kommt.

Wie aus den obigen Ausführungen deutlich wird, bleibt diese Beschreibung nicht ohne Konsequenzen für den Status dieses Wissens, denn der Konventionalismus unterstellt ihm das Fehlen einer unveränderlichen Grundlage und damit die Möglichkeit, sich im Verlauf der Zeit zu wandeln. Doch kann und soll diese Beschreibung für die hier vorgesehenen Zwecke unabhängig von der Frage verhandelt werden, ob sich auch der in ihr angelegte Relativismus verteidigen lässt. Während dem Konventionalismus also vorgeworfen wird, einerseits keine Erklärung für offenkundig feststehende Bedeutungen und die auf diese aufbauende, oft problemlos gelingende Kommunikation liefern zu können und andererseits zwangsläufig in einen haltlosen Fundamentalskeptizismus zu führen, erweist er sich bei genauerem Hinsehen sehr wohl dazu in der Lage, das Zustandekommen dieser (relativ) feststehenden Bedeutungen zu erklären und erweist sich insoweit als unabhängig von der Haltbarkeit eines weiterreichenden Relativismus.

IV. Die Rechtsanwendung als konventionelle Praxis

Der Konventionalismus erschließt somit ein Verständnis gelingender Kommunikation, welches die Einsichten des Regelskeptizismus in sich aufzunehmen imstande ist und somit weder in einem naiven Platonismus verharrt noch in einen gleichermaßen unhaltbaren Fundamentalskeptizismus verfällt. Dies lässt sich auf das Recht übertragen und ermöglicht so eine Rekonstruktion seiner Funktionsweise, welche insbesondere für den formalistischen Anspruch des Rechts weitreichende Konsequenzen entfaltet.

65 Fish, Doing What Comes Naturally, S. 245.
66 Vgl. Kumkar, Alternative Fakten, S. 289.

1. Die fehlende Determinationskraft der Rechtsnorm

Ausgangspunkt dieser Rekonstruktion ist abermals der Umstand, dass die Rechtsnorm ihre Anwendung nicht zu determinieren vermag. Entgegen der Idealisierung des Formalismus bildet sie keine feststehende, ihre Anwendung beherrschende Einheit. Vielmehr wird auch die Rechtsnorm erst durch ihre Invokation in den Fällen konkreter Anwendung konstituiert.[67] Es ist daher unmöglich, die Norm unabhängig von den Folgen ihres Wirkens zu denken – »sie (prä)existiert nicht außerhalb ihres Wirkungsbereichs«.[68]

2. Die fehlende Determinationskraft der juristischen Methode

Es läge nahe, der durch diesen Befund vermeintlich drohenden Willkürlichkeit der richterlichen Entscheidung ersatzweise die disziplinierende Wirkung der juristischen Methode entgegenzuhalten. Jedoch kann auch diese die Rechtsanwendung nicht in der vom Formalismus unterstellten Weise einhegen. Dasselbe gilt für Versuche, den Formalismus über die allgemeine Rationalität des juristischen Diskurses[69] oder eine Prozeduralisierung des juristischen Urteils[70] zu retten. Denn letztlich gilt für alle Vorrichtungen, welche die Interpretation sprachlicher Äußerungen einhegen sollen, dass sie selbst stets nur das Ergebnis interpretativer Arbeit sein können und somit nicht dazu imstande sind, dieser feststehende Grenzen zu setzen.[71] Für die juristische Methode lässt sich dies an so grundlegenden Rechtsfiguren wie der ungeschriebenen Ausnahme und der Gesamtabwägung im Einzelfall illustrieren.

Die ungeschriebene Ausnahme ist jeder Rechtsanwendung inhärent und ermöglicht es dem Richter stets, gänzlich unerwünschte Folgen einer allzu strengen Regelanwendung durch Nichtanwendung einer Norm zu vermeiden.[72] Angesichts der Unüberschaubarkeit der möglichen Anwendungsfälle lässt sich somit nie mit Sicherheit sagen, unter welchen Umständen eine Regel zur Anwendung kommen wird. Stattdessen steht jede Regel stets unter dem impliziten Vorbehalt des Nichtvorliegens einer

67 Busse, Zum Regel-Charakter von Normtextbedeutung und Rechtsnormen, *Rechtstheorie* 19 (1988), S. 305–322, S. 315f.

68 Augsberg, Lesbarkeit des Rechts, S. 71f. unter Verweis auf Macherey, Für eine Naturgeschichte der Normen, in: Ewald, Waldenfels (Hrsg.), Spiele der Wahrheit. Michel Foucaults Denken, S. 171–192, S. 184f. und Balke, Der Staat nach seinem Ende. Die Versuchung Carl Schmitts, S.119.

69 Alexy, Theorie der juristischen Argumentation, S. 43ff., 261ff.

70 MacCormick, Rhetoric and the Rule of Law, S. 21ff.

71 Fish, Doing What Comes Naturally, S. 513.

72 Aristoteles, Nikomachische Ethik, S. 147.

solchen Ausnahmesituation. Jeder Regelanwendung geht somit eine Entscheidung über deren Angemessenheit im konkreten Fall voraus, die sich jeder Normierung entzieht.[73]

Derweil räumt die Abwägung im Einzelfall dem Richter gegenüber dem dogmatischen Korsett seiner Entscheidung erhebliche Freiheiten ein. Dem Anspruch nach sollen hierbei die miteinander im Konflikt stehenden Rechtsgüter entsprechend ihrem abstrakten Gewicht und dem Grad ihrer konkreten Betroffenheit ins Verhältnis gesetzt und auf diese Weise der Vorrang der einen über die andere Position begründet werden.[74] Dem steht jedoch entgegen, dass die konfligierenden Rechtsgüter regelmäßig inkommensurabel sind – zwischen ihnen besteht weder Gleichheit noch ein eindeutiges Über- und Unterordnungsverhältnis.[75] So sind beispielsweise zwei kollidierende Grundrechtspositionen weder exakt gleichwertig, so dass es ausschließlich auf den (ebenfalls nicht ohne weiteres zu bestimmenden) Grad der jeweiligen Beeinträchtigung ankäme, noch ist ein Grundrecht prinzipiell schützenswerter als das andere, so dass dieses regelmäßig hinter jenes zurücktreten müsste.[76] Letztlich fehlt es an einer Skala, anhand derer sich zumindest der relative Wert der betroffenen Rechtspositionen bestimmen ließe.[77] Dadurch wird es unmöglich, durch bloße Abwägung den Vorrang einer der betroffenen Positionen zu begründen. Dieser so zentrale Mechanismus ist demzufolge nicht dazu imstande, die ihm zugeschriebenen Ergebnisse hervorzubringen.

Um die juristische Methode gegen diese Kritik zu verteidigen, wird häufig auf die Rolle von (Rechts-) Prinzipien verwiesen. Diese sollen hinter den einfachen Regeln stehen und dem Rechtsanwender mit ihrer größeren Abstraktheit auch dort eine prinzipiengeleitete Entscheidung ermöglichen, wo sich die Unterscheidungen der einfachen Rechtsnormen als unzureichend erweisen.[78] Nach dem oben Gesagten vermag jedoch auch dies nicht zu überzeugen. Denn die gegen die Abwägung hervorgebrachten Überlegungen greifen auch mit Blick auf abstraktere Prinzipien. Auf jeden Fall werden sich stets mehrere Prinzipien anwenden lassen, die sich inhaltlich widersprechen.[79] Auch hier fehlt es an einem übergeordneten Maßstab, um aus ihnen im Konfliktfall eine Entscheidung herleiten

73 Schmitt, Politische Theologie, S. 19ff.
74 BVerfGE 7, 198, 214f.
75 Somek, Rechtstheorie, S. 167.
76 Somek, Rechtstheorie, S. 167f.
77 Somek, Rechtstheorie, S. 167; Endicott, Proportionality and Incommensurability, in: Huscroft, Miller, Webber (Hrsg.), Proportionality and the Rule of Law, S. 311–342, S. 315ff.
78 Dworkin, Law's Empire, S. 225.
79 Fish, The Law wishes to have a formal existence, in: Sarat, Kearns (Hrsg.), The Fate of Law, S. 159–208, S. 194.

zu können. Dadurch kann jeder Grundsatz jederzeit zugunsten eines anderen, vermeintlich höherrangigen Grundsatzes verworfen, modifiziert oder missachtet werden.[80] Somit bleibt auch die Invokation von Prinzipien stets eine situationsspezifische Angelegenheit, die der Entscheidung insofern nicht vorausgehen kann. In letzter Konsequenz droht sich diese Verteidigungsstrategie sogar in ihr Gegenteil zu verkehren. Denn durch den Rückgriff auf nicht normierte Prinzipien, deren konkrete Vorgaben für den jeweiligen Einzelfall unklar sind und die in einem Verhältnis unaufgelöster Konkurrenz zueinanderstehen, potenziert sich die Zahl der vertretbaren Auffassungen und somit die Beliebigkeit der juristischen Argumentation eher noch als dass sie reduziert würde.

Im Ergebnis erweist sich die juristische Methode somit als heterogenes Konvolut aus Rechten, Werten, Grundsätzen und Prinzipien mit zahllosen Ausnahmen und Gegenausnahmen, die sich in Ermangelung eines übergeordneten Maßstabs nicht eindeutig organisieren beziehungsweise hierarchisieren lassen.[81] Der individuelle Interpret kann dadurch prinzipiell valide Argumente mit einer gewissen Beliebigkeit in Anschlag bringen und die juristische Methode kann letztlich nicht verhindern, dass unter Verweis auf dieselben Normen und mit derselben Berechtigung widersprüchliche Auffassungen vertreten werden.[82] Somit fehlt es auch ihr an der ihr zugeschriebenen Determinationskraft. Weder die Rechtsnorm noch die juristische Methode scheinen demnach dazu imstande, die Rechtsanwendung in der vom Formalismus vorausgesetzten Weise einzuhegen.

3. Die Rechtsanwendung jenseits der Norminterpretation

Hinzu tritt ein Umstand, der durch die in der Rechtswissenschaft, aber auch in der Rechtstheorie vorherrschende disziplinäre Fixierung auf Fragen der korrekten Auslegung oftmals in den Hintergrund gerät. Und zwar zeigt sich bei genauerem Hinsehen, dass die Norminterpretation nur einen sehr begrenzten, und oftmals nicht einmal den zentralen Teil der richterlichen Entscheidungsfindung ausmacht. Viele maßgebliche Weichenstellungen werden nämlich im nicht explizit normierten Bereich vorgenommen.[83] Begrifflich geht der Norminterpretation beispielsweise

80 Fish, Almost Pragmatism: Richard Posner's Jurisprudence, *The University of Chicago Law Review* 57 (1990), S. 1447–1475, S. 1450.

81 Kennedy, Legal Education as Training for Hierarchy, in: Kairys (Hrsg.), The Politics of Law, A Progressive Critique, S. 40–61, S. 46.

82 Somek, Gesetzesbindung als Problem der Demokratie, *Journal für Rechtspolitik* 6 (1998), S. 41–62, S. 50.

83 Engelmann, Rechtsgeltung als institutionelles Projekt, S. 193.

die Bestimmung der anzuwendenden Normen voraus.[84] Soll ein infiniter Regress vermieden werden, muss diese Auswahl letztlich ohne eine diesen Vorgang regelnde Norm vonstattengehen. Ebenfalls nicht im engeren Sinne normiert ist die gleichwohl für die Entscheidung maßgebliche Konstruktion des streitigen Sachverhalts.[85] Der Syllogismus, der in der Außendarstellung des Rechts und der rechtswissenschaftlichen Analyse so viel Raum einnimmt, bildet insofern allenfalls den Schlusspunkt der richterlichen Entscheidungsfindung.[86] Selbst wenn die Norminterpretation also die an sie gestellten Ansprüche erfüllen könnte, wäre ihr Einfluss auf das tatsächliche Zustandekommen der richterlichen Entscheidung letztlich deutlich geringer als es ihre prominente Stellung nahelegen würde.

4. Die Rechtsanwendung als konventionelle Praxis

Gleichwohl entscheidet auch der Richter nicht nach bloßem Gutdünken. Ebenso wenig wie der individuelle Interpret solipsistisch über die korrekte Auslegung eines Textes entscheiden kann, vermag der Richter im Alleingang über die korrekte Anwendung einer Norm zu entscheiden. Auch hier folgt aus den skeptischen Einsichten der Kritik kein ›anything goes‹.[87] Vielmehr sieht sich der Richter bei seiner Entscheidung sehr wohl realen Zwängen ausgeliefert. Bloß erwachsen diese nicht aus dem Wortlaut der anzuwendenden Normen oder den Fesseln der juristischen Methode, sondern aus der jeder Normierung vorausgehenden kollektiven Praxis der Rechtsanwendung.[88] Auch die erfolgreiche Anwendung der Rechtsnorm bemisst sich nicht nach den ihr eingeschriebenen Eigenschaften, sondern den Reaktionen der anderen Mitglieder des juristischen Feldes. Wie jeder andere Teilnehmer einer kommunikativen Praxis ist damit auch der Richter darauf verwiesen, nach der Anerkennung der anderen Teilnehmer zu streben.

Maßgeblich für das richterliche Urteil ist somit das unüberschaubare Zusammenspiel zahlloser impliziter Wertentscheidungen und

84 Viehweg, Topik und Jurisprudenz, S. 69; Isay, Rechtsnorm und Entscheidung, S. 21f.

85 Simon, Alle quixe sind quaxe – Aristoteles und die juristische Argumentation, *JZ* 66 (2011), S. 697–703, S. 698; Isay, Rechtsnorm und Entscheidung, S. 22.

86 Simon, Alle quixe sind quaxe – Aristoteles und die juristische Argumentation, *JZ* 66 (2011), S. 697–703, S. 698.

87 Klare, Legal culture and transformative constitutionalism, *South African Journal on Human Rights* 14 (1998), S. 146–188, S. 160; Augsberg, Die Lesbarkeit des Rechts, S. 176.

88 Fish, Doing What Comes Naturally, S. 133.

Gerechtigkeitsvorstellungen, die zum Zeitpunkt der Entscheidung innerhalb der juristischen Praxis vorherrschen. Insbesondere die dominante Auffassung vom Zweck der richterlichen Tätigkeit als Stabilität, Ausgleich und somit eine gewisse Form der Gerechtigkeit sicherstellende Tätigkeit dürfte eine maßgebliche Rolle spielen.[89] Überraschenderweise scheint sich somit die auf den ersten Blick zirkulär wirkende These Carl Schmitts zu bestätigen, der zufolge Richter stets so entscheiden, wie sie glauben, dass ihre Richterkollegen es für richtig hielten.[90] Damit ist sogleich der gegen diesen Anti-Formalismus denkbare Einwand entkräftet, es sei einem haltlosen Dezisionismus das Wort gesprochen. Denn obschon die Regel als abstrakte Entität den Richter nicht zu binden vermag, bewegt sich der urteilende Richter gleichfalls nicht im luftleeren Raum, sondern wird durch die engmaschige Kontrolle der ihn umgebenden Praxis eingehegt.[91] Die Furcht, dass die bloße Befugnis zur Auslegung dem Richter völlige Willkür ermöglicht,[92] ist insofern unbegründet.

Zugleich kann auch diese praxisbedingte Einhegung immer nur von relativer Rigidität sein. Ihre Bindungskraft wird in Abhängigkeit von der Vehemenz variieren, mit der unter den jeweiligen Umständen an der jeweiligen Auslegungskonvention festgehalten wird und kann, da diese einem ständigen Wandel unterliegen und zu einem gewissen Maß mit jeder Iteration neu ausgehandelt werden, das individuelle Verhalten nie vollends determinieren. Die bestehenden Konventionen wirken insofern wie eine Disposition, deren genaue Umsetzung von einer Vielzahl kaum zu bestimmender Faktoren abhängt und auf die deshalb nie gänzlich Verlass sein kann.

Der Konventionalismus skizziert somit ein vermittelndes Bild, in dem das richterliche Urteil weder durch die Norm noch durch außerrechtliche Faktoren determiniert wird und in welchem dem individuellen Richter dennoch immer nur ein begrenzter individueller Spielraum zusteht. Einer mit Blick auf diese relative Bindung oberflächlichen Ähnlichkeit zum Trotz unterscheidet sich dieses Bild grundlegend vom eingangs definierten Formalismus, beruht dieser doch auf der Annahme eines feststehenden Rahmens, welcher der Rechtsanwendung durch die Norm vorgegeben wird. Dieser vom Formalismus vorausgesetzte Regelplatonismus ist durch ein praxeologisches Verständnis der Rechtsanwendung zu ersetzen.[93] Recht ist demnach, was in nachgelagerten Anwendungen als Recht ausgezeichnet wird, wobei sich auch diese nachträglichen

89 Fish, Almost Pragmatism: Richard Posner's Jurisprudence, *The University of Chicago Law Review* 57 (1990), S. 1447–1475, S. 1463.

90 Schmitt, Gesetz und Urteil, S. 71.

91 Busse, Zum Regel-Charakter von Normtextbedeutung und Rechtsnormen, *Rechtstheorie* 19 (1988), S. 305–322, S. 317.

92 Hart, The Concept of Law, S. 141.

93 Müller-Mall, Performative Rechtserzeugung, S. 263.

Ausweisungsakte in ihnen wiederum nachgelagerten Anwendungsakten beweisen müssen.[94] Letztlich kann immer »nur die Praxis [...] erweisen, ob unser Handeln mit der Regel übereinstimmt.«[95]

a. Die juristische Ausbildung als Abrichtung

Dieses praxeologische Rechtsverständnis spiegelt sich auch in der Realität der juristischen Ausbildung wider. Angesichts des Fehlens feststehender Kriterien der korrekten Regelanwendung und deren Aufgehen in einer gemeinschaftlichen kommunikativen Praxis kann die Weitergabe der entsprechenden Fähigkeiten nicht durch den Transfer abstrakten Wissens, sondern nur durch Abrichtung der Auszubildenden erfolgen.[96]

Dementsprechend steht in der juristischen Ausbildung – dem Klischee zum Trotz – auch nicht der Inhalt bestehender Rechtsnormen im Vordergrund. Vielmehr werden die Studierenden durch die selektive Auseinandersetzung mit paradigmatischen Auszügen aus Praxis und Wissenschaft sukzessive in eine bestimmte Denk- und Sprechweise eingeführt, die unauflöslich mit ihrer Einbettung in einen hierarchischen Organisationszusammenhang verbunden ist, welcher sich auch auf die Form der Vermittlung erstreckt.[97] So werden sie über die Zeit darauf abgerichtet »juristisch zu denken,« was neben der Aneignung eines gewissen Habitus[98] vor allem bedeutet, ein Gespür dafür zu entwickeln, welche generischen Argumente und Topoi an welcher Stelle gewinnbringend angebracht werden können, wessen Beispiel dabei zu folgen ist und welche Fragestellungen von der Betrachtung auszuschließen sind. Das Ergebnis ist ein durch die Ausübung einer bestimmten Tätigkeit angeeignetes implizites Wissen, das zur Teilnahme an der juristischen Praxis befähigt.[99]

94 Müller-Mall, Performative Rechtserzeugung, S. 264; Busse, Zum Regel-Charakter von Normtextbedeutung und Rechtsnormen, *Rechtstheorie* 19 (1988), S. 305–322, S. 319.

95 Busse, Zum Regel-Charakter von Normtextbedeutung und Rechtsnormen, *Rechtstheorie* 19 (1988), S. 305–322, S. 313.

96 Wittgenstein, Philosophische Untersuchungen, § 5.

97 Fish, The Law wishes to have a formal existence, in: Sarat, Kearns (Hrsg.), The Fate of Law, S. 159–208, S. 203f.

98 Latour, The making of law, S. 236.

99 Fish, Doing What Comes Naturally, S. 126.

b. Kreis statt Umkehr – Vom hierarchischen zum zirkulären Normverständnis

Auf normtheoretischer Ebene folgt hieraus, dass das dem Formalismus zugrunde liegende »Norm-Anwendungs-Paradigma«[100] zu verwerfen ist, da die Regel ihre Anwendung nicht zu determinieren vermag. Allerdings kann diese Vorstellung auch nicht einfach in ihr Gegenteil verkehrt werden. Denn ebenso wenig wie die Regel von oben herab ihre Anwendung determiniert, wird die abstrakte Regel von unten, aber in gleichermaßen einseitiger Weise durch die Vielzahl ihrer konkreten Anwendungen bestimmt.[101] Auch »die Deutungen allein bestimmen die Bedeutung nicht.«[102]

Statt einer bloßen Umkehrung ist dem Regel-Anwendungs-Schema deshalb ein zirkuläres Modell »rekursiver Symmetrie« entgegenzusetzen, in dem die abstrakte Norm und der konkrete Anwendungsfall einander in gegenseitiger Abhängigkeit konstituieren.[103] Im richterlichen Urteil wird demnach gleichermaßen geschlossen, dass ein bestimmter Sachverhalt ein Fall von einer bestimmten Regel ist, als auch dass die Regel den Fall umschließt.[104] Der genaue Inhalt der Norm wird somit erst im Moment des Urteils und in Abhängigkeit von den Umständen des jeweiligen Falles festgelegt. Die Subsumtion ist folglich kein rein deduktiver Schluss, in dem der Fall als Anwendungsfall der Regel identifiziert und daraus eine Rechtsfolge abgeleitet wird, sondern enthält stets auch ein schöpferisches, »abduktives« Moment, in welchem die Rechtsnorm in ihrem konkreten Inhalt in Abhängigkeit von den Besonderheiten des vorliegenden Falls erst bestimmt wird.[105] Der Anwendung kommt somit eine konstitutive Bedeutung für die Regel zu, ohne dass sie deren Inhalt in willkürlicher Weise determinieren könnte. Zugleich kann die Norm nicht als eine der Auslegung vorausgehende Größe begriffen werden.

c. Die interne Perspektive und die Eigengesetzlichkeit des Rechts

Ebenfalls entkräften lässt sich vor diesem Hintergrund der Vorwurf H.L.A. Harts, der Regelskeptizismus könne die sogenannte interne

100 Müller-Mall, Performative Rechtserzeugung, S. 259.
101 Somek, Rechtstheorie, S. 129.
102 Wittgenstein, Philosophische Untersuchungen, § 198.
103 Somek, Rechtstheorie, S. 132f. unter Verweis auf Luhmann, Die Einheit des Rechtssystems, Rechtstheorie 14 (1983), S. 129–154.
104 Somek, Rechtliches Wissen, S. 114ff. unter Verweis auf Peirce, Reasoning and the Logic of Things.
105 Somek, Von der Rechtserkenntnis zur interpretativen Praxis, *Rechtstheorie* 23 (1992), S. 467–490, S. 485f.; Lege, Pragmatismus und Jurisprudenz, S. 445ff.

Perspektive auf das Recht nicht abbilden und sei schon deshalb keine plausible Theorie des Rechts. Die Existenz eines modernen Rechtssystems setze demnach voraus, dass zumindest ein gewisser Anteil der Menschen den Inhalt der geltenden Vorschriften als rechtlichen Maßstab für ihr Verhalten anerkenne. Hart zufolge setzt dies wiederum voraus, dass die Regeln zu einem gewissen Grad unabhängig von ihrer Anwendung feststehen müssen.[106] Hierbei ist zunächst zu fragen, worauf der Begriff der internen Perspektive genau abzielt. Es lassen sich drei verschiedene Lesarten identifizieren, welche das konventionalistische Rechtsverständnis in jeweils unterschiedlichem Maße herausfordern.

Soweit Harts Einwand bloß meint, dass es ohne im Vorhinein feststehende Regel an einem Bezugspunkt für den Richter fehle, an dem dieser sich bei seinen Entscheidungen orientieren könne, lässt er sich unter Verweis auf die obigen Ausführungen ohne weiteres entkräften. Denn nach dieser Lesart beruht der Einwand Harts auf der bereits widerlegten Annahme, dass der Regelskeptizismus zu einer völlig unregulierten Entscheidungsmacht des Richters führen müsse. Wie gezeigt kann die Regel in dieser Hinsicht jedoch praktisch gleichwertig durch das Konvolut der jeweils herrschenden Konventionen ersetzt werden. Für die Freiheit des individuellen Entscheidungsträgers ergeben sich daraus kaum Änderungen, es ändert sich in erster Linie der Ursprung seiner Unfreiheit.[107]

Nach der zweiten Lesart bezieht sich die interne Perspektive jedoch darauf, dass die mit der Rechtsanwendung beauftragten Personen die geltende Rechtslage als zwingende Vorgabe für ihr Handeln anerkennen. In dieser Form enthält der Einwand Harts einen ernstzunehmenden Kritikpunkt und weist zudem auf eine tieferliegende methodische Schwierigkeit hin.

Kritischen, von außen auf das Recht blickenden Untersuchungen wird oft und teilweise zu Recht vorgeworfen, der Eigengesetzlichkeit des Rechts und folglich auch der subjektiven Perspektive der Akteure nicht ausreichend Rechnung zu tragen. Denn wird die richterliche Entscheidung auf rein äußerliche Faktoren (politische Präferenzen, ökonomische Interessen et cetera) reduziert, lässt sich nicht mehr darstellen, dass gewisse dogmatische Erwägungen für den Richter teilweise zwingende Faktoren darstellen, um deren Befolgung er nicht umhinkommt, auch wenn ihm das daraus folgende Ergebnis möglicherweise zutiefst widerstrebt.[108] Diese prägende Rolle von genuin rechtlichen Erwägungen scheint jedoch im Alltag der Rechtsanwendung eher die Regel als die Ausnahme zu sein. Reduktionistische Theorien des Rechts, welche

106 Hart, The Concept of Law, S. 145f.
107 Fish, Doing What Comes Naturally, S. 26.
108 Möllers, Why There Is No Governing with Judges (30. September 2014), abrufbar unter https://ssrn.com/abstract=2503729, S. 25.

rechtliche Entscheidungen für das bloße Produkt dahinter liegender Ansichten und Interessen halten, sind insofern unzureichend. Harts Einwand scheint demnach berechtigt.[109] Zugleich ist – nicht zuletzt aufgrund einer Vielzahl kritischer Untersuchungen – nicht von der Hand zu weisen, dass die vom Richter angeführten Gründe regelmäßig keine abschließende Erklärung seiner Beweggründe liefern. Hieraus ergibt sich die methodische Herausforderung, zum einen die Eigengesetzlichkeit und Wirkmacht der genuin juristischen Erwägungen anzuerkennen und sie zum anderen mit der Einsicht in Einklang zu bringen, dass externe Einflüsse bei der Entscheidungsfindung gleichwohl eine nicht unerhebliche Rolle spielen.[110] Auf disziplinärer Ebene offenbart sich in dieser Herausforderung die Kluft zwischen den empirisch orientierten Sozialwissenschaften und einer deren Erkenntnisse zu weiten Teilen ausblendenden Rechtswissenschaft.[111] Dahinter steht wiederum die möglicherweise unauflösbare Spannung zwischen der Perspektive des Teilnehmers auf der einen und der des externen Beobachters auf der anderen Seite, die für die vollständige Darstellung eines sozialen Phänomens zwar gleichermaßen erforderlich sind, einander in letzter Konsequenz jedoch ausschließen.[112]

Freilich ohne sich diesem Dilemma entziehen zu können, erhebt das konventionalistische Verständnis der rechtlichen Praxis doch den Anspruch, eine strukturelle, also äußerliche Erklärung zu liefern, die der Eigengesetzlichkeit des Feldes und der subjektiven Perspektive der Beteiligten nicht nur ausreichend Raum lässt, sondern diese prinzipiell auch zu erklären vermag. Ausgangspunkt dieser Erklärung ist der Umstand, dass die Verinnerlichung der in der Praxis der Rechtsanwendung vorherrschenden Konventionen für den individuellen Richter die zwingende Voraussetzung der erfolgreichen Ausübung seiner professionellen Tätigkeit darstellt. Gewissermaßen konstituiert sich seine Rolle als Richter erst durch die von ihm zu verinnerlichenden Konventionen.[113] Zu diesen zählt insbesondere das weit verzweigte Netz an Überzeugungen hinsichtlich der Zulässigkeit und Stärke verschiedener Argumente, Erwägungen, Topoi usw., welches wie oben beschrieben idealisierend zur juristischen Methode verklärt wird. Im Hintergrund steht dabei stets die Annahme, dass die Norm ihre Anwendung in Grundzügen zu determinieren vermag.

109 Möllers, Why There Is No Governing with Judges (30. September 2014), abrufbar unter https://ssrn.com/abstract=2503729, S. 27.

110 Möllers, Why There Is No Governing with Judges (30. September 2014), abrufbar unter https://ssrn.com/abstract=2503729, S. 27.

111 Möllers, Why There Is No Governing with Judges (30. September 2014), abrufbar unter https://ssrn.com/abstract=2503729, S. 27f.

112 Gamm, Flucht aus der Kategorie, S. 196ff.

113 Fish, Almost Pragmatism: Richard Posner's Jurisprudence, *The University of Chicago Law Review* 57 (1990), S. 1447–1475, S. 1463.

Wie bereits erwähnt, verfestigen sich dabei gewisse Teile der Konventionen derart, dass sie von den Beteiligten als über jeden Zweifel erhobene Selbstverständlichkeiten behandelt werden. Sich diesen Selbstverständlichkeiten zu unterwerfen ist für den individuellen Richter alternativlos. Befolgt er sie nicht, wird sein Urteil keine Anerkennung finden und er insoweit in der Ausübung seiner professionellen Tätigkeit scheitern. So erklärt sich, wie die in der rechtlichen Praxis vorherrschenden Konventionen die dem Einwand zugrundeliegende Zwangswirkung entfalten. Damit ist es dem konventionalistische Modell prinzipiell möglich, das Nebeneinander interner und externer Beweggründe abzubilden und insbesondere die Wirkmacht ersterer zu erklären. Es integriert somit Harts interne Perspektive nach dieser zweiten Lesart. Zuletzt entschärft es auf diese Weise zumindest ein Stück weit das beschriebene Dilemma zwischen äußerer und innerer Perspektive.

aa. Full Circle

Spätestens an dieser Stelle ist der Frage zu begegnen, ob wir uns nicht einmal im Kreis gedreht haben, ob also die konventionalistische Auffassung nicht mit viel Aufwand genau jenes Ergebnis erzeugt, von dem das herkömmliche Verständnis des Rechts immer schon ausgegangen ist; ob sich also der Formalismus nicht verlustfrei als konventionelle Praxis beschreiben lässt.

Dies scheint naheliegend angesichts der Tatsache, dass sich für den Grad der Freiheit des individuellen Richters unter der Annahme des konventionalistischen Rechtsverständnisses wie erwähnt zunächst kein großer Unterschied ergibt. Jedoch verändert sich die Grundlage seiner Unfreiheit, woraus sich wiederum sowohl hinsichtlich der inhaltlichen Überlegungen, die in die richterliche Entscheidung einfließen, als auch mit Blick auf deren konkretes Zustandekommen weitreichende Konsequenzen ergeben. Und diese stehen dem formalistischen Verständnis entschieden entgegen. Denn die beschriebene Zwangswirkung erwächst gerade nicht aus den inhärenten Eigenschaften der jeweiligen Norm, sondern aus den sich auf diese berufenden Konventionen. Damit dominiert nicht der Norminhalt die richterliche Entscheidung, sondern die sich stets wandelnden Konventionen innerhalb der juristischen Praxis. Und das Befolgen dieser Konventionen besteht gerade nicht im bewussten und planmäßigen Abarbeiten im Vorhinein feststehender und weitgehend formalisierter Kriterien, sondern im zutiefst intuitiven Navigieren von Gepflogenheiten und Wertungen, welche der Richter über Jahre verinnerlicht hat. Hieran lässt sich bereits ablesen, dass zwischen Formalismus und Konventionalismus substanzielle Unterschiede bestehen.

bb. Rechtspositivismus und das Äußere des Rechts

Ohne damit auf die uferlose und gleichermaßen festgefahrene Diskussion zwischen rechtspositivistischen und naturrechtlichen Auffassungen eingehen zu wollen, lässt sich auf der Grundlage des eben Gesagten doch festhalten, dass solche Theorien unter Druck geraten, die auf deskriptiver Ebene an einer strengen Trennung zwischen Recht und Moral festzuhalten versuchen. Denn nachdem sich die Orientierung an der Norm als ungeeignet erwiesen hat, die Rechtsanwendung anzuleiten, treten außerrechtliche und somit auch moralische Erwägungen an deren Stelle und durchwirken die juristische Entscheidung.[114] So prägen (implizite) Vorstellungen einer gerechten gesellschaftlichen Ordnung und einer mit dieser in Einklang stehenden, angemessenen Lösung des konkreten Konfliktes ebenso wie das Selbstverständnis des Gerichts als eine die Stabilität und Gerechtigkeit der bestehenden Ordnung sicherstellenden Institution die richterliche Entscheidungsfindung.[115] Die Unbestimmtheit der Norm desavouiert somit ein Stück weit einen orthodoxen Rechtspositivismus.[116] In einer paradox anmutenden Wendung zeigt sich vielmehr, dass das Recht im Kern aus dem besteht, was es in seinen Operationen stets als sein Äußeres von sich zu weisen versucht.[117] Mit politischen, ökonomischen und moralischen Erwägungen beherrschen ebenjene Felder die juristische Entscheidung, denen gegenüber diese stets ihre Unabhängigkeit beansprucht.[118]

Die zweite Lesart von Harts Einwand zur internen Perspektive offenbart somit zwar eine grundlegende methodische Komplexität, mit welcher jede umfassende Beschreibung des Rechts einen Umgang finden muss. Zugleich lässt sie jedoch erkennen, dass ein konventionelles Rechtsverständnis in besonderem Maße geeignet scheint, ebendiese Komplexität abzubilden.

cc. Bejahung der Rechtsordnung

In Frage kommt zuletzt noch eine dritte Lesart der internen Perspektive bei Hart. Und zwar ließe sich darunter auch eine bejahende Haltung

114 Somek, Gesetzesbindung als Problem der Demokratie, *Journal für Rechtspolitik* 6 (1998), S. 41–62, S. 61f.

115 Fish, Almost Pragmatism: Richard Posner's Jurisprudence, *The University of Chicago Law Review* 57 (1990), S. 1447–1475, S. 1455, 1462f.

116 Somek, Rechtliches Wissen, S. 100ff.

117 Somek, Rechtstheorie, S. 174; Fish, The Law wishes to have a formal existence, in: Sarat, Kearns (Hrsg.), The Fate of Law, S. 159–208, S. 178.

118 Somek, Gesetzesbindung als Problem der Demokratie, *Journal für Rechtspolitik* 6 (1998), S. 41–62, S. 61f.

der Rechtsanwender gegenüber der bestehenden Rechtsordnung verstehen. Demnach müsste beispielsweise der Richter das Recht aus einer inneren Überzeugung heraus als das richtigerweise geltende Recht zur Anwendung bringen.[119]

Eine solche bejahende Haltung sieht die konventionalistische Auffassung tatsächlich nicht zwingend vor, jedoch scheint dies ihrer Plausibilität nicht abträglich zu sein. Denn es scheint schon unklar, ob der Nachweise solch einer affirmativen Haltung überhaupt gelingen würde und somit abwegig, das Bestehen des Rechts hiervon abhängig zu machen. Insofern erweist es sich nicht als Defizit, sondern als Vorzug des konventionalistischen Modells, dass es sich hinsichtlich der inneren Haltung des Richters einer Festlegung enthält und sich so eine größere Flexibilität bewahrt. Denn während sich Hart nach dieser Lesart darauf festlegen müsste, dass der Richter die betroffene Rechtsnorm oder zumindest das geltende Rechtssystem insgesamt befürwortet, trifft das konventionalistische Modell gerade keine Aussage über die Einstellung, mit der sich der Richter der oben beschriebenen Zwangswirkung unterwirft. Vielmehr ergibt sich in Abhängigkeit vom individuellen Temperament des Richters ein Spektrum verschiedener möglicher Haltungen. Diese reichen von einer völlig unkritischen Internalisierung der rechtlichen Dogmen über ein ironisch distanziertes Verhältnis[120] bis hin zum offenen Zynismus, bei dem das geltende Recht allenfalls dahingehend untersucht wird, ob es der Durchsetzung persönlicher Überzeugungen im Wege steht.[121] So kann das konventionalistische Modell besser mit der bestehenden Vielfalt unter den Rechtsanwendern umgehen als Theorien, die wie der Einwurf Harts nach dieser Lesart das Vorhandensein einer bestimmten Haltung voraussetzen und gewinnt diesen gegenüber somit an Plausibilität.[122]

d. Ambiguität kein peripheres Phänomen

Ein weiterer Einwand gegen die Ausführungen zur fehlenden Determinationskraft der Rechtsnorm sowie der juristischen Methode liegt in dem Verweis auf die Marginalität dieses Phänomens. Durch einen einseitigen Fokus auf kontroverse Fälle, insbesondere höchstrichterlicher Entscheidungen, übersehe die kritische Betrachtung, dass das Recht in

119 Möllers, Die Möglichkeit der Normen, S. 365.
120 Somek, The Legal Relation, S. 128ff.
121 Kennedy, Critique of Adjudication, S. 25; Liptak, An Exit Interview With Richard Posner, Judicial Provocateur, New York Times (11. September 2017), abrufbar unter https://www.nytimes.com/2017/09/11/us/politics/judge-richard-posner-retirement.html.
122 Siehe hierzu ausführlich unten, Kapitel IV.

seinen alltäglichen Anwendungen reibungslos funktioniere und nur in Ausnahmefällen Unsicherheiten über die korrekte Rechtsanwendung aufträten.[123] Es ließe sich ergänzen, dass selbst die möglicherweise unstrittige erstinstanzliche Entscheidung bereits die Ausnahme gegenüber der unhinterfragten Befolgung des Rechts im außergerichtlichen Alltag darstellt.[124]

Diese Beobachtung wird auf sprachphilosophischer Ebene mit der Unterscheidung zwischen einem Begriffskern und einem Begriffshof verbunden. Demnach haben Begriffe beziehungsweise die aus ihnen zusammengesetzte Regeln einen Kern unmissverständlicher Bedeutung(en) und einen Hof, in dem die Bedeutung mit wachsender Distanz vom Kern zunehmend unklar wird. Im Kern sollen sich die sogenannten »easy cases« abspielen, in denen die Regelanwendung keine gesonderten Schwierigkeiten aufwirft, während im Hof die »hard cases« liegen, in denen die Regelanwendung problematisch ist und um die sich deshalb kontroverse Diskussionen ranken.[125] Erstere sollen letztere dabei in ihrer Anzahl und somit auch in ihrer Wichtigkeit für das Funktionieren des Rechtssystems bei weitem überwiegen und deshalb auch im Zentrum der rechtstheoretischen Analyse stehen. Die Konzentration auf kontroverse Fälle verzerre hingegen den Blick auf die Realität des Rechtssystems.[126]

Diesem Einwand ist folgendes entgegenzusetzen. Zunächst sind die ihm zugrundeliegenden sprachphilosophischen Annahmen offenkundig unausgereift. Jeder Versuch, Begriffshof und -kern zu definieren muss scheitern, schon allein, weil sich letzterer (und folglich auch ersterer) gerade durch die Unklarheit seiner Grenzen auszeichnen soll.[127] Insofern scheint sich diese Darstellung schon selbst zu widerlegen. Auch davon abgesehen scheint es in Anbetracht der obigen Ausführungen aussichtslos, einen feststehenden Bedeutungskern ausfindig machen zu wollen. Denn wie gezeigt wird die Bedeutung eines Begriffs beziehungsweise einer Aussage in zutiefst situationsspezifischer Weise konstituiert. Als allgemeiner Wesenszug der Sprache ist dieser Umstand keinesfalls auf einen bestimmten Teil der betroffenen Vorschriften oder besonders ungewöhnliche Konstellationen beschränkt. Vielmehr ist die fehlende

123 Hart, The Concept of Law, S. 135; ders., Positivism and the Separation of Law and Morals, *Harvard Law Review* 71 (1958), S. 593–629, S. 615.

124 Kantorowicz, Some Rationalism about Realism, *The Yale Law Journal* 43 (1934), S. 1240–1253, S. 1247.

125 Hart, Positivism and the Separation of Law and Morals, *Harvard Law Review* 71 (1958), S. 593–629, S. 606ff.

126 Hart, Positivism and the Separation of Law and Morals, *Harvard Law Review* 71 (1958), S. 593–629, S. 615.

127 Schauer, A Critical Guide to Vehicles in The Park, *NYU Law Review* 83 (2008), S. 1109–1134, S. 1126.

Determinierung durch das anzuwendende Gesetz Bestandteil jeder richterlichen Entscheidung.[128]

Nichtsdestotrotz scheint es im Alltag der Rechtsanwendung tatsächlich eine robuste Unterscheidung zwischen eindeutigen und weniger eindeutigen Fällen zu geben, denen unterschiedliche Argumentationsaufwände seitens der an der Entscheidung beteiligten Akteure korrespondieren.[129] Unzählige alltägliche Entscheidungen werden mit großer Selbstverständlichkeit getroffen, während nur einige wenige Fälle derart kontrovers diskutiert werden, dass der Eindruck entstehen kann, die anzuwendende Norm ließe keinen Schluss auf eine eindeutige Lösung zu. Die Annahme einer ubiquitären Ambiguität und Unsicherheit scheint insofern nicht überzeugend.

Diesen Umstand kann das konventionalistische Rechtsverständnis jedoch problemlos abbilden und darin zugleich seine erhöhte Erklärungskraft gegenüber der Unterteilung in leichte und schwierige Fälle unter Beweis stellen. Wohl verstanden geht es dem konventionalistischen Rechtsverständnis nämlich nicht darum, das Bestehen unproblematischer Fälle zu bestreiten, sondern um eine Erklärung ihres Wesens und ihres Zustandekommens.[130]

Wie bereits erwähnt begreift die herkömmliche Sichtweise die Schwierigkeit eines Falles als dessen Eigenschaft, die sich aus dem Zusammenspiel zwischen dem Wesen der Norm und den Besonderheiten des jeweiligen Falls ergibt. Demgegenüber bestehen aus Sicht der konventionalistischen Auffassung keine wesensmäßigen Unterschiede zwischen einfachen und schwierigen Fällen. Die Unterscheidung ist vielmehr Ausfluss des vielschichtigen Zusammenspiels innerhalb der Anwendungspraxis, die in nicht vollständig rekonstruierbarer Weise Interpretationsgewohnheiten von unterschiedlicher Selbstverständlichkeit hervorbringt.[131] Die Einordnung als einfacher oder schwieriger Fall stellt dabei das vorübergehende Ergebnis einer kontingenten, sich stets wandelnden Interpretationsgeschichte dar. Insofern kann es immer nur auf spezifische historische Konstellationen angewendet werden, nicht aber als hiervon unabhängige Beschreibung feststehender Fallgruppen dienen.[132]

So sind die zahlreichen eindeutig beantwortbaren Rechtsfragen nicht Beleg einer korrekt ermittelten, objektiv feststehenden Bedeutung, sondern Ausfluss von Konstellationen, in denen sich eine bestimmte Lesart dergestalt verfestigt hat, dass sie als die einzig vertretbare Auslegung

128 Schmitt, Gesetz und Urteil, S. 49.
129 Müller-Mall, Verfassende Urteile, S. 137.
130 Fish, Doing What Comes Naturally, S. 513.
131 Fish, Doing What Comes Naturally, S. 513.
132 Kennedy, Critique of Adjudication, S. 169f.; Müller-Mall, Verfassende Urteile, S. 139f.

angesehen wird.[133] Die schwierigen Fälle hingegen markieren Konstellationen, in denen sich entweder noch keine dominante Lesart etablieren konnte oder aber die kontroverse Diskussion bestimmter Fragen zur beherrschenden Konvention geworden ist. Wie gezeigt ist diese Solidität jedoch ohne unabänderliche Grundlage und somit relativ. Sie wird unweigerlich mit jeder einzelnen Begriffsverwendung neu verhandelt und selbst die gefestigtsten Interpretationen können unter gewissen Umständen überworfen werden.[134] Einfache und schwierige Fälle lassen sich demnach auf einem Kontinuum konventioneller Verhärtung verorten, wobei der zu erbringende Argumentationsaufwand der relativen Position der jeweiligen Konstellation entspricht. Die Unterscheidung zwischen kontroverser und unkontroverser Auslegung ist somit graduell und volatil. In ihrem Wesen unterscheiden sich die leichten Fälle jedoch nicht von den schwierigen. Beide sind das Ergebnis derselben Art interpretativer Arbeit. Der Unterschied besteht allein darin, dass diese in den schwierigen Fällen offener zu Tage tritt.[135]

Aus dieser prinzipiellen Gleichsetzung erwächst die erhöhte Erklärungskraft der konventionalistischen Auffassung. Denn im Gegensatz zum zweigeteilten Modell bietet sie zum einen eine Erklärung für die Unterscheidung zwischen den beiden Fallgruppen, die über die krude sprachphilosophische These von Kern und Hof hinausgeht. Zum anderen und vor allem aber kann sie das Wesen der schwierigen Fälle erklären und muss sie diese nicht trotz ihrer prominenten Rolle von der theoretischen Beschreibung des Rechts ausnehmen, wie dies bei prominenten Vertretern des Rechtspositivismus der Fall ist. So nimmt Hart beispielsweise an, dass es sich bei schwierigen Fällen nicht mehr um eine rechtlich gebundene Entscheidung, sondern einen quasi-legislativen Akt handelt.[136] Und Kelsen begreift die konkrete Festlegung innerhalb der rechtlichen, durch die Norm festgelegten Grenzen als eine rein politische Entscheidung und schließt sie somit gänzlich von einer rechtswissenschaftlichen Betrachtung aus.[137]

Das konventionalistische Modell ist zudem besser geeignet, den historischen Wandel von Rechtsauffassungen zu erklären. Wenn beispielsweise vormals selbstverständliche Auslegungen problematisiert oder sogar überworfen werden beziehungsweise vormals kontroverse Auslegungen über die Zeit zu Selbstverständlichkeiten werden, lässt sich dies im Sinne des konventionalistischen Verständnisses als erwartbares Ergebnis des

133 Fish, The Law wishes to have a formal existence, in: Sarat, Kearns (Hrsg.), The Fate of Law, S. 159–208, S. 182.

134 Fish, Doing What Comes Naturally, S. 513.

135 Fish, Is There a Text in This Class?, S. 309f.

136 Hart, The Concept of Law, S. 135f.

137 Kelsen, Reine Rechtslehre, 2. Auflage, S. 348f.; Dreier, Rechtslehre, Staatssoziologie und Demokratietheorie bei Hans Kelsen, S. 148ff.

ständigen Widerstreits konkurrierender Auffassungen begreifen. Nimmt man hingegen an, es ginge allein um die korrekte Auslegung von Rechtsnormen, könnte der stetige Wandel immer nur Erkenntnisfort- beziehungsweise -rückschritt bedeuten, was in Anbetracht mitunter stark widerläufiger Entwicklungen wenig überzeugend wirkt.[138]

e. Das Recht und die Krise der Interpretation

Hierin offenbart sich ein tieferliegender Wesenszug des Rechts. Denn die Art und Weise, in der die auch in vermeintlich einfachen Fällen erforderliche interpretative Arbeit nicht transparent gemacht wird, steht exemplarisch für den Umgang des Rechts mit der Komplexität der Interpretation. Während sich zeigen lässt, dass es für jede sprachliche Äußerungen stets eine Vielzahl möglicher Lesarten gibt, zwischen denen keine eindeutige Entscheidung anhand eines feststehenden Maßstabs getroffen werden kann, arbeitet das Recht stets auf eine eindeutige, notfalls autoritativ festgelegte Lesart hin.[139] Anders als beispielsweise die Literaturwissenschaft, die gerade das gleichberechtigte Nebeneinander miteinander konfligierender Lesarten herausarbeiten und thematisieren möchte, kämpft das Recht also ständig gegen die Unumgänglichkeit und Unabschließbarkeit der Interpretation an und versucht, die sich so ihren Weg bahnende Ambiguität in den Griff zu bekommen.[140] Dabei kann es jedoch den Umstand nie überwinden, dass auch die als einzig plausible dargestellte Lesart stets nur das Ergebnis interpretativer Arbeit sein kann und dass das Ausweisen dieser Lesart als einzig vertretbare selbst auch immer nur eine interpretative Strategie darstellen kann.[141] Das Recht arbeitet somit auf ein Ziel hin, das unerreicht bleiben muss und dessen Unerreichbarkeit mit jeder Inanspruchnahme unwillkürlich erneut zum Ausdruck kommt.

V. Zwischenergebnis

Die grundlegende Prämisse des Formalismus ist somit widerlegt. Die Behauptung, die Entscheidung im Einzelfall erschöpfe sich in einer Anwendung der einschlägigen Normen, lässt sich nicht halten und lässt sich auch durch den Verweis auf die juristische Methode nicht aufrechterhalten. An die Stelle der Norm als bestimmende Größe tritt die

138 Engelmann, Rechtsgeltung als institutionelles Projekt, S. 171f.
139 Fish, Doing What Comes Naturally, S. 54.
140 Fish, Doing What Comes Naturally, S. 137; Möllers, Die Möglichkeit der Normen, S. 267f., 302f.
141 Augsberg, Die Lesbarkeit des Rechts, S. 52f.

Zugehörigkeit zu einem interpretativen Feld, das die richterliche Entscheidungsfindung in zutiefst informeller Weise und unter Einbeziehung substanzieller Billigkeitsvorstellungen prägt. In einem ersten Schritt dekonstruiert ein konventionelles Sprach- und Regelverständnis somit das formalistische Selbstverständnis des Rechts.

Kapitel II:
Die Unverzichtbarkeit des Formalismus

> Every stabilized social world depends, for its serenity, upon the redefinition of power and preconception as legal right or practical necessity. The mundane and visionary struggles over the form of social life must be stopped or circumscribed, and the truce lines reinterpreted as a plausible though flawed version of the rightful order of society.[1]

Mit der Dekonstruktion des Formalismus durch das konventionalistische Rechtsverständnis wird deutlich, dass zwischen dem formalistischen Anspruch des Rechts und seiner tatsächlichen Funktionsweise eine erhebliche Diskrepanz besteht.[2] Dies wirft die Frage auf, wie mit diesem Befund (aus rechtstheoretischer Perspektive) umzugehen ist.

Aus einer kritischen Perspektive liegt der Schluss nahe, dass das Recht absichtsvoll seine tatsächliche Funktionsweise verschleiere, um sich so gegen Einflüsse von außen abzuschirmen und gewissen gesellschaftlichen Interessen effektiv dienen zu können.[3] Der durch die Technizität der Rechtsanwendung vermittelte Eindruck der Neutralität bilde demnach bloß eine Fassade, hinter welcher sich die Anschauungen und Voreingenommenheit der Rechtsanwender ungestört ihre Bahn schlagen können. Nach diesem Verständnis ist die beschriebene Diskrepanz ein beklagenswerter, wenn nicht sogar skandalöser Missstand, den es schnellstmöglich zu beheben gilt.[4]

Die Erfüllung des formalistischen Anspruchs scheidet hierbei aus, weil eine neutrale Regelanwendung angesichts der obigen Ausführungen zu den sprachphilosophischen Grundlagen scheitern muss. Insofern kann diese Forderung nur darauf abzielen, dass das Recht den formalistischen Anspruch fallen lässt, sich also seine tatsächliche, informelle Funktionsweise eingesteht und diese nach außen transparent macht. Dieser Forderung nach einem transparenten Recht gegenüber möchte ich anhand der Funktionen des formalistischen Anspruchs aufzeigen, dass dessen Erhebung trotz der Unmöglichkeit seiner Umsetzung für das Recht von existenzieller Bedeutung ist. Hierbei sind drei miteinander verbundene

1 Unger, The Critical Legal Studies Movement, *Harvard Law Review* 96 (1983), S. 561–675, S. 582f.

2 Müller-Mall, Performative Rechtserzeugung, S. 251.

3 Kennedy, Critique of Adjudication, S. 2, 14; Siedenburg, Die kommunikative Kraft der richterlichen Begründung, S. 19f.

4 von Schlieffen, Sachlichkeit, Rhetorische Kunst der Juristen, S. 19f.

Ebenen zu unterscheiden, auf denen der formalistische Anspruch seine Wirkung entfaltet. Zuvorderst erlaubt er die Behauptung einer eigengesetzlichen Form rechtlichen Wissens. Damit wirkt er konstitutiv für die Selbstständigkeit der juristischen Disziplin und stattet das Recht zudem mit einer zentralen Bezugsgröße aus, anhand derer die Validität der auf das Recht bezogenen Äußerungen bestimmt werden kann. Weiter erlaubt der Formalismus dem Richter die Darstellung seiner Entscheidung als bloße Anwendung der vom demokratisch legitimierten Gesetzgeber erlassenen Vorschriften. So lässt er das richterliche Urteil zum Bestandteil und Ausfluss der demokratischen und gewaltenteiligen Ordnung werden und begründet zugleich dessen Anspruch auf Legitimität und Autorität. Zuletzt verleiht der Formalismus dem Recht die Fähigkeit, gesellschaftliche Konflikte nachhaltig zu befrieden. Hierbei wirkt er als Medium der Universalisierung, mit dessen Hilfe partikulare Auffassungen allgemeine Gültigkeit beanspruchen können. Der Formalismus ermöglicht so einen konstruktiven Umgang mit dem Dilemma, das in jedem gesellschaftlichen Zusammenhang zwischen der Unvereinbarkeit der individuellen Perspektiven einerseits und der Notwendigkeit kollektiven Handelns andererseits erwächst. Auf diese Weise stellt er eine bedeutende Ressource für ein friedliches Zusammenleben bereit.

In der Zusammenschau mit den im vorigen Kapitel angestellten Überlegungen ergibt sich so der paradox anmutende Befund, dass das Recht und der in ihm verkörperte zivilisatorische Wert von der Vorgabe einer Funktionsweise abhängen, der die Rechtsanwendung nicht zu entsprechen vermag.

I. Die Forderungen der Rechtskritik

Dabei sind zuvorderst zwei Lesarten der kritischen Forderung nach der Auflösung der Diskrepanz zwischen formalistischer Darstellung und informeller Funktionsweise zu unterscheiden. Der Zweigliedrigkeit des Befundes entsprechend bieten sich ihr zwei mögliche Ansatzpunkte: die tatsächliche Funktionsweise der Rechtsanwendung auf der einen und der von der Selbstdarstellung des Rechts erhobene formalistische Anspruch auf der anderen Seite.

1. Neutrales Recht

Demnach übernimmt ein Teil der Rechtskritik zumindest implizit dem Neutralitätsanspruch des Rechts und zielt darauf ab, die Unzulänglichkeiten der tatsächlichen Funktionsweise diesem gegenüber offenzulegen und auf deren Behebung hinzuwirken. Aus dieser Stoßrichtung erwächst eine Reihe von Ansätzen, die allesamt in kritischer Absicht Faktoren herausarbeiten, die jenseits des Normtextes (oder sonstiger als zulässig erachteter Erwägungen) das richterliche Urteil beeinflussen und so einer neutralen Rechtsanwendung im Wege stehen.

Die Bandbreite der auf diese Weise offengelegten Einflüsse ist denkbar weit. Sie beginnt mit vermeintlichen Trivialitäten wie dem Umstand, ob eine Verhandlung vor oder nach der Essenspause des Richters stattfindet. Dies scheint sich signifikant auf dessen Bereitschaft auszuwirken, sich für einen Prozessausgang zu entscheiden, der eine Veränderung des Status quo und somit einen erhöhten Arbeitsaufwand mit sich bringen würde.[5] Und sie reicht hin bis zu rassistischen Vorurteilen und strukturellen Benachteiligungen, welche sich in gravierenden Konsequenzen für die Betroffenen, beispielsweise in Form häufigerer Verurteilungen und höherer Strafmaße, niederschlagen.[6] Hinzu treten die aufgrund ihres Wesens nicht ohne weiteres nachzuweisenden, aber gleichwohl stets präsenten und überaus wirkmächtigen Moral- und vor allem Normalitätsvorstellungen[7] sowie all die Alltagstheorien,[8] die oftmals den unausgesprochenen Referenzrahmen für die Bewertung des jeweils zu beurteilenden Verhaltens bilden. Besonders offen treten diese Erwägungen in Fällen in Erscheinung, in denen einerseits die zur Anwendung kommenden Normen kein spezifisches Ergebnis vorzuschreiben scheinen und die andererseits starke moralische Intuitionen hervorrufen. Unerheblich ist dabei jedoch, ob diesen Fragen als bewusst offen verstandene Vorschriften des Verfassungsrechts[9] oder die sonst als völlig eindeutig geltenden Regeln des Privatrechts[10] zu Grunde liegen. Und wie oben bereits ausgeführt, spielen diese Erwägungen auch in Fällen, in denen rechtliche Klarheit zu herrschen scheint, eine ebenso große Rolle, nur dass ihr Einfluss hier durch die Verstetigung von Bewertungs- und Auslegungskonventionen in den Hintergrund getreten und deshalb nicht ohne Weiteres zu erkennen ist.

Von der Rechtskritik wird die Präsenz dieser Einflüsse angeprangert, da sie einerseits zur Intransparenz der Rechtsanwendung beitragen und

5 Danziger, Levav, Avnaim-Pesso, Extraneous factors in judicial decisions, *Proceedings of the National Academy of Sciences* 108 (2011), S. 6889–6892.

6 Menke, Recht und Gewalt, S. 33f.

7 Fish, The Law wishes to have a formal existence, in: Sarat, Kearns (Hrsg.), The Fate of Law, S. 159–208, S. 177.

8 Simon, Die Unabhängigkeit des Richters, S. 155f.

9 Zum Recht auf Abtreibung: U.S. Supreme Court, Roe v. Wade, 410 U.S. 113 (1973), Dobbs v. Jackson Women's Health Organization, 597 U.S. 215 (2022); BVerfGE 88, 203.

10 Fish, The Law wishes to have a formal existence, in: Sarat, Kearns (Hrsg.), The Fate of Law, S. 159–208, S. 188.

weil sie andererseits demokratisch nicht legitimiert sind und inhaltlich zu rechtlichen und überrechtlichen Maßstäben und Gerechtigkeitsvorstellungen mitunter im krassen Widerspruch stehen.[11] Doch so berechtigt diese Kritik im Einzelnen zweifelsohne sein mag, ist der ihr zugrundeliegenden Vorstellung der Möglichkeit einer neutralen, von sämtlichen impliziten Vorverständnissen und Werturteilen befreiten Rechtsanwendung auf Grundlage der obigen Ausführungen entschieden zu widersprechen. Denn wie beschrieben ist die informelle Funktionsweise der Rechtsanwendung gerade kein lokal auftretendes Defizit, das durch eine gesteigerte Sensibilität oder mithilfe des entsprechenden politischen Willens der verantwortlichen Akteure ausgemerzt werden könnte. Der informelle Charakter der Rechtsanwendung liegt vielmehr in ihrer unhintergehbaren Sprachlichkeit begründet und ist deshalb auch nicht zu überwinden. Dem Rechtsanwender ist es – so wie allen anderen Teilnehmern einer kommunikativen Praxis – unmöglich, all seine Vorurteile und Voreingenommenheit hinter sich zu lassen. Der Richter kann sich nicht in unvermittelter Weise mit den bloßen Fakten eines Falls auseinanderzusetzen, um dann in neutraler Weise zu einer Lösung zu gelangen. Denn was als Fakt, als Problem und als mögliche Lösung begriffen wird, hängt stets von einem Netz aus Vorurteilen und impliziten Annahmen ab.[12]

So kann auch die überzeugendste Kritik nie zu einer Überwindung aller Vorurteile und schließlich zu wahrhaft objektiven Urteile führen, denn diese Form der Vorurteilsfreiheit ist uns als stets in kommunikativen Kontexten situierten Wesen schlicht nicht zugänglich.[13] Was eine überzeugende Kritik im besten Fall hervorzurufen vermag, ist deshalb immer nur eine relative Verschiebung in Form und Inhalt der jeweils bestehenden Vorurteile. Insofern wird nie die Prägung des Denkens und Urteilens durch Vorurteile, Voreingenommenheit und implizite Wertungen überwunden, sondern die jeweils vorherrschenden Vorurteile werden durch Vorurteile anderen Inhalts ersetzt.[14] Somit kann auch die überzeugendste Kritik der rechtlichen Praxis nicht auf eine neutrale Rechtsanwendung hinwirken, sondern lediglich eine Verschiebung der die Entscheidungsfindung jeweils beeinflussenden Faktoren herbeiführen und im besten Fall das Wesen dessen verändern, was als neutrale Rechtsanwendung gilt.[15]

Die (implizite) Forderung der Rechtskritik nach einer neutralen Rechtsanwendung ist mithin nicht erfüllbar und entzieht sich, soweit

11 Kennedy, Critique of Adjudication, S. 88.

12 Fish, Almost Pragmatism: Richard Posner's Jurisprudence, *The University of Chicago Law Review* 57 (1990), S. 1447–1475, S. 1458f.

13 Fish, Doing What Comes Naturally, S. 326f.

14 Fish, Doing What Comes Naturally, S. 21.

15 Kennedy, Critique of Adjudication, S. 248.

sie auf den obigen oder vergleichbaren Beobachtungen aufbaut, sogar selbst den Boden unter den Füßen. Denn sie dekonstruiert in einem ersten Schritt die formalistische Funktionsweise des Rechts, nur um ihr in einem zweiten Schritt eine gleichermaßen unerreichbare Form der Objektivität entgegenzuhalten und gelangt somit bloß von einem uneinlösbaren Essentialismus zum nächsten.[16]

Damit soll gerade nicht gesagt sein, dass die erwähnten Formen der Rechtskritik kein lohnendes Anliegen wären oder gar, dass die von der bestehenden rechtlichen Praxis diskriminierten Personen dies klaglos hinzunehmen hätten. Denn es widerspricht offenkundig dem Bild einer funktionierenden Justiz, vor allem aber grundlegenden Gerechtigkeitsvorstellungen, wenn der Ausgang eines Verfahrens von organisatorischen Zufälligkeiten oder rassistischen Zuschreibungen abhängt. Dies offenzulegen und damit auf die Überwindung dieses Zustandes hinzuarbeiten scheint insofern sogar dringend erforderlich. Auf abstrakterer Ebene ist gleichwohl festzuhalten, dass die Neutralität, in deren Namen die Kritik des Rechts hier auftritt, unerreichbar bleiben muss und die hieran anknüpfende Form der Rechtskritik insofern aus rechtstheoretischer Perspektive unhaltbar ist.

Davon streng zu unterscheiden ist die damit noch nicht beantwortete Frage, ob der Rechtskritik nicht möglicherweise dennoch gerade dann die größten Erfolgsaussichten zukommen, wenn sie sich trotz dieses Befundes in strategischer Absicht auf das Ideal der neutralen Rechtsanwendung beruft, oder wenn sie ihre eigene Voreingenommenheit selbstbewusst explizit macht. Der Ruf nach einer neutralen Rechtsanwendung muss aber in jedem Fall ins Leere gehen.

2. Aufrichtiges Recht

Angesichts dieses Umstandes verbleibt der Forderung nach der Auflösung der dem Recht innewohnenden Diskrepanz als Angriffspunkt nur noch der vom Recht erhobene formalistische Anspruch. Dieser müsste aufgegeben werden, um auf diese Weise Übereinstimmung zwischen der inneren Funktionsweise des Rechts und ihrer Darstellung nach außen herzustellen.[17] Nach dieser zweiten Lesart fordert die Rechtskritik ein aufrichtiges Recht, das sich seine fehlende Objektivität eingesteht und diese nach außen hin transparent macht.[18]

16 Fish, Almost Pragmatism: Richard Posner's Jurisprudence, *The University of Chicago Law Review* 57 (1990), S. 1447–1475, S. 1457f.

17 Fish, The Law wishes to have a formal existence, in: Sarat, Kearns (Hrsg.), The Fate of Law, S. 159–208, S. 196.

18 Siedenburg, Die kommunikative Kraft der richterlichen Begründung, S. 324f.

So schließt zum Beispiel Karl Klare (vor dem Hintergrund der politischen und konstitutionellen Transformation Südafrikas nach dem Ende der Apartheid) aus dem Umstand, dass sich die politische Dimension und die Rolle persönlicher Voreingenommenheit im Akt der Rechtsprechung nicht ausmerzen oder auch nur signifikant reduzieren lassen, dass diese zumindest offenzulegen seien.[19] Von der Offenlegung der wahren Beweggründe der Richter verspricht er sich eine Demokratisierung des die richterlichen Entscheidungen umgebenden Diskurses.[20] Diese soll wiederum dazu verhelfen, den Legitimationsvorschub für die hinter dem Anschein der Neutralität verborgenen Wertvorstellungen abzubauen. So soll offengelegt werden, dass eine neutrale Form der Rechtsanwendung ausgeschlossen ist und dass sich deshalb im Kontext richterlicher Entscheidungen stets mehrere ideologisch aufgeladene Sichtweisen gegenüberstehen, zwischen denen nicht anhand des Gesetzestextes beziehungsweise dessen neutraler Interpretation entschieden werden kann.[21] Den Richtern soll damit die Möglichkeit genommen werden, unter dem Anschein politischer Neutralität moralisch und ideologisch aufgeladene und für das gesellschaftliche Zusammenleben folgenreiche Entscheidungen zu treffen. Ihre Positionen sollen sich stattdessen im kritischen Licht des demokratischen Diskurses bewähren müssen.[22]

Auf den ersten Blick leuchtet diese Position ein, da sich der Ruf nach Neutralität einerseits als unerfüllbar erwiesen hat und ein Mindestmaß an Transparenz andererseits zu den grundlegenden Voraussetzungen für die legitime Ausübung herrschaftlicher Gewalt zählt. Doch in Anbetracht der Beharrlichkeit, mit der trotz der zahlreichen, sie widerlegenden Darstellungen an der formalistischen Funktionsweise des Rechts festgehalten wird, drängt sich die Frage auf, ob die Berufung auf den Formalismus nicht möglicherweise trotz fehlender Entsprechung in der Realität der Rechtsanwendung maßgeblich für das Bestehen des Rechts ist, so dass auf sie nicht verzichtet werden kann, ohne das Recht in seiner Existenz und den ihm innewohnenden Wert zu gefährden. Dann griffe auch diese Form der Rechtskritik zu kurz, indem sie aus dem Umstand, dass die Berufung auf den Formalismus keine wahrheitsgetreue Repräsentation der richterlichen Entscheidungsfindung darstellt, auf deren Entbehrlichkeit schließt.[23]

19 Klare, Legal Culture and Transformative Constitutionalism, *South African Journal on Human Rights* 14 (1998), S. 146–188, S. 163f.

20 Klare, Legal Culture and Transformative Constitutionalism, *South African Journal on Human Rights* 14 (1998), S. 146–188, S. 164.

21 Klare, Legal Culture and Transformative Constitutionalism, *South African Journal on Human Rights* 14 (1998), S. 146–188, S. 152, 164.

22 Klare, Legal Culture and Transformative Constitutionalism, *South African Journal on Human Rights* 14 (1998), S. 146–188, S. 164.

23 Neumann, Wahrheit im Recht, S. 41ff.; Siedenburg, Die kommunikative Kraft der richterlichen Begründung, S. 113ff.

II. Die Funktionen des formalistischen Anspruchs

Und tatsächlich zeigt sich bei genauerem Hinsehen, dass das Festhalten am formalistischen Anspruch für das Recht und somit auch für das Fortbestehen rechtlich verfasster Gesellschaften unabdingbar ist. Dieser Befund umfasst drei voneinander zu unterscheidende Ebenen: die institutionelle und disziplinäre Eigenständigkeit des Rechts, die (demokratischen) Legitimation staatlichen Handelns sowie die grundsätzliche Frage nach dem Umgang mit gesellschaftlichen Konflikten.

1. Der Formalismus als Vermittler rechtlichen Wissens

Zuvorderst erlaubt der Formalismus dem Recht die Behauptung einer eigengesetzlichen Form rechtlichen Wissens. Gegenstand dieses Wissens ist das Bestehen einer bestimmten Rechtslage.[24] Dank des Formalismus kann diese als ein Erkenntnisgegenstand begriffen werden, der mithilfe einer methodengerechten Interpretation der geltenden Rechtsnormen und -prinzipien erschlossen werden kann.

Dem könnte entgegengehalten werden, dass das rechtliche Wissen auf eine formalistische Herangehensweise nicht angewiesen sei beziehungsweise durch diese gar nicht zu ermitteln sei, weil die juristische Wahrheit nur auf anderen, substanziell angereicherten Wegen erschlossen werden könne.[25] Dieser Einwand ginge jedoch an der obigen Begriffsdefinition vorbei, der zufolge der Formalismus auf die Vorstellung abzielt, die korrekte Regelanwendung lasse sich mit Bezug auf feststehende Kriterien zuverlässig herleiten. Welcher Art und welchen Inhaltes diese Kriterien sind, ist dabei für die hier verfolgten Zwecke nachrangig.[26]

a. Rechtliches Wissen als Grundstein der disziplinären Eigenständigkeit des Rechts

Auf dem exklusiven Zugang zu dem Wissen über die jeweils bestehende Rechtslage gründet wiederum der Anspruch des Rechts auf institutionelle und disziplinäre Eigenständigkeit.[27] Das rechtliche Wissen ist nur denjenigen zugänglich, die umfassend juristisch ausgebildet wurden und bildet zugleich das Produkt und Proprium der spezifisch juristischen Tätigkeit und erlaubt es dem Recht somit, sich von anderen

24 Somek, Rechtstheorie, S. 113.
25 Dworkin, Taking Rights Seriously, S. 7.
26 Siehe hierzu oben, Kapitel I, Abschnitt I.
27 Fish, Doing What Comes Naturally, S. 216.

Disziplinen abzugrenzen. Der Formalismus vermittelt so das Kriterium, welches die Eigenständigkeit des Rechts begründet. Das Aufrechterhalten des formalistischen Anspruches ist demnach für das Recht von existenzieller Bedeutung, so dass seine Aufgabe einer Selbstaufgabe der Disziplin gleichkäme.[28]

Dementsprechend ist das Recht kontinuierlich damit befasst, sich von den ihn umgebenden Diskursen abzugrenzen und seine Unabhängigkeit diesen gegenüber unter Beweis zu stellen.[29] Und der Formalismus, der das Recht mit einer eigenen Sprache und einer eigenen Form des Wissens ausstattet, ist hierfür von zentraler Bedeutung.[30] Denn ohne die Existenz eines spezifisch rechtlichen Wissens könnten die sich auf das Recht berufenden Äußerungen in der Pluralität des Meinungskampfes keine Sonderstellung beanspruchen. In letzter Konsequenz verkäme der rechtliche Diskurs so zu einer bloßen Fortsetzung moralischer, politischer und ökonomischer Auseinandersetzungen. Dann aber könnten rechtliche Auffassungen und in letzter Konsequenz auch das richterliche Urteil diesen gegenüber beziehungsweise innerhalb dieser keinen gesonderten Status für sich geltend machen.[31] Zugleich ist die durch den Formalismus vermittelte Kategorie der juristischen Korrektheit entscheidend dafür, dass das Recht nicht in Fragen der Macht aufgeht, sondern diesen gegenüber seine Eigenständigkeit zu bewahren vermag.[32] So verhilft der Formalismus dem Recht zum einen zu seinem gesonderten Status und verhindert zum anderen, dass rechtliche Fragen zu reinen Machtfragen verkommen. Der Formalismus trägt somit maßgeblich zur Konstitution der juristischen Disziplin bei und erweist sich schon insofern von existenzieller Bedeutung für das Recht.

b. Rechtliches Wissen als sinnstiftende Bezugsgröße der rechtlichen Praxis

Doch der Formalismus verschafft dem Recht nicht nur die spezifische Codierung, die seine Eigenständigkeit gegenüber anderen Feldern markiert, sondern stattet es auch nach innen mit einer organisierenden und zugleich sinnstiftenden Bezugsgröße aus. Denn wie jede intersubjektive Praxis bedarf auch das Recht einer ihm vorgegebenen, feststehenden

28 Forsthoff, Die Umbildung des Verfassungsgesetzes, in: Barion, Forsthoff, Weber (Hrsg.), Festschrift für Carl Schmitt, S. 35–62, S. 41.

29 Fish, The Law wishes to have a formal existence, in: Sarat, Kearns (Hrsg.), The Fate of Law, S. 159–208, S. 159.

30 Fish, The Law wishes to have a formal existence, in: Sarat, Kearns (Hrsg.), The Fate of Law, S. 159–208, S. 161.

31 Fish, Is There a Text in this Class?, S. 141ff.

32 Lege, Pragmatismus und Jurisprudenz, S. 415.

Bezugsgröße, anhand derer die Validität der Operationen der Teilnehmer bewertet werden kann. Ansonsten verkämen deren Äußerungen zu bloßen subjektiven Auffassungen, denen ein übergeordneter Bezugspunkt und somit der Maßstab zu ihrer Bewertung fehlen würde. Dann aber verlören diese Äußerungen, ihr Austausch und letztlich die gesamte Praxis ihre Pointe.[33] So wenig wie das Recht ohne das durch den Formalismus vermittelte rechtliche Wissen, kommt beispielsweise die Wissenschaft ohne die Kategorie der Wahrheit oder die Kunst ohne die – wenn auch flüchtige – Kategorie der Ästhetik aus. Letztere belegt dabei, dass es nicht zwingend darauf ankommt, aus diesen Begriffen konkrete Maßstäbe ableiten zu können, sondern dass es genügt, sie als übergeordnete Bezugsgrößen evozieren zu können. Die durch den Formalismus vermittelte überindividuelle Korrektheit dient insofern nicht nur der Abgrenzung der juristischen Disziplin, sondern stattet sie überdies mit einem für ihre intrinsische Sinnhaftigkeit maßgeblichen Bezugspunkt aus.

2. Der Formalismus als Bestandteil (demokratischer) Legitimation

Einen weiteren Aspekt ihrer Wirkung entfaltet die durch den Formalismus vermittelte Eigenständigkeit des Rechts im Zusammenhang mit der Frage nach der Autorität des rechtlichen Urteils und dem das Recht umgebenden Legitimationsdiskurs. Hier erweist sich das formalistische Dogma als integraler Bestandteil der Legitimation sowohl des richterlichen Urteils als auch der gewaltenteiligen demokratischen Ordnung insgesamt.

Deren Ausgangspunkt ist der Gedanke, dass sich das souveräne Volk Beschränkungen nur selbst auferlegen kann, so dass jede Form der Herrschaftsausübung auf eine Äußerung des Volkswillens zurückzuführen sein muss.[34] Dementsprechend trennt die Lehre der Gewaltenteilung zwischen der Rechtsetzung auf der einen und der Rechtsprechung auf der anderen Seite. Als genuin schöpferisch begriffene Aktivität ist erstere dabei den vom Volk gewählten Organen vorbehalten. Die in der Regel von nicht direkt gewählten Experten ausgeübte Rechtsprechung bezieht ihre demokratische Legitimation hingegen daraus, dem Gesetz gewordenen Volkswillen zur Umsetzung zu verhelfen.[35] Dies macht es erforderlich, die Rechtsprechung als bloße Anwendung der bestehenden Gesetze auszuweisen. Denn als demokratisch nicht hinreichend legitimierter

33 Lege, Pragmatismus und Jurisprudenz, S. 413f. unter Verweis auf Ryffel, Grundprobleme der Rechts- und Staatsphilosophie, S. 289, 329f.

34 Vgl. Art. 20 Abs. 2 S. 1 GG.

35 Müller-Mall, Verfassende Urteile, S. 124f.

Akteur könnte der Richter für Entscheidungen, die nicht unmittelbar dem Normbefehl entspringen, keine Gefolgschaft beanspruchen.[36] Würde er also die fehlende Determinationskraft des Gesetzes und im Gegenzug das schöpferische Element seiner Tätigkeit transparent machen, wäre die Legitimation und letztlich auch die Autorität seines Urteils entschieden in Frage gestellt.[37]

Es muss also nach außen so wirken, als ob sich das richterliche Urteil in der bloßen Anwendung der ihm vorgegebenen Gesetze erschöpfe.[38] Und für die entsprechende Darstellung ist der Formalismus entscheidend. Denn er ermöglicht es dem Richter, seine Entscheidungsfindung als einen technischen Vorgang darzustellen, dessen Ziel darin besteht, die bestmögliche Interpretation des im Gesetz festgehaltenen Volkswillen zu ermitteln. Die Entscheidungsfindung lässt sich dadurch auf Fragen der korrekten Auslegung reduzieren; das schöpferische Element der Entscheidung und die sich darin niederschlagenden Vorurteile des Richters treten demgegenüber in den Hintergrund.[39] Folglich beruht nicht nur die Eigenständigkeit der richterlichen Tätigkeit, sondern auch deren Legitimation als Bestandteil und Ausfluss der demokratischen und gewaltenteiligen Ordnung auf der erfolgreichen Berufung auf die formalistische Funktionsweise des Rechts.[40]

a. Auch hier: kein Strohmann

An dieser Stelle liegt abermals der Einwand nahe, dass eine solche sterile Trennung zwischen Rechtsetzung und -anwendung längst verworfen, sofern sie überhaupt je vertreten wurde. Vielmehr sei gemeinhin anerkannt, dass dem richterlichen Urteil ein irreduzibler Moment willkürlicher Setzung innewohne.[41]

Dies soll jedoch auch gar nicht bestritten werden. Denn tatsächlich tritt in der Praxis an die Stelle einer strikten Gesetzesbindung ein nuancenreiches Spektrum an Formen, in denen sich die beteiligten Akteure auf die geltenden Gesetze beziehen können. Wie stark die Behauptung der Bindung ausfällt, wird nicht zuletzt von der Position des Sprechers und seiner jeweiligen Situation abhängen, wobei sich erhebliche Unterschiede ergeben können. So kann beispielsweise ein Verfassungsgericht, das sich seines Rückhaltes in der Bevölkerung und dem

36 Kennedy, Critique of Adjudication, S. 88.

37 Vgl. Simon, Die Unabhängigkeit des Richters, S. 105ff.

38 Müller-Mall, Verfassende Urteile, S. 78f.

39 Luhmann, Recht und Automation in der öffentlichen Verwaltung, S. 57.

40 Fish, Almost Pragmatism: Richard Posner's Jurisprudence, *The University of Chicago Law Review* 57 (1990), S. 1447–1475, S. 1462f.

41 Kennedy, Critique of Adjudication, S. 162.

Ausbleiben ernstzunehmender Angriffe auf seine Integrität verhältnismäßig sicher sein kann, offen mit dem Bestehen seiner Handlungsräume kokettieren.[42] Ein politisch stark unter Druck stehendes Gericht wird hingegen bemüht sein wird, jeden Anschein richterlicher Gestaltungsfreiheit zu vermeiden.

Gleichwohl ist das gängige Eingeständnis eines irreduziblen Moments der Setzung im richterlichen Urteil weit entfernt von dem hier entwickelten, die Determinationskraft der Rechtsnorm in ihrem Grundsatz anzweifelnden Verständnis der Rechtsanwendung. Vor allem aber wird in der Darstellung des richterlichen Urteils solchen Eingeständnissen zum Trotz an der Vorstellung einer in ihrer Reichweite zwar möglicherweise begrenzten, aber für die Entscheidung dennoch maßgeblichen Determination durch die anzuwendende Rechtsnorm unverändert festgehalten.[43] Darin zeigt sich, dass für eine gelungene Äußerung im rechtlichen Feld eine gewisse Festlegung durch die bestehende Rechtslage stets zu implizieren ist. Unabhängig vom Kontext besteht also stets ein Restbestand an Reverenz, welche der Rechtsanwender dem geltenden Recht erweisen muss. Unterschreitet er dieses Minimum, läuft er Gefahr, dass seine Äußerung keine Anerkennung findet. Eine Entscheidung gilt erst als rechtlich, wenn sie sich als neutrale Anwendung einer im Vorhinein feststehenden Norm ausweist.[44]

b. Die legitime Anwendung von Gewalt

Hierin klingt bereits an, dass die durch den Formalismus vermittelte Vorstellung der (juristischen) Korrektheit über die spezifisch demokratische Form der Legitimation hinausweist.[45] Dabei rückt gerade die gegen den demokratischen Prozess gerichtete überzeitliche Dimension des Rechts in den Blick.

An dieser Stelle sei nochmals daran erinnert, dass das richterliche Urteil vor allem deshalb im Zentrum dieser Untersuchung steht, weil sich in ihm der Autoritätsanspruch des Rechts und seine enge Verknüpfung mit der Frage nach der legitimen Ausübung von Gewalt in besonderer Deutlichkeit zeigen. In diesen Konstellationen sind die Interessen der Betroffenen in einer solchen Intensität betroffen, dass es kaum gangbar erscheint, das richterliche Urteil nicht als Ausdruck einer schon im Vorhinein feststehenden Wahrheit zu kennzeichnen. Verhängt ein Gericht

42 BVerfGE 34, 269, 286ff.

43 Engelmann, Rechtsgeltung als institutionelles Projekt, S. 197f. unter Verweis auf Larenz, Methodenlehre der Rechtswissenschaft, S. 14, 301ff., 320f., 331ff.

44 Kennedy, Critique of Adjudication, S. 147.

45 Vgl. Kennedy, Critique of Adjudication, S. 2.

beispielsweise eine Haftstrafe, wäre es »frivol«, dem Verurteilten gegenüber einzugestehen, dass deren Länge von Zufälligkeiten abhänge.[46]

In diesem Zusammenhang genügt es möglicherweise noch nicht einmal, das Urteil als neutrale Anwendung der demokratisch legitimierten Gesetze darzustellen. Vielmehr ist es als die zutreffende Formulierung der Rechte der Betroffenen in einem überpositiven Sinne auszuweisen. Und hierfür darf es weder auf eine mögliche Voreingenommenheit des Richters noch auf etwaige Launen des demokratischen Gesetzgebers ankommen.[47] Aufgrund dieser spezifischen Verbindung zur Ausübung hoheitlicher Gewalt ist der Formalismus also auch unabhängig von der demokratischen Verfasstheit für die Legitimation des richterlichen Urteils unverzichtbar. Und das Ausweisen des richterlichen Urteils als bloße Anwendung des demokratisch legitimierten Gesetzes stellt nicht die einzig mögliche Form dar, in der das richterliche Urteil die erforderliche Autorität in Anspruch zu nehmen vermag. Im Blick zu halten ist dabei auch, dass die Frage nach der legitimen Anwendung von Gewalt in gewisser Weise den Endpunkt jeder rechtlichen Auseinandersetzung bildet, so dass ein Restbestand dieses maximalen Rechtfertigungszwanges auch noch den trivialsten Entscheidungen innewohnt.[48]

3. Das formalistische Recht als integrativer Mechanismus der Konfliktlösung

Die Frage nach der Legitimation staatlichen Handelns führt so zu noch grundlegenderen Überlegungen zum Wesen des Rechts, aus denen sich ein weiteres Argument für die Unverzichtbarkeit des Formalismus entwickeln lässt. Unabhängig von der jeweiligen Staatsform scheint eine maßgebliche Funktion des Rechts nämlich darin zu bestehen, ein friedliches gesellschaftliches Miteinander zu ermöglichen. Und auch hierfür ist es auf den Formalismus angewiesen. Denn erst dank ihm stellt das Recht einen Mechanismus zur Lösung gesellschaftlicher Konflikte bereit, der die dauerhafte Integration der widerstreitenden, und insbesondere der unterliegenden Partei ermöglicht.[49]

46 Somek, Rechtstheorie, S. 158.

47 Kennedy, Critique of Adjudication, S. 27.

48 Kletzer, Primitive Law, *Jurisprudence* 4 (2013), S. 263–272, S. 270; Benjamin, Zur Kritik der Gewalt, in: ders., Gesammelte Schriften II 1, S. 179–203, S. 190.

49 Ballweg, Rechtswissenschaft und Jurisprudenz, S. 104.

a. Das Recht zwischen Unentscheidbarkeit und Entscheidungszwang

Nach diesem Verständnis bietet das formalistische Recht eine Antwort auf die sich jeder Form der politischen Organisation stellende Frage, wie angesichts der irreduziblen Pluralität der individuellen Perspektiven und Einstellungen ein dauerhaft kooperatives Verhalten zwischen den Mitgliedern der Gemeinschaft sichergestellt werden kann.[50]

aa. Unentscheidbarkeit

Dieser Frage liegt die Annahme zu Grunde, dass sich die Menschen grundsätzlich in einem Zustand unversöhnlicher Uneinigkeit gegenüberstehen. Sie sind – im Kleinen wie im Großen – uneins darüber, wie ihr Zusammenleben gestaltet sein sollte.[51] Nach der hier vertretenen Auffassung ist dieser Umstand nicht akzidentiell, sondern folgt unmittelbar aus der oben beschriebenen, unentrinnbaren Situiertheit der individuellen Perspektiven. Als begrenzte Wesen können wir immer nur eine partielle Perspektive einnehmen, die sich notwendigerweise nie ganz mit der einer anderen Person decken wird. Folglich ist die Heterogenität der Perspektiven als unumgänglicher Umstand des menschlichen Miteinanders zu begreifen.[52] Somit lässt sich dem Vorhandensein von Meinungsverschiedenheiten auch nicht der Verweis auf einen substanziellen Konsens höherer Ordnung oder eine konsentierte Prozedur zur Lösung dieser Konflikte entgegenhalten. Denn auf dieser abstrakteren Ebene setzt sich die Uneinigkeit schlichtweg fort. Die Auffassungen darüber, wie mit den bestehenden Meinungsverschiedenheiten umzugehen ist, sind ebenso umstritten wie die verschiedenen Auffassungen erster Ordnung.[53] Jede hierauf bezogene Einigkeit kann letztlich immer nur behauptet werden.[54]

In diesem Zusammenhang genügt es jedoch, die tatsächliche Unvereinbarkeit der in gesellschaftlichen Auseinandersetzungen aufeinandertreffenden Auffassungen aufgrund alltäglicher Beobachtungen festzustellen. Doch selbst diese Feststellung mag mit Blick auf diverse eingespielte Mechanismen kollektiver Meinungsbildungs- und Entscheidungsprozesse unangemessen pessimistisch wirken. Sie gewinnt jedoch zumindest mit Blick auf das Recht an Plausibilität, wenn man sich in Erinnerung ruft, welche Fragen in rechtlichen Auseinandersetzungen im Kern verhandelt

50 Arendt, Vita activa oder Vom tätigen Leben, S. 14f.

51 Somek, Rechtstheorie, S. 192f.; Waldron, Law and Disagreement, S. 105ff.

52 Fish, Almost Pragmatism: Richard Posner's Jurisprudence, *The University of Chicago Law Review* 57 (1990), S. 1447–1475, S. 1454.

53 Waldron, Law and Disagreement, S. 149ff.

54 Somek, Rechtstheorie, S. 190.

werden. Denn letztlich geht es stets um die verbindliche Feststellung angemessenen (zwischen-) menschlichen Verhaltens und die adäquate Reaktion auf Abweichungen hiervon. Der Richter kann sich dabei der aporematischen Frage nicht entziehen, was im »hier und jetzt« als gerecht gilt, sondern muss hierauf eine konkrete und verbindliche Antwort geben.[55] Ihrer weitgehenden rechtlichen Einrahmung zum Trotz bleiben diese Fragestellungen in ihrer Substanz von moralischen Überlegungen geprägt.[56] Und auf diesem Feld scheint es wiederum offenkundig, dass eine Einigung oder auch nur ein Kompromiss zwischen den zahlreichen sich widersprechenden Auffassungen nicht zu erreichen ist. Denn auch den konfligierenden moralischen Positionen fehlt es an einem gemeinsamen Maßstab, mit dessen Hilfe sie gegeneinander abgewogen werden könnten. Und so ist bald ein Punkt erreicht, an dem Argumente zwar ausgetauscht werden können, diese aber aus der Sicht des Gegenarguments nicht mehr zu überzeugen vermögen und sich die Uneinigkeit als kontingenter und dennoch unüberwindbarer Zustand erweist.[57] Insofern ist jedenfalls das Recht mit Fragen befasst, in denen sich die Parteien in einem Zustand fundamentaler Uneinigkeit gegenüberstehen, der sich weder auf inhaltlicher noch prozeduraler Ebene auflösen lässt.

bb. Entscheidungszwang

Zugleich besteht in jedem Gemeinwesen der Zwang zum kollektiven Handeln. Jede Gesellschaft muss zwangsläufig eine von zahlreichen möglichen Organisationsformen verwirklichen und kann nur bestehen, wenn ihr dauerhaft zumindest eine gewisse Handlungsfähigkeit zukommt. Die zentrale Herausforderung der »conditio humana« besteht also darin, trotz der Pluralität der Perspektiven und Ansichten zu einem gemeinsamen Vorgehen zu finden.[58] Der naheliegende Ausweg besteht darin, den Gordischen Knoten einfach zu zerschlagen und durch entsprechende Ermächtigungen sicherzustellen, dass der drohenden Entscheidungsunfähigkeit durch verbindliche, ggf. mit Sanktionen bewehrte Setzungen abgeholfen wird. Denn die Wahrung des gesellschaftlichen Friedens erfordert zunächst einmal, dass bestehende Konfliktsituationen durch autoritative Festlegungen aufgelöst werden können.[59] Weniger als auf den konkreten Inhalt der jeweiligen Entscheidung kommt es dabei auf das bloße Faktum der Entscheidung an.[60]

55 Viehweg, Topik und Jurisprudenz, S. 96.
56 Somek, The Legal Relation, S. 29f.
57 Somek, Rechtstheorie, S. 167.
58 Arendt, Vita Activa oder Vom tätigen Leben, S. 14f.
59 Luhmann, Recht und Automation in der öffentlichen Verwaltung, S. 16.
60 Schmitt, Gesetz und Urteil, S. 48.

Diesem Bedürfnis trägt das Recht umfassend Rechnung. Durch seine hierarchische Organisation, insbesondere den Entscheidungszwang und die Möglichkeit der Sanktionierung und Vollstreckung von Entscheidungen[61] stellt es sicher, dass Konflikte einer verbindlichen Lösung zugeführt werden können. Durch entsprechende prozessuale Vorkehrungen werden die strittigen Fragen zudem einer erneuten Infragestellung entzogen. Auf diese Weise wird vermieden, dass die unauflösbaren Konflikte des menschlichen Miteinanders ergebnis- und ausweglos auf unabsehbare Zeit offengehalten und fortgeführt werden.[62] Während Fragen des gerechten Zusammenlebens im offenen geistigen Austausch unauflösbar hin und her gewendet werden können, ohne dass zwischen den vorgebrachten Argumenten je eine Entscheidung möglich wäre, sorgt das Recht dafür, dass dieser aus pragmatischer Sicht unhaltbare Zustand beendet wird.[63] Gerade weil sich aber in diesen Fragen die Kraft der Argumente bald erschöpft, kann der hierdurch drohenden Entscheidungsunfähigkeit nur mithilfe einer hierarchischen Organisation abgeholfen werden. Die »Vermachtung« der Produktion rechtlichen Wissens ist deshalb eine für die soziale Funktion des Rechts zwingende Voraussetzung.[64] Durch das Recht werden die Konflikte »nicht durch Lösung beendet, sondern durch Beendung gelöst.«[65]

Zwangsläufig müssen die Entscheidungen dabei hinter der Komplexität der jeweiligen Fragestellung zurückbleiben, so dass das rechtliche Urteil gegenüber den ihr zugrundeliegenden Auseinandersetzungen regelmäßig verkürzt wirkt.[66] Jedoch ist dies kein Defizit, sondern funktional bedingt und mit Blick auf das gesellschaftliche Miteinander von hohem Wert. Denn durch die zuverlässige Produktion verbindlicher Festlegungen überwindet das Recht die Uneinigkeit, die sonst die gesellschaftliche Handlungsfähigkeit bedrohen würde. Hierbei ist im Blick zu behalten, dass sich die vom Recht getroffenen Festlegungen hinsichtlich der Bandbreite der von ihnen zugelassenen Verhaltensweisen mitunter stark unterscheiden können. Gemeint ist gerade nicht nur das Vorschreiben eines bestimmten Verhaltens, sondern auch die Festlegung eines Spektrums zulässiger Verhaltensweisen. Insbesondere in liberalen Demokratien erschöpft sich die autoritäre Funktion des Rechts in weiten Teilen darin, Rahmen vorzugeben, innerhalb derer sich durchaus dynamische Aushandlungsprozesse entfalten können. Diese Rahmen sind jedoch trotz

61 Ballweg, Rechtswissenschaft und Jurisprudenz S. 104f.
62 Viehweg, Zur geplanten Reform des Rechtsstudiums in Deutschland, in: Dempf, Arendt, Engel-Janosi (Hrsg.), Politische Ordnung und menschliche Existenz. Festgabe für Eric Voegelin, S. 558–571, S. 561.
63 Somek, Rechtstheorie, S. 186.
64 Somek, Forgó, Nachpositivistisches Rechtsdenken, S. 143ff.
65 Ballweg, Rechtswissenschaft und Jurisprudenz, S. 105.
66 Somek, Rechtstheorie, S. 206.

ihrer relativen Permissivität verbindliche Festsetzungen und als solche für das geordnete gesellschaftliche Zusammenleben unverzichtbar.

cc. Integration jenseits der Setzung

Das Dilemma zwischen Unentscheidbarkeit und Entscheidungszwang ist damit allerdings noch nicht überwunden, sondern nur einseitig aufgelöst. Denn von einer erfolgreichen Befriedung gesellschaftlicher Konflikte lässt sich sinnvoll nur mit Blick auf einen längeren Zeitraum sprechen. Entscheidend ist insofern nicht, dass die jeweiligen Konflikte zu einem gewissen Zeitpunkt entschieden wurden, sondern dass diese Entscheidung Bestand hat und die Gefahr gebannt oder zumindest entscheidend verringert wird, dass der Konflikt erneut ausbricht und ein gemeinschaftliches Vorgehen so erschwert oder ganz unmöglich wird.

Und es scheint fernzuliegen, dass das Recht eine solche dauerhafte Befriedung allein dadurch bewirken kann, dass es für verbindliche Entscheidungen sorgt. Denn ein nackter Dezisionismus, der den Entscheidungsunterworfenen weder hinsichtlich des Zustandekommens noch des Inhalts seiner Entscheidungen Anlass gibt, diese zu befürworten, und allein darauf beruht, die Nichtbefolgung seiner Anordnungen zu sanktionieren, scheint nicht dazu imstande, langfristige Stabilität herzustellen.[67] Stattdessen ist die Rechtsordnung in ihrem Bestehen darauf angewiesen, dass es eine hinreichende Zahl an Normadressaten gibt, die ihr freiwillig folgen.[68] Deren Akzeptanz ist eine zwingende Voraussetzung für die dauerhafte Aufrechterhaltung einer Ordnung,[69] und ihr Gehorsam insoweit konstitutiv für das Bestehen der jeweiligen Herrschaftsform.[70]

Das dezisionistische Moment im Recht kann für sich genommen diese Form der Befürwortung nicht hervorrufen. Zwar ist der Zwangsapparat des Rechts notwendig, nicht zuletzt, weil es stets Personen geben wird, die sich nur auf diesem Weg zu regelkonformen Verhalten bewegen lassen werden.[71] Doch reicht dies nicht aus, um die Handlungsfähigkeit der Gemeinschaft dauerhaft sicherzustellen. Die bloße Herstellung zwangsbewehrter Entscheidungen vermag das beschriebene Dilemma

67 Tyler, Psychological Perspectives on Legitimacy and Legitimation, *Annual Review of Psychology* 57 (2006), S. 375–400, S. 379.

68 Hart, The Concept of Law, S. 201; Kelsen, The Concept of the Legal Order, *The American Journal of Jurisprudence* 64 (1982), S. 64–84, S. 66.

69 Hart, The Concept of Law, S. 201.

70 Weber, Wirtschaft und Gesellschaft, in: Max Weber-Gesamtausgabe, Band I/23, S. 449.

71 Dyzenhaus, The inevitable social contract, *Res Publica* 27 (2021), S. 187–202, S. 194.

zwischen Unentscheidbarkeit und Entscheidungszwang somit nicht zu überwinden.

b. Der Formalismus als Medium der Universalisierung

Folglich stellt sich die Frage, auf welche Weise das Recht diese Form der freiwilligen Gefolgschaft hervorzurufen vermag. Angesichts der obigen Ausführungen scheint insbesondere fraglich, wie die Zustimmung der Normunterworfenen sichergestellt werden soll, wenn davon auszugehen ist, dass sich ihre Ansichten hinsichtlich der Beschaffenheit einer gerechten Ordnung in einem unauflösbaren Widerspruch zueinander befinden.

Nimmt man die Unvereinbarkeit der verschiedenen Auffassungen auf der einen und den zwingenden Bedarf an einem Mindestmaß an Übereinstimmung auf der anderen Seite ernst, scheint der einzig mögliche Ausweg aus diesem Dilemma darin zu bestehen, dass eine der rivalisierenden Auffassungen ihre Universalität einfach behauptet und so ihrer Umstrittenheit zum Trotz allgemeine Gültigkeit beansprucht.[72] Sie muss also den Anschein erwecken, den Status einer Ansicht unter mehreren hinter sich gelassen zu haben und nunmehr von allen Beteiligten als gültig anerkannt zu werden. Auf diese Weise kann eine drohende Handlungsunfähigkeit ebenso vermieden werden wie die Unzulänglichkeit der bloßen Setzung. Demnach bedarf es eines Mittels, welches die Transformation von einer Meinung unter vielen zur gemeinhin anerkannten Auffassung ermöglicht. Und gerade diesem Bedürfnis entspricht der Formalismus, indem er das Vokabular dafür bereitstellt, eine partikulare Sichtweise als Ausfluss allgemein anerkannter Prinzipien auszuweisen.[73]

aa. Die Naturalisierung des Status quo

Bei diesem Vorgang der Verallgemeinerung lassen sich zwei Ebenen unterscheiden. Zum einen trägt das Recht dazu bei, die bestehende Ordnung und ihre Regeln, obwohl sie bloß das kontingente Zwischenergebnis langwieriger Konflikte darstellen, als rechtmäßig auszuweisen.[74] Diesen Effekt erzielt das Recht vor allem, indem es die bestehende Rechtsordnung normalisiert. Denn der rechtliche Diskurs bildet regelmäßig nur moderate Positionen ab, die den Status quo nicht ernsthaft in

72 Rousseau, Der Gesellschaftsvertrag, S. 9.

73 Fish, Almost Pragmatism: Richard Posner's Jurisprudence, *The University of Chicago Law Review* 57 (1990), S. 1447–1475, S. 1473.

74 Unger, The Critical Legal Studies Movement, *Harvard Law Review* 96 (1983), S. 561–675, S. 582f.

Frage stellen und gibt so einen engen Rahmen zulässiger gesellschaftlicher Gestaltungen und möglicher Veränderungen vor. Zahlreiche grundlegende Fragen werden in rechtlichen Auseinandersetzungen dagegen außen vor gelassen.[75] Dadurch stattet das Recht die von ihm vorausgesetzten politischen und institutionellen Arrangements mit dem Anschein von Neutralität und vor allem Normalität aus. Über die Zeit entsteht so der Eindruck, es handle sich um notwendige Voraussetzungen des geordneten Zusammenlebens, so dass sie der (expliziten) politischen Auseinandersetzung entzogen werden.[76] Positionen hingegen, welche diesen Zustand in Frage stellen, werden in fundamentale Opposition zu ebendieser vermeintlich natürlichen Ordnung gebracht und so marginalisiert.[77] Auf diese Weise begünstigt das Recht systematisch die bestehende Ordnung und erschwert ihre Kritik. So trägt das Recht dazu bei, einer kontingenten, aus dem Widerstreit partikularer Positionen erwachsenen Ordnung und ihren Regeln zur Akzeptanz zu verhelfen.

bb. Die Universalisierung partikularer Ansichten im Konfliktfall

Zum anderen ermöglicht es das Recht im Konfliktfall sowohl den Parteien als auch der richtenden Stelle, ihre Position als bloßen Ausfluss dieser vorgegebenen, allgemein anerkannten Ordnung auszuweisen.[78] Hier zeigt sich der wahre Nutzen der oben beschriebenen juristischen Methode und ihrer mangelnden Determinationskraft. Sie gibt dem Rechtsanwender ein schier unerschöpfliches Arsenal an Argumentations- und Denkfiguren an die Hand, mit denen er seine jeweilige Auffassung als (zwingende) Folge einer geltenden Regel oder eines anerkannten Grundsatzes ausweisen kann.[79] Die fehlende Präzision der juristischen Schlüsse, die sich aus theoretischer Perspektive leicht kritisieren lässt, beschert dem Rechtsanwender dabei eine fast grenzenlose Flexibilität. Dank ihrer Vagheit und Heterogenität lässt sich für fast jeden Standpunkt ein gängiger Grundsatz ins Feld führen.[80] Auf diese Weise können die im Widerstreit vorgetragenen Ansichten, und insbesondere das richterliche Urteil als bloße Anwendung allgemein verbindlicher Gesetze dargestellt werden. Das jeweilige Ergebnis und nicht zuletzt das Unterliegen einer Partei wird so zum Ausdruck einer sich im Einzelfall manifestierenden,

75 Kennedy, Critique of Adjudication, S. 236.
76 Kennedy, Critique of Adjudication, S. 236.
77 Kennedy, Critique of Adjudication, S. 236.
78 Kennedy, Critique of Adjudication, S. 227.
79 Fish, The Law wishes to have a formal existence, in: Sarat, Kearns (Hrsg.), The Fate of Law, S. 159–208, S. 195.
80 Luhmann, Recht und Automation in der öffentlichen Verwaltung, S. 54.

gerechten und für alle Beteiligten gleichermaßen geltenden Ordnung und nicht bloß einer kontingenten Kräfteverteilung, der sich zu unterwerfen der Unterliegende keinen weiteren Anlass hat. Das Recht stattet die unterliegende Partei so mit einem Grund aus, sich der sie benachteiligenden Entscheidung zu beugen. Damit stellt das Recht ein Mittel bereit, das bei erfolgreichem Gebrauch dazu führen kann, auch grundlegende Konflikte langfristig zu befrieden.

Zudem nimmt das Recht dem Konflikt auch auf inhaltlicher Ebene seine Sprengkraft, indem es ihn in einen engen Rahmen vorgefertigter Erwägungen zwängt.[81] Der Formalismus erlaubt es, die Herstellung der Entscheidung als »objektgerichteten und objektgeleiteten Prozess der Erkenntnis« zu präsentieren.[82] Dadurch entzieht das Recht die tieferliegenden Konfliktlinien dem Streit der Parteien und beschränkt so dessen Reichweite.[83] Die Auseinandersetzung verlagert sich auf die Ebene überwiegend technischer Fragen der korrekten Auslegung, wodurch sie deutlich weniger Anlass zur Emotionalisierung und Politisierung bietet.[84] Und das Recht kann auf diese Weise gegenüber den jeweiligen Kontroversen den Anschein der Distanz wahren und ihnen eine Prozedur entgegenhalten, die auf neutrale Weise zwischen den bestehenden Positionen zu vermitteln vermag.[85] Im Ergebnis verhindert das Recht so, dass die den jeweiligen Auseinandersetzungen zugrunde liegenden Konflikte in all ihrer Grundsätzlich- und Unauflösbarkeit ausgetragen werden und ein gemeinsames Vorgehen sowie ein friedliches Miteinander unmöglich machen.

Dank des Formalismus stellt das Recht somit eine Form der Konfliktbewältigung bereit, die zwar kein Entkommen aus, aber immerhin einen konstruktiven Umgang mit dem beschriebenen Dilemma ermöglicht. Zum einen stellt das Recht die Handlungsfähigkeit des Gemeinwesens sicher, indem es verbindlich den Ausgang gesellschaftlicher Streitigkeiten anordnet. Und zum anderen legitimiert das verallgemeinernde Vokabular des Formalismus die so getroffenen Entscheidungen, entschärft dadurch die hinter diesen Entscheidungen stehenden gesellschaftlichen Konflikte und stattet die Betroffenen mit einem Grund aus, die Entscheidungen zu befolgen, auch wenn sie zu ihren Ungunsten ausfallen. Somit sorgt das Recht nicht nur dafür, dass ein bestimmter Weg kollektiven Handelns beschritten wird, sondern stellt auch eine Ressource für dessen dauerhafte Befolgung zur Verfügung. Diese Funktion könnte ein

81 Unger, The Critical Legal Studies Movement, *Harvard Law Review* 96 (1983), S. 561–675, S. 582f.

82 von Schlieffen, Sachlichkeit, Rhetorische Kunst der Juristen, S. 140.

83 von Schlieffen, Sachlichkeit, Rhetorische Kunst der Juristen, S. 120.

84 Luhmann, Recht und Automation in der öffentlichen Verwaltung, S. 53.

85 Fish, The Law wishes to have a formal existence, in: Sarat, Kearns (Hrsg.), The Fate of Law, S. 159–208, S. 203.

aufrichtiges Recht, in dem die Parteien unvermittelt ihre Interessen zum Ausdruck bringen und der Richter seine tatsächlichen Beweggründe offenlegt, nicht erfüllen. Denn ein solches Recht wäre nicht in der Lage, das Stadium des unversöhnlichen Widerstreits hinter sich zu lassen.[86] Es ist insofern das »Geschenk« des Rechts an die Zivilisation, grundlegende Fragen des Zusammenlebens einzuhegen und die in Konfliktfällen verfügbaren Erwägungen zu begrenzen.[87]

Die Berufung auf den Formalismus ist also nicht nur für das Recht von existentieller Bedeutung, sondern auch für den in ihm verkörperten zivilisatorischen Wert.[88] Erst der Formalismus erlaubt es dem Recht, potenziell unauflösbare gesellschaftliche Konflikt als neutraler Mittler aufzulösen und dauerhaft zu befrieden. Die Forderung nach der Aufgabe des formalistischen Anspruchs berührt folglich einen integralen Bestandteil des Rechts und kollabiert somit in eine radikalere Form der Rechtskritik – die Ablehnung des Rechts als gesellschaftliche Organisationsform. Eine solche fundamentale Ablehnung verkennt jedoch, welche Bedeutung dem Recht für das friedliche Zusammenleben zukommt und dass diese Bedeutung gerade auf der Inanspruchnahme einer nicht zu erfüllenden formalen Funktionsweise beruht. Somit wird deutlich, dass der inhärente zivilisatorische Wert des Rechts gerade aus einer irreduziblen Diskrepanz zwischen Entscheidungshergang und ihrer Darstellung erwächst.

c. Die inhärente Gewaltsamkeit des formalistischen Rechts

Ironischerweise scheint sich damit der Vorwurf der Rechtskritik zu bestätigen, das Recht statte den Stärkeren mit der Autorität des Allgemeingültigen aus.[89] Demnach ist der Akt der Rechtsanwendung stets in doppelter Hinsicht kritikwürdig: Zum einen wird eine Position gegenüber einer anderen vorgezogen, ohne dass hierfür zwingende Argumente sprächen. Somit wiederholt sich in der Rechtsanwendung der gewaltsame Akt der jeder Normierung vorausgehenden Setzung.[90] Und zum anderen wird dieser Vorgang als neutrale Norminterpretation dargestellt und

86 Fish, Almost Pragmatism: Richard Posner's Jurisprudence, *The University of Chicago Law Review* 57 (1990), S. 1447–1475, S. 1473.

87 MacCormick, Reconstruction after Deconstruction: A Response to CLS, *Oxford Journal of Legal Studies* 10 (1990), S. 539–558, S. 554.

88 Fish, Almost Pragmatism: Richard Posner's Jurisprudence, *The University of Chicago Law Review* 57 (1990), S. 1447–1475, S. 1463.

89 Derrida, Force of Law: The »Mystical Foundation of Authority«, *Cardozo Law Review* 11 (1990), S. 920–1045, S. 937.

90 Dellwing, Derrida, Fish und das Gesetz, *Zeitschrift für Rechtssoziologie* 29 (2008), S. 261–278, S. 270.

seine inhärente Gewaltsamkeit somit im Verborgenen gehalten.[91] Die Herstellung des gesellschaftlichen Friedens durch das Recht besteht demnach nicht in der Überwindung der Gewalt, sondern in der Autorisierung einer bestimmten, dem Recht vorausgehenden Gewalt.[92] Damit scheint jedoch in letzter Konsequenz in Frage gestellt, ob das Recht tatsächlich dazu geeignet ist, den Staat von einer Räuberbande zu unterscheiden.[93]

Solch eine Betrachtungsweise verliert jedoch den Großteil ihres kritischen Potenzials, wenn man sich vor Augen führt, dass es nach dem hier vertretenen Verständnis für die Bewältigung des unauflösbaren Konfliktes zwischen miteinander unvereinbaren Ansichten keine in diesem Sinne gewaltfreie Lösung geben kann. Denn wie erwähnt ist keinem der Beteiligten eine Position außerhalb der jeweiligen Perspektive zugänglich, so dass eine Entscheidung immer nur per Setzung möglich ist.[94] Derweil vermeidet das Recht durch seinen Neutralitätsanspruch zumindest den offenen Konflikt und reduziert die der Gesellschaft innewohnenden Konflikte so auf ein Maß, das ihren Fortbestand ermöglicht.[95] Angesichts der Unvermeidbarkeit des Konflikts scheint diese inhärente Gewaltsamkeit des Rechts gegenüber ihrer ungezügelten, nicht rechtlich mediierten Alternative vorzugswürdig.[96] Das Recht fungiert demnach als Katechon,[97] der einen geordneten Umgang mit den gesellschaftlichen Differenzen ermöglicht und das friedliche gesellschaftliche Miteinander letztlich vor dem Untergang bewahrt.[98] Denn eine offene Auseinandersetzung ohne vermittelnde Abstraktion würde das Ende des zivilisierten Zusammenlebens bedeuten.[99]

Das Festhalten am Formalismus ist insofern nicht die Verkennung des politischen Wesens des Rechts.[100] Es ist im Gegenteil gerade Ausdruck des spezifisch politischen Wesens des Rechts, Politik als Nichtpolitik zu

91 Fish, The Law wishes to have a formal Existence, in: Sarat, Kearns (Hrsg.), The Fate of Law, S. 159–208, S. 195.

92 Kletzer, Primitive Law, *Jurisprudence* 4 (2013), S. 263–272, S. 268.

93 Augustinus, Vom Gottesstaat, S. 213f.; Hart, The Concept of Law, S. 6, 19ff., 82ff.

94 Fish, Almost Pragmatism: Richard Posner's Jurisprudence, *The University of Chicago Law Review* 57 (1990), S. 1447–1475, S. 1452.

95 Fish, The Law wishes to have a formal existence, in: Sarat, Kearns (Hrsg.), The Fate of Law, S. 159–208, S. 207.

96 Fish, Almost Pragmatism: Richard Posner's Jurisprudence, *The University of Chicago Law Review* 57 (1990), S. 1447–1475, S. 1453, 1473.

97 Schmitt, Der Nomos der Erde, S. 29.

98 Fish, Almost Pragmatism: Richard Posner's Jurisprudence, *The University of Chicago Law Review* 57 (1990), S. 1447–1475, S. 1453.

99 Fish, The Law wishes to have a formal Existence, in: Sarat, Kearns (Hrsg.), The Fate of Law, S. 159–208, S. 207f.

100 Schauer, Formalism, *The Yale Law Journal* 97 (1988), S. 509–548, S. 511.

betreiben. Der Versuch, den Anschein politischer Neutralität zu wecken, ist die einsichtsreiche Reaktion des Rechts auf die politischen Bedingungen seiner eigenen Tätigkeit.[101]

aa. Falsche Dichotomie

Spätestens hier drängt sich allerdings der Verdacht auf, einer falschen Dichotomie aufgesessen zu sein, mit der sich jede beliebige soziale Ordnung und insbesondere das Recht mühelos gegen jede grundsätzliche Kritik immunisieren lässt: Entweder man akzeptiert die bestehende Ordnung mit all ihren Unzulänglichkeiten und Repressionen oder man begibt sich geradewegs in die Anarchie des Kriegs aller gegen alle.[102]

Dem kann entgegengehalten werden, dass die hier vorgetragene Argumentation an keine spezifische Form des Status quo gebunden ist, sondern auf substanzieller Ebene weitgehend voraussetzungsarm auf den zivilisatorischen Wert der Kulturtechnik Recht hinweisen möchte. Wie diese inhaltlich ausgestaltet wird, ist hiervon zunächst völlig unbenommen, insofern bleibt genügend Raum auch für progressive Visionen, die sich, wie oben erwähnt, den hier für wesentlich befundenen Objektivitätsanspruch des Rechts sogar zu Nutzen machen können, soweit sich dies mit ihrem eigenen Anspruch an Transparenz vereinbaren lässt.

Jedoch bleibt der Vorwurf bestehen, dass eine rein binäre Logik zwischen Ordnung und Chaos keinerlei Abstufungen vornehmen und deshalb auch keinen Unterschied beispielsweise zwischen demokratischen und autoritären Ordnungen abbilden könne. Dem ließe sich erwidern, dass die obige Darstellung zumindest die Grundlage für eine kritische Bewertung autoritärer Systeme bereitstellt. Denn die Annahme, dass ein nackter Dezisionismus für die Aufrechterhaltung einer Ordnung nicht geeignet sei und es hierfür vielmehr der freiwilligen Bejahung seitens der Normunterworfenen bedürfe, ist Ausdruck einer – wenn auch vorinstitutionellen und insofern unterentwickelten – genuin demokratischen Konzeption von Herrschaft, welche die maßgebliche politische Instanz im Sinne eines »plébiscite de tous le jours« in der Bevölkerung verortet.[103] In ihr ist das Argument angelegt, dass demokratische Ordnungen, aufgrund des Umstandes, dass sie diesem Verständnis von Herrschaft auch auf institutioneller Ebene entsprechen und das Volk durch einen formalisierten demokratischen Prozess zum Urheber der bestehenden Ordnung

101 Fish, The Law wishes to have a formal existence, in: Sarat, Kearns (Hrsg.), The Fate of Law, S. 159–208, S. 202f.

102 Unger, The Critical Legal Studies Movement, *Harvard Law Review* 96 (1983), S. 561–675, S. 576f.

103 Renan, Qu'est-ce qu'une Nation?, S. 18.

machen, besser dazu geeignet sind, die dauerhafte Zustimmung ihrer Subjekte und somit ihren eigenen Bestand sicherzustellen. Wenngleich also die obige Argumentation zunächst unbenommen lässt, innerhalb welcher politischen Ordnung das Recht operiert, lässt sich aus der ihr zugrundeliegenden Konzeption von effektiver Herrschaft zumindest auf instrumenteller Ebene ein Argument für die demokratische Ausgestaltung gesellschaftlicher Ordnungen entwickeln.

Wiederum zu weitgehend scheint demgegenüber der Versuch, aus der zentralen Rolle, welche interpretativen Gemeinschaften bei der Herausbildung von Interpretations- und Anwendungsgepflogenheiten zukommt, eine durchgreifende demokratische Legitimation ableiten zu wollen.[104] Denn dieser Ansatz übergeht die weitgehende »Vermachtung« der Produktion rechtlichen Wissens, welche sich nicht zuletzt aus dem Bedürfnis nach eindeutigen rechtlichen Urteilen ergibt.[105] Diese inhärente Hierarchisierung steht sowohl der Gleichheit der Beteiligten als auch der umfassenden Repräsentation der Betroffenen im Wege und verbietet es so gerade, in der bloßen Prozedur eine umfassende demokratische Legitimation zu verorten.

bb. Die demokratische Ambivalenz des formalistischen Rechts

Damit tritt eine grundlegende Spannung zu Tage zwischen solch einer demokratischen Konzeption von Herrschaft einerseits und der oben hergeleiteten, im doppelten Sinne antidemokratischen Notwendigkeit der autoritären Setzung und ihrer intransparenten Verallgemeinerung andererseits. Jedoch verhärtet sich diese Spannung nicht zu einem Widerspruch, der dazu geeignet wäre, die vorliegende Darstellung in Verlegenheit zu bringen. Vielmehr verleiht sie einem inhärenten Dilemma demokratischer Herrschaft Ausdruck, welches daraus erwächst, dass sich diese auch unter idealen Voraussetzungen nie restlos verwirklichen lässt.

Denn zum einen ist in Anbetracht der obigen Ausführungen nicht davon auszugehen, dass sie je in all ihren Facetten auf die Zustimmung all ihrer Unterworfenen treffen wird. Die Bereitschaft, sich dem Willen der Mehrheit zu beugen, nur weil die Aussicht auf reziprokes Verhalten im Falle eines späteren Machtwechsels besteht, wird stets Grenzen haben. Und diese Übereinkunft wird schon von vornherein nicht von Personen getragen, die eine demokratische Ordnung grundsätzlich ablehnen. Insofern ist auch die Demokratie stets mit dem Problem konfrontiert, auf die Gefolgschaft von Personen angewiesen zu sein, die ihr zumindest in

104 Augsberg, Die Lesbarkeit des Rechts, S. 115ff.
105 Somek, Forgó, Nachpositivistisches Rechtsdenken, S. 143ff.

Teilen ablehnend gegenüberstehen. Auch die demokratische Ordnung erreicht demnach zwangsläufig einen Punkt, an dem die ihr eigenen Legitimationsstrategien nicht mehr greifen und sie sich, um ihr Fortbestehen dennoch zu sichern, als bloße Setzung bewähren muss. Zum anderen scheint es auch mit Blick auf die innere Organisation und die Handlungsfähigkeit des demokratischen Gemeinwesens kaum möglich zu sein, Momente autoritärer Setzung vollständig auszuschließen. Auch die demokratischste Ordnung kommt folglich nicht ohne Setzungen aus. Somit lässt sich die Spannung zwischen demokratischer Verfasstheit und autoritativer Setzung nie restlos auflösen und es bleibt beim Bedürfnis einer spezifischen Form der Legitimation, welche die Integration vermeintlich unversöhnlicher Auffassungen ermöglicht. Ebendieses Bedürfnis bedient die oben beschriebene Verallgemeinerung. Der hier dargestellte Ansatz ist insofern nicht widersprüchlich, sondern beleuchtet vielmehr eine irreduzible Komplexität demokratischer Herrschaft und bietet zugleich einen Ansatz für deren praktische Bewältigung.

Im Ergebnis bildet der formalistische Anspruch somit nicht nur das Fundament der disziplinären Eigenständigkeit des Rechts und einen integralen Bestandteil seiner Legitimation. Er lässt das Recht zudem zu einem Mechanismus der Konfliktlösung werden, welcher der politischen Gemeinschaft einen konstruktiven Umgang mit der Unvereinbarkeit der Auffassungen ihrer Mitglieder einerseits und dem Zwang zum kollektiven Handeln andererseits erlaubt. Entgegen der kritischen Forderung nach einem transparenten Recht ist der – unerfüllbare – formalistische Anspruch somit für das Recht und seinen Beitrag zu einem friedlichen gesellschaftlichen Miteinander unverzichtbar.

III. Zwischenergebnis

Der im ersten Kapitel dekonstruierte formalistische Anspruch des Rechts erweist sich somit als unverzichtbar sowohl für dessen bloße Existenz als auch für dessen zivilisatorischen Wert. Damit ist das Recht auf die Implikation einer Funktionsweise angewiesen, die es nicht zu realisieren vermag. Dies erklärt den zunächst rätselhaften Umstand, dass das Recht an Behauptungen über seine eigene Funktionsweise festhält, deren Unhaltbarkeit längst überzeugend nachgewiesen wurde und dass die Dekonstruktion des Formalismus insofern stets unvollendet geblieben ist.[106] Vor allem aber drängt sich nun die Frage auf, wie das Verhältnis zwischen dem Entstehen der richterlichen Entscheidung und ihrer Darstellung reformuliert werden kann, ohne einerseits die widerlegte Annahme der

106 Unger, The Critical Legal Studies Movement, *Harvard Law Review* 96 (1983), S. 561–675, S. 567.

inhaltlichen Übereinstimmung wiederaufleben zu lassen und andererseits die Unverzichtbarkeit ebendieser Annahme für das Funktionieren des Rechts außer Acht zu lassen.

Kapitel III: Zwischen Übereinstimmung und Unabhängigkeit

Das Verhältnis von Herstellung und Darstellung des richterlichen Urteils

> »Wie kann ich einer Regel folgen?« – wenn das nicht eine Frage nach den Ursachen ist, so ist es eine nach der Rechtfertigung dafür, daß ich *so* nach ihr handle. Habe ich die Begründungen erschöpft, so bin ich nun auf dem harten Felsen angelangt, und mein Spaten biegt sich zurück. Ich bin dann geneigt zu sagen: »So handle ich eben.«[1]

Es stellt sich somit die Frage, ob das Verhältnis zwischen Urteilsfindung und Urteilsdarstellung in einer Weise reformuliert werden kann, welche einen produktiven Umgang mit diesem paradox anmutenden Ergebnis erlaubt.

Eine solche Möglichkeit besteht darin, die Entstehung des richterlichen Urteils und dessen Darstellung für voneinander unabhängig zu erklären. Demnach handelt es sich um jeweils eigenständige Tätigkeiten, zwischen denen keinerlei innere Verbindung besteht. Schon die Erwartung, dass zwischen ihnen ein Verhältnis der Entsprechung besteht beziehungsweise bestehen sollte, beruht demnach auf einem Missverständnis. Eine solche Sichtweise würde die aufgeworfene Fragestellung geradewegs auflösen. Sie übersieht jedoch, dass die Möglichkeiten der formalen Begründung nicht nur auf die richterliche Entscheidungsfindung zurückwirken, sondern diese derart prägen, dass von einer strikten Trennung keine Rede sein kann.

Demgegenüber möchte ich ein Bild des Verhältnisses zwischen der Entscheidung und ihrer Darstellung zeichnen, welches sich zwischen der widerlegten Annahme einer inhaltlichen Übereinstimmung und der gleichermaßen wenig überzeugenden Behauptung einer völligen Unabhängigkeit positioniert. Eine derart vermittelnde Position lässt sich unter dem Begriff der informellen Wirkweise des Formalismus zusammenfassen. Demnach prägt das Erfordernis einer formalen Begründung die richterliche Entscheidungsfindung, ohne sie jedoch in der Weise zu

1 Wittgenstein, Philosophische Untersuchungen, § 217 (Hervorhebung im Original).

beherrschen, wie sie vom formalistischen Anspruch des Rechts vorausgesetzt wird.

Anhand dieser Einsicht lässt sich das oben entwickelte Bild von der richterlichen Entscheidungsfindung in Anschluss an die Arbeit Sabine Müller-Malls dahingehend präzisieren, dass sich in ihm eine Vielzahl von Faktoren in unübersehbarer Weise vermengen, bis sie sich in idiosynkratischer Weise zu einer subjektiven Empfindung der Angemessenheit fügen. Diese Beschreibung wird durch einen kursorischen Blick auf die empirische Rechtsforschung gestützt. Aus ihr geht hervor, dass den institutionellen Rahmenbedingungen und Rollenerwartungen eine erhebliche, aber nie erschöpfende Rolle innerhalb der vielfältigen Motive der richterlichen Entscheidungsfindung zukommt.

Die Unabhängigkeitsthese lässt sich jedoch auch dahingehend verstehen, dass sie Herstellung und Darstellung kategorisch voneinander zu entkoppeln versucht, um so dem konkreten Zustandekommen des richterlichen Urteils jegliche Relevanz abzusprechen. Doch auch nach dieser Lesart kann die Unabhängigkeitsthese kein überzeugendes Bild vom Verhältnis dieser beiden Ebenen der richterlichen Urteilspraxis zeichnen. Stattdessen bestätigt sich die ursprüngliche Annahme, dass Anspruch und Wirklichkeit der rechtlichen Praxis notwendigerweise auseinanderfallen und verleiht der Frage nach einer passenden Beschreibung dieses Umstandes somit neuerliche Dringlichkeit.

I. Die Unauflösbarkeit der Diskrepanz

Bei der Frage, in welches Verhältnis sich die tatsächliche Funktionsweise des Rechts und der von ihm erhobenen formalistischen Anspruch bringen lassen, ist zunächst nochmals daran zu erinnern, dass deren Auseinanderfallen nicht als ein in seinem Auftreten kontingentes Defizit, sondern als ein dem Recht wesentlicher Zug zu begreifen ist. Denn wie gezeigt ist es dem Recht unmöglich, den von ihm selbst erhobenen formalistischen Anspruch zu erfüllen. Und zugleich bleibt dieser für das Bestehen und Funktionieren des Rechts unverzichtbar. Das Recht ist somit auf die ständige Erhebung eines Anspruchs angewiesen, dem zu entsprechen es nicht in der Lage ist. Diese Komplexität kann weder die nunmehr überholte These der inhaltlichen Entsprechung noch die bloße Klage über deren Scheitern abbilden. Im Folgenden möchte ich deshalb eine Reformulierung des Verhältnisses zwischen Entscheidungsfindung und ihrer Darstellung versuchen, welche über die Gegenüberstellung dieser beiden Positionen hinausweist. Dieser Versuch soll nicht nur die Wirkung des Formalismus weiter ergründen, sondern auch einer Annäherung an die richterliche Entscheidungsfindung dienen, die bislang nur in sehr groben Zügen und vor allem durch die negative Abgrenzung zum formalistischen Selbstverständnis des Rechts umrissen wurde.

II. Unabhängigkeit – Die Begründung als nachträgliche Rechtfertigung

Ein schlichter und insofern naheliegender Weg, mit der beschriebenen Diskrepanz umzugehen, besteht darin, den Zusammenhang zwischen dem Zustandekommen des richterlichen Urteils und seiner Darstellung nach außen schlichtweg aufzulösen. Während das Recht in seinem Selbstverständnis davon ausgeht, dass die beiden Vorgänge einander inhaltlich entsprechen und die Kritik des Rechts dies einfordert, begreift diese Position sie als voneinander (weitestgehend) unabhängig.

1. Isay: Entscheidung und Begründung

Diesen Weg beschreitet zunächst Hermann Isay. Für ihn teilt sich die Praxis des richterlichen Urteilens in zwei Teile. Auf der einen Seite steht die irrationale Entscheidung.[2] Ihre Quellen liegen im Rechtsgefühl des Rechtsanwenders und in den »Wertungen der praktischen Vernunft« beziehungsweise in einer »Vereinigung von beiden«. Dabei sei das Rechtsgefühl »im einzelnen Falle weder der Beobachtung noch einer von außen kommenden Analyse zugänglich«, so dass die richterliche Entscheidung höchstens auf die in ihr berücksichtigten Interessen hin untersucht werden könne und ansonsten im Dunkeln bleiben müsse.[3] Auf der anderen Seite steht die Begründung der Entscheidung. Sie diene dem »sittlichen Bedürfnis des menschlichen Geistes, allgemeingültig zu denken«[4] sowie dem »spezifisch-bürgerlichen Bedürfnis«, die Entscheidung als Ausdruck der Norm auszuweisen und die Rechtsprechung so zu rationalisieren.[5] In ihr soll die »Ableitung der Entscheidung von einer Norm« vollzogen werden. Jedoch erfolgt diese Ableitung immer erst nachträglich: »Die Entscheidung ist nicht in dieser Weise entstanden, sondern es wird nur kontrolliert, ob sie in dieser Weise hätte entstehen können.« So entstehe der Eindruck, sie sei tatsächlich auf diese Weise entstanden.[6]

2 Isay, Rechtsnorm und Entscheidung, S. 60ff.
3 Isay, Rechtsnorm und Entscheidung, S. 339.
4 Isay, Rechtsnorm und Entscheidung, S. 164.
5 Isay, Rechtsnorm und Entscheidung, S. 168f.
6 Isay, Rechtsnorm und Entscheidung, S. 177.

Isay unterscheidet somit streng zwischen der eigentlichen Entscheidung, einem zutiefst irrationalen, einer genaueren Analyse unzugänglichem Prozess, und der nachträglichen Begründung anhand der jeweils einschlägigen Normen. Die beiden Vorgänge sind nicht nur wesensmäßig verschieden, Isay zufolge sind sie einander auch zeitlich nachgeordnet. Für die hier verfolgten Zwecke kommt es dabei nicht darauf an, dass Isay die Urteilsbegründung mit ihrer Darstellung gleichsetzt. Wie aus den obigen Ausführungen hervorgeht, ist der hier gebrauchte Begriff der Darstellung weiter und umfasst beispielsweise auch den außerhalb expliziter Begründungen bemühten Gestus, welcher die Neutralität und Objektivität rechtlicher Urteile zum Ausdruck bringen soll.[7] Zuzugeben ist gleichwohl, dass sich dieser Anspruch in der formalen Urteilsbegründung in besonders deutlicher Form zeigt und die Konzentration hierauf insofern naheliegt. Maßgeblich ist an dieser Stelle jedoch allein die Vorstellung, dass die richterliche Entscheidung auf irrationale, letztlich nicht nachvollziehbare Weise zustande kommt und in einer hiervon unabhängigen Begründung sodann als das Ergebnis eines rationalen Prozesses ausgegeben wird.

2. Luhmann: Herstellung und Darstellung

An diese Ausführungen Isays knüpft Niklas Luhmann explizit an. Zwar lehnt er die Gegenüberstellung von irrationaler Entscheidung und rationaler Begründung ab, dennoch übernimmt er die Unterscheidung zwischen Herstellung und Darstellung des richterlichen Urteils.[8] Dabei geht Luhmann davon aus, dass der »Schluss von einem Tatbestand auf eine Rechtsfolge [...] für den Juristen die Endgestalt« sei, »in der er sein Arbeitsergebnis präsentiert, nicht aber ein Abbild oder Modell seiner faktischen Entscheidungsfähigkeit«.[9] Die »Regeln der juristischen Entscheidungsdarstellung« legten »nicht etwa, wie man früher meinte, die ›Denkgesetze‹ als Gesetze der realpsychischen Vorstellungsfolge« fest, um »den *Ablauf des Überlegens* zu bestimmen« sondern seien »nur *Darstellungsregeln* für die Präsentation des Resultates«.[10]

Somit deutet auch Luhmann die formale Begründung in eine Darstellungsform um. Während das tatsächliche Zustandekommen der juristischen Entscheidung sich selbst beziehungsweise der Individualität des Entscheidungsträgers überlassen wird, dienen die Vorgaben der

7 Latour, The making of law, S. 236.
8 Luhmann, Recht und Automation in der öffentlichen Verwaltung, S. 51.
9 Luhmann, Recht und Automation in der öffentlichen Verwaltung, S. 51.
10 Luhmann, Recht und Automation in der öffentlichen Verwaltung, S. 51 (Hervorhebungen im Original).

juristischen Methode dazu, »die intersubjektive Übertragbarkeit und Kontrollierbarkeit der Gedankenergebnisse sicherzustellen«.[11] Die Begründung der Entscheidung dient somit bloß der nachträglichen Darstellung der Entscheidung und soll als solche dazu beitragen, die im Unklaren verbleibenden und möglicherweise umstrittenen tatsächlichen Beweggründe und Prämissen der Entscheidungsträger hinter das Antlitz juristischer Korrektheit zurücktreten zu lassen.[12]

3. Fish: Urteil und Rechtfertigung

Einen weiteren, möglicherweise unvermuteten Verbündeten für diese Position finden Isay und Luhmann in Fish. Wie oben bereits angedeutet gliedert sich das menschliche Zusammenleben für diesen in zahlreiche verschiedene Felder praktischer Aktivitäten, die von jeweils unterschiedlichen Konventionen beherrscht werden, welche wiederum die Rollen der verschiedenen Akteure und deren Perspektive einschließlich des Verständnisses ihrer eigenen Position prägen.[13] Im Einklang hiermit geht Fish davon aus, dass es sich beim Treffen einer rechtlichen Entscheidung und ihrer Darstellung nach außen um ebensolche, von unterschiedlichen Gepflogenheiten beherrschte und insoweit voneinander prinzipiell unabhängige Tätigkeiten handelt: »the practice of deciding is one thing and the presentation in persuasive form of that decision another«.[14] Grundsätzlich seien diese beiden Tätigkeiten voneinander unabhängig.[15]

Den Vorgang der Entscheidungsfindung begreift Fish – ähnlich wie Isay – dabei als zutiefst intuitiven Prozess, der keinen formalisierten Kriterien folgt und sich nicht einmal verbalisieren lässt. Stattdessen schlagen sich in ihm über Jahre der Praxis verinnerlichte Konventionen ihre Bahn.[16] Der Richter ist dabei vor allem darum bemüht, eine Lösung für den ihm vorgelegten Fall zu finden, die mit den aktuell herrschenden Entscheidungsgepflogenheiten in Einklang steht, die wiederum unauflösbar mit den jeweils gängigen Billigkeitsvorstellungen verbunden sind.[17] Bei der zeitlich nachgelagerten Darstellung seiner Entscheidung kommt es für den Richter hingegen darauf an, die so zustande gekommene Entscheidung nach außen zu rechtfertigen und für sie um Akzeptanz zu

11 Luhmann, Recht und Automation in der öffentlichen Verwaltung, S. 51.
12 Luhmann, Recht und Automation in der öffentlichen Verwaltung, S. 57.
13 Fish, Doing What Comes Naturally, S. 225.
14 Fish, Doing What Comes Naturally, S. 392.
15 Fish, Doing What Comes Naturally, S. 377.
16 Fish, Doing What Comes Naturally, S. 383ff.
17 Fish, The Law wishes to have a formal existence, in: Sarat, Kearns (Hrsg.), The Fate of Law, S. 159–208, S. 181, 187.

werben.[18] Nach geltender Konvention ist es für den Richter dabei maßgeblich, das Urteil im Sinne des Formalismus als zwingende Folge der bestehenden Regeln und Prinzipien auszuweisen, und darzulegen, dass sich die Entscheidung bestmöglich in die bestehende rechtliche Ordnung einfügt und diese in konsistenter Weise fortschreibt.[19]

Die Berufung auf den Formalismus zielt demnach auch für Fish nicht auf eine wahrheitsgetreue Abbildung der tatsächlichen Entscheidungsfindung ab, sondern ist vielmehr konstitutiver Bestandteil des spezifischen rhetorischen Feldes, in welchem sich der urteilende Richter bewegt, wenn er seine Entscheidung nachträglich begründet.[20] Und in diesem Feld geht es darum, eine möglichst überzeugende Rechtfertigung der eigenen Entscheidung zu finden, um für diese die größtmögliche Akzeptanz hervorzurufen.[21] Genau wie bei Isay und Luhmann werden die juristischen Argumente, die zur Begründung des richterlichen Urteils vorgebracht werden, so zu bloßen Mitteln der nachträglichen Rechtfertigung einer auf ganz anderem Wege entstandenen Entscheidung. Der auf informelle Weise getroffenen Entscheidung wird nachträglich ein formalistisches Gewand übergeworfen.[22]

Rechtsanwendung und Entscheidungsdarstellung sind demnach zwei eigenständige Teilbereiche der juristischen Praxis, in denen unterschiedliche Konventionen herrschen, so dass auch die jeweiligen Anforderungen an die entsprechenden Akteure voneinander abweichen und das Auseinanderfallen der beiden Ebenen niemandem sinnvoll vorgeworfen werden kann.[23] Die Erwartung, dass die Darstellung der Entscheidung auch nur im Ansatz deren tatsächlicher Entstehung entspricht, ist nach dieser Lesart ein Missverständnis, durch das einer reinen Darstellungsform fälschlicherweise eine regulierende beziehungsweise repräsentative Funktion zugesprochen wird. Indem sie die richterliche Entscheidung und ihre Darstellung nach außen zu voneinander unabhängigen Vorgängen erklären, widersprechen die drei Autoren somit der vom Recht und seiner Kritik geteilten Annahme, dass zwischen diesen beiden Teilen der richterlichen Entscheidungspraxis ein Verhältnis der Entsprechung besteht beziehungsweise bestehen sollte. Nach diesem Verständnis können die formalen Vorgaben weder den tatsächlichen Entscheidungsvorgang beherrschen, noch kann die Außendarstellung zuverlässig Auskunft über diesen geben. Denn zwischen den beiden Ebenen der richterlichen

18 Fish, Doing What Comes Naturally, S. 388f.
19 Fish, The Law wishes to have a formal existence, in: Sarat, Kearns (Hrsg.), The Fate of Law, S. 159–208, S. 172.
20 Fish, Almost Pragmatism: Richard Posner's Jurisprudence, *The University of Chicago Law Review* 57 (1990), S. 1447–1475, S. 1463.
21 Fish, Doing What Comes Naturally, S. 388.
22 Fish, Doing What Comes Naturally, S. 389.
23 Fish, Doing What Comes Naturally, S. 389f.

Entscheidungspraxis besteht schlicht kein innerer Zusammenhang. Das aufgeworfene Dilemma lösen die drei Autoren somit auf schlichte, aber radikale Weise auf, indem sie die potenziell miteinander konfligierenden Komponenten der richterlichen Entscheidungspraxis gar nicht erst miteinander zu vereinen versuchen und sie stattdessen unverbunden nebeneinanderstellen.

4. Die Rückkopplung zwischen Herstellung und Darstellung

Auf den ersten Blick scheint diese Herangehensweise vielversprechend. Denn indem sie die Entstehung und die Darstellung rechtlicher Entscheidungen voneinander löst, bietet sie eine Erklärung, die sowohl mit der Unerfüllbarkeit als auch mit der Unverzichtbarkeit des formalistischen Anspruchs in Einklang gebracht werden kann. Somit käme sie prinzipiell als alternative Beschreibung des Verhältnisses dieser beiden Dimensionen des richterlichen Urteilens in Frage. Jedoch liegt in der Schlichtheit dieser Lösung auch ihre eklatante Schwäche. Denn es scheint mehr als zweifelhaft, dass solch eine absolute, durch eine zeitliche Sequenzierung abgesicherte Trennung ein adäquates Modell für das Verhältnis dieser beiden Komponenten der richterlichen Entscheidungspraxis darstellt. Dem entspricht eine Ambivalenz, welche sich mit steigender Intensität durch die Ausführungen aller drei Autoren zieht, die so klar gezogene Trennung umgehend wieder unterläuft und letztlich in ihr Gegenteil verkehrt.

So nimmt Isay an, dass die juristische Entscheidung einerseits von ihrer Begründung wesensmäßig verschieden und letztlich von außen nicht zu durchdringen sei und dass sie andererseits dennoch von der erst im Nachhinein greifenden Pflicht zur Begründung in hinreichendem Maße diszipliniert und rationalisiert werde. Die Pflicht zur nachgeschobenen Begründung biete Schutz vor dem »subjektiven Belieben« des Richters und stelle sicher, dass die richterliche Entscheidung ausreichend berechenbar bleibe.[24] Offensichtlich kann eine nachträgliche Begründung jedoch keinen Einfluss auf eine bereits getroffene Entscheidung mehr nehmen.[25] Ginge es also tatsächlich nur darum, die irrational zustande gekommene Entscheidung durch ihre nachträgliche Begründung rein äußerlich als das Ergebnis rationaler Erwägungen darzustellen, bliebe unklar, wie hieraus ein disziplinierender, den Einzelnen schützender Effekt erwachsen sollte.[26] Plausibel scheint dies nur, wenn man zwischen der möglichen Begründung und dem jeweiligen Inhalt der Entscheidung

24 Isay, Rechtsnorm und Entscheidung, S. 174.
25 Möllers, Die Möglichkeit der Normen, S. 308f.
26 Vgl. Müller-Mall, Verfassende Urteile, S. 221.

eine Rückkoppelung annimmt. Solch eine Rückkoppelung wäre jedoch mit der behaupteten Unabhängigkeit zwischen Entscheidung und Darstellung und insbesondere der klaren zeitlichen Nachordnung letzterer unvereinbar. Mit der Behauptung einer disziplinierenden Wirkung des Begründungserfordernisses relativiert Isay die von ihm eingeführte Trennung also umgehend wieder.

Luhmann geht hierüber noch hinaus und beschreibt explizit, wie die juristische Entscheidung »durch bestimmte Darstellungserfordernisse [...] gesteuert« werde.[27] Aus der Pflicht, in jedem Fall zu einer begründbaren Entscheidung zu gelangen, erwachse »eine starke Disziplinierung des juristischen Denkens und eine ausreichende Voraussehbarkeit seiner Ergebnisse.«[28] So werde letztlich die »Abfassbarkeit einer Begründung« zum »Kriterium dafür, welche Entscheidungen getroffen werden können.«[29] In der Praxis bedeute dies, dass die praktische Erfahrung dem Juristen eine Entscheidung suggeriert und er im Anschluss versucht, diese zu begründen. Gelingt dies nicht, verwirft er seinen ersten Einfall und versucht es erneut, solange bis er eine Entscheidung gefunden hat, die sich überzeugend begründen lässt.[30] Somit schlägt das Erfordernis einer formalen Begründung auf die richterliche Entscheidungsfindung durch. Die dogmatischen Gepflogenheiten, welche die Möglichkeiten einer solchen Begründung bestimmen, entfalten auf diese Weise maßgeblichen Einfluss auf den Inhalt der jeweiligen Entscheidung. Auch Luhmann geht folglich nicht von einer völligen Unabhängigkeit von Entscheidung und Darstellung aus, sondern nimmt an, dass zwischen den beiden Ebenen des richterlichen Urteilens eine Rückkoppelung besteht.

Dahingehend nimmt Müller-Mall die Thesen Isays und Luhmanns auf und entwickelt diese weiter.[31] Ihr zufolge ist der Urteilende durch das Erfordernis einer formalen Begründung dazu angehalten, gefundene (Zwischen-) Ergebnisse daraufhin zu überprüfen, ob sich diese »in ein an positiven, geltenden Rechtsnormen entwickeltes syllogistisches Schema einbinden und als entsprechende Schlussfolge *darstellen*« lassen.[32] Sei dies nicht der Fall, könne das gefundene Ergebnis nicht als korrekt im rechtlichen Sinne gelten. Entscheidungen, die nicht einer solchen Begründung entsprechend hätten entstehen können, seien demnach zu

27 Luhmann, Recht und Automation in der öffentlichen Verwaltung, S. 51.
28 Luhmann, Recht und Automation in der öffentlichen Verwaltung, S. 55.
29 Luhmann, Recht und Automation in der öffentlichen Verwaltung, S. 66.
30 Luhmann, Recht und Automation in der öffentlichen Verwaltung, S. 66.
31 Müller-Mall, Interpretation und Urteil im Juridischen in: Grimm, König (Hrsg.), Lektüre und Geltung, S. 27–41, S. 31ff.; dies., Verfassende Urteile, S. 80ff., 220ff.
32 Müller-Mall, Interpretation und Urteil im Juridischen, in: Grimm, König (Hrsg.), Lektüre und Geltung, S. 27–41, S. 33 (Hervorhebung im Original).

korrigieren.[33] Die Ausrichtung am juristischen Syllogismus schließe somit mögliche Begründungs- und Argumentationswege ein beziehungsweise aus und habe insgesamt einen erheblichen Rationalisierungsgewinn zur Folge, da gewisse nichtrationale Argumentationsschritte unter diesem Erfordernis nicht zugelassen seien.[34] Das Abgleichen mit den Möglichkeiten der dogmatischen Begründung wird so zum Bestandteil des Entscheidungsprozesses und nicht länger als von diesem unabhängig begriffen.

Diese Relativierung leuchtet ein. Denn auch wenn das genaue Zustandekommen insbesondere komplexerer Entscheidungen nicht restlos aufzuklären ist, scheint es doch einigermaßen abwegig, den Entstehungsprozess von der späteren Begründung völlig loszulösen und letztere auf eine bloß nachgeschobene Rechtfertigung zu reduzieren.[35] Der Richter entscheidet nicht nach Belieben, um erst im Anschluss seine juristische Expertise zu bemühen und so eine möglichst überzeugende rechtliche Begründung zu fabrizieren. Wie erwähnt können die jeweils bestehenden Konventionen für den individuellen Rechtsanwender unter Umständen eine erhebliche Bindungskraft entfalten. Diesen Umstand kann die These der Unabhängigkeit der Entscheidung von ihrer Begründung nicht abbilden. Deren Einfachheit erweist sich somit als ungeeignet, das Verhältnis zwischen Entscheidungsfindung und ihrer Darstellung adäquat zu beschreiben. Hierfür bedarf es einer differenzierteren Darstellung, die einem Zusammenhang Ausdruck verleihen kann, der einerseits über eine bloß nachträgliche Rechtfertigung hinausgeht und andererseits hinter der inhaltlichen Übereinstimmung zurückbleibt.

III. Zwischen Unabhängigkeit und Übereinstimmung

Jedoch scheint zweifelhaft, ob selbst der beschriebene Ansatz Müller-Malls weit genug geht, um eine überzeugende Beschreibung des Zusammenhangs zwischen Darstellungsmöglichkeit und Entscheidungsinhalt zu formulieren. Denn der Abgleich zwischen der intendierten Entscheidung und ihrer möglichen dogmatischen Herleitung bleibt ein diskreter Zwischenschritt, mit dem die Validierung eines bereits bestehenden (Zwischen-)Ergebnisses vorgenommen wird. Eine bereits gefundene Interpretation wird zum Abschluss des Auslegungsvorgangs daraufhin überprüft, ob sie sich anhand der etablierten Dogmen als plausibles Ergebnis

33 Vgl. Müller-Mall, Interpretation und Urteil im Juridischen, in: Grimm, König (Hrsg.), Lektüre und Geltung, S. 27–41, S. 33.

34 Müller-Mall, Verfassende Urteile, S. 220f.

35 Müller-Mall, Verfassende Urteile, S. 221.

darstellen lässt und gegebenenfalls angepasst.[36] Somit überwindet Müller-Mall zwar die Sterilität der These einer völligen Unabhängigkeit, bleibt der Vorstellung einer prinzipiellen Zweiteilung zwischen Entscheidung und Begründung und in abgeschwächter Form auch der zeitlichen Nachordnung letzterer aber ausdrücklich verhaftet.[37] Bei genauer Betrachtung drängt sich jedoch der Eindruck auf, dass die Urteilsfindung und ihre Darstellung auf noch engere und komplexere Weise miteinander verbunden sind und dass auch die Annahme einer solchen Rückwirkung[38] nicht weit genug geht, um diesem Zusammenhang gerecht zu werden.

1. Fish: Das Ineinanderwirken von Urteil und Rechtfertigung

Ebendiese Möglichkeit klingt ausgerechnet bei Fish an, bei dem die bereits beschriebene Ambivalenz schließlich in der Umkehr der ursprünglichen These gipfelt. Er weist zunächst auf die Besonderheit hin, dass die Praxis des rechtlichen Urteilens ausnahmsweise einschließt, hierüber Rechenschaft abzugeben. Das Urteilen gehöre zu den Praktiken, Teil derer die selbstbewusste Reflexion der eigenen Tätigkeit ist.[39] Hier offenbart sich nicht nur die Schwäche einer Theorie, welche die Unabhängigkeit zwischen dem Ausüben einer Tätigkeit und dem Reflektieren derselben anhand des Beispiels Baseball anschaulich illustrieren kann,[40] aber in Bedrängnis gerät, wenn sie mit einer Praxis konfrontiert wird, in der theoretisch geprägte Selbstbetrachtungen schon auf primärer Ebene eine tragende Rolle spielen. Vor allem revidiert Fish mit seinem Eingeständnis die zuvor eingeführte Trennung von Entscheidung und Darstellung und hinterfragt dabei auch die Vorstellung einer zeitlichen Nachordnung letzterer. In einer Fußnote konzediert er dann auch, dass es vorstellbar sei, dass die vermeintlich voneinander unabhängigen Vorgänge des Entscheidens und Rechtfertigens in Wahrheit nicht streng voneinander getrennt werden könnten, sondern dass sie gleichzeitig stattfänden und ineinanderwirkten, so dass die ihm offenstehenden Möglichkeiten der Rechtfertigung den Entscheidungsträger und damit auch die Gestalt der Entscheidung immer schon prägten.[41]

36 Luhmann, Recht und Automation in der öffentlichen Verwaltung, S. 66; Müller-Mall, Interpretation und Urteil im Juridischen, in: Grimm, König (Hrsg.), Lektüre und Geltung, S. 27–41, S. 33.
37 Müller-Mall, Interpretation und Urteil im Juridischen, in: Grimm, König (Hrsg.), Lektüre und Geltung, S. 27–41, S. 39.
38 Müller-Mall, Verfassende Urteile, S. 220ff.
39 Fish, Doing What Comes Naturally, S. 377.
40 Fish, Doing What Comes Naturally, S. 371ff.
41 Fish, Doing What comes Naturally, S. 583.

Vor dem Hintergrund der obigen Ausführungen zum konventionalistischen Rechtsverständnis scheint diese Annahme nur folgerichtig. Denn wie beschrieben wird der Richter mit einem Urteil, welches er nicht als kohärente Fortschreibung der bestehenden Rechtsordnung ausweisen kann, kein Gehör finden.[42] Für ihn ist die Rechtfertigung seiner Urteile anhand formaler Kriterien somit integraler Bestandteil seiner beruflichen Tätigkeit und ihr Gelingen zentrale Voraussetzung für deren erfolgreiche Ausübung. Und diese Rechtfertigung hängt in ihrem Gelingen wiederum von der überzeugenden Inanspruchnahme geltender juristischer Argumentations- und Begründungsmuster ab. Insofern ist der Richter also den herrschenden juristischen Gepflogenheiten unterworfen. Anders als es die Vorstellung eines diskreten Zwischenschrittes nahelegt, erschöpft sich dieses Unterworfensein jedoch nicht in der Pflicht, ein bereits gefundenes Ergebnis einer nachträglichen Überprüfung anhand feststehender Kriterien zu unterziehen. Vielmehr bestimmen die jeweils herrschenden Konventionen bereits, was der individuelle Akteur als seine Aufgabe und die ihm dabei zur Verfügung stehenden Mittel auffasst. Insofern ist das Problembewusstsein des Richters, die Wahrnehmung möglicher Handlungsalternativen und zumindest zu einem gewissen Grad wohl auch das, was man als seine (rechtliche) Intuition beschreiben würde, immer schon von dem spezifisch juristischen Wissen geprägt, mit dessen Hilfe er seine Entscheidung im Nachhinein als zwingende Folge der geltenden Rechtslage präsentiert. Somit durchwirken die herrschenden dogmatischen Gepflogenheiten den gesamten Entscheidungsprozess und werden nicht erst zum Abgleich herangezogen, nachdem die Entscheidung bereits (zumindest vorläufig) getroffen wurde. Dann aber beginnt die Grenze zwischen Entscheiden und Rechtfertigen zu verschwimmen, so dass von der bloß nachträglichen Begründung einer auf anderem Wege und aufgrund anderer Motive getroffenen Entscheidung nicht mehr die Rede sein kann. Und auch der Abgleich mit den möglichen dogmatischen Begründungen eines Urteils lässt sich dann nicht mehr als diskreter Zwischenschritt beschreiben. Vielmehr scheint zwischen diesen beiden Dimensionen der richterlichen Entscheidungspraxis ein Zusammenhang zu bestehen, der zu eng ist, als dass ihm die bloße Annahme einer Rückkoppelung noch gerecht würde.

2. Müller-Mall: Das juridische Urteil als ungeordnetes Verfahren

Müller-Malls eigene urteilstheoretische Schriften halten ein Modell der richterlichen Entscheidungsfindung bereit, welches in der Lage scheint, solch einem engen Zusammenhang Ausdruck zu verleihen. Kombiniert

42 S.o., Kapitel II, Abschnitt II.

man dieses Modell mit dem soeben bei Fish entliehenen Gedanken der Gleichzeitigkeit von Entscheidung und Darstellung, entsteht im Ergebnis ein Bild vom Verhältnis dieser beiden Komponenten der richterlichen Urteilspraxis, welches über die Annahme einer Rückkopplung hinaus geht, ohne dabei in die überholte Annahme der Entsprechung zurückzufallen.

a. Oszillierende Interpretation

Müller-Mall begreift das juridische Urteilen als einen Prozess der Rechtserzeugung[43] und grenzt ihre Beschreibung damit vom Selbstverständnis des Rechts und den zahlreichen ihm folgenden rechtstheoretischen Darstellungen ab, denen zufolge sich das richterliche Urteil in der neutralen Anwendung eines feststehenden normativen Maßstabs auf eine vorgefundene faktische Konstellation erschöpft.[44] In Einklang hiermit revidiert sie zuvorderst die Vorstellung der Interpretation als einem linearen Verfahren, welches darüber Auskunft gibt, ob ein bestimmter Sachverhalt unter eine bestimmte Norm gefasst werden kann. An deren Stelle setzt sie das Bild der »oszillierende[n] Interpretation«.[45] Diese umfasst »wenigstens vier miteinander gekoppelte Gegenstände: Sachverhalt, und normativer Maßstab, Fall und Urteil«.[46] Eingespannt werden die hieraus erwachsenden Interpretationsvorgänge wiederum durch den Klageantrag einerseits und die anzuordnende Rechtsfolge andererseits. Diese begrenzen das Urteilen »nicht nur in zeitlicher Hinsicht [...], sondern auch inhaltlich« und sind dabei wiederum »ihrerseits interpretationsbedürftig«.[47] So entsteht im Ergebnis eine »komplexe Relation multipler Interpretationsgegenstände«.[48]

Anders als gemeinhin angenommen stehe dabei weder der Sachverhalt noch die zur Anwendung kommende Norm im Vorhinein fest: »Es verhält sich also nicht so, dass sich dem Gericht einerseits ein unmittelbar identifizierbarer Gegenstand präsentiert, der zu beurteilen ist, und andererseits eine Reihe von Rechtstexten zur Verfügung steht, von denen dann im Wege der Interpretation der richtige, anzuwendende Beurteilungsmaßstab ausfindig zu machen wäre. Vielmehr müssen [...] Sachverhalt und Maßstab erst aneinander entfaltet werden«.[49] Die auf Karl Engisch zurückgehende, häufig bemühte Beschreibung des »Hin- und

43 Müller-Mall, Verfassende Urteile, S. 29.
44 Müller-Mall, Verfassende Urteile, S. 28.
45 Müller-Mall, Verfassende Urteile, S. 156ff.
46 Müller-Mall, Verfassende Urteile, S. 155.
47 Müller-Mall, Verfassende Urteile, S. 155.
48 Müller-Mall, Verfassende Urteile, S. 156.
49 Müller-Mall, Verfassende Urteile, S. 158.

Herwandern des Blickes« wird diesem Interpretationsvorgang nicht gerecht. Denn zum einen bewegt sich der Blick des Urteilenden zwischen multiplen Polen hin und her und zum anderen stehen diese Pole nicht fest, sondern geraten bei der Interpretation ihrerseits in Bewegung. Somit wandert nicht nur der Blick, sondern auch die von ihm erfassten Gegenstände geraten ins Wandern.[50]

Den Vorgang der Interpretation deutet Müller-Mall somit von einem linearen Zuordnungsverhältnis zwischen Sachverhalt und Rechtsnorm zu einem multipolaren Vorgang um, in dem eine Vielzahl volatiler Faktoren durch eine ihrerseits als dynamisch begriffene Instanz zueinander ins Verhältnis gesetzt werden.

b. Das rezeptive Moment des Passens

Ausgerichtet ist dieses Verfahren auf eine »doppelte Entsprechungsrelation«. Diese stellt sich ein, wenn »Sachverhalt und Maßstab in Formulierungen fassbar sind, die einander entsprechen, und dieses Ergebnis eine Rechtsfolge zulässt, die der Rechtsfrage des Falles entspricht«.[51] Der Interpretationsvorgang ist jedoch nicht imstande, sich selbst zu einem Ende zu bringen,[52] sondern kann nur durch das Urteil, dass diese Entsprechungsrelation erreicht sei, beendet werden.[53]

Die Bildung dieses juristischen Urteils beschreibt Müller-Mall, indem sie es in die Nähe des ästhetischen Urteils rückt.[54] Demnach handelt es sich um ein »ungeordnetes Verfahren,«[55] in dem es zu einem »freien Spiel der Erkenntniskräfte« kommt.[56] Die spezifische Freiheit dieses Spiels liegt darin, dass »keine Erkenntnisregel bestimmt, wie die Urteilenden vom Sachverhalt zur Norm, von der Rechtsnorm zum Sachverhalt, zu Fall und Urteil kommen«.[57] Die Einbildungskraft und der Verstand des Urteilenden werden insofern »nicht begrifflich eingeschränkt«.[58] Stattdessen werden Sachverhalt und Rechtsnorm durch das Zusammenwirken dieser beiden Kräfte »gleichzeitig und in einer Weise zusammengedacht [...], die das

50 Müller-Mall, Verfassende Urteile, S. 158ff.; dies., Interpretation und Urteil im Juridischen in: Grimm, König (Hrsg.), Lektüre und Geltung, S. 27–41, S. 36 unter Verweis auf Engisch, Logische Studien zur Gesetzesanwendung, S. 15.
51 Müller-Mall, Verfassende Urteile, S. 162.
52 Müller-Mall, Verfassende Urteile, S. 159.
53 Müller-Mall, Verfassende Urteile, S. 162f.
54 Müller-Mall, Verfassende Urteile, S. 187ff.
55 Müller-Mall, Verfassende Urteile, S. 164.
56 Müller-Mall, Verfassende Urteile, S. 165, 187ff. unter Verweis auf Kant, Kritik der Urteilskraft, B 28 (§ 9).
57 Müller-Mall, Verfassende Urteile, S. 187.
58 Müller-Mall, Verfassende Urteile, S. 187.

Besondere als enthalten unter dem Allgemeinen denken kann.«[59] Auf diese Weise ordnet der Urteilende die verschiedenen Komponenten zueinander an, bis er Rechtsnorm und Sachverhalt als zueinander passend wahrnimmt.[60] Dieser Moment des Passens ist die Voraussetzung dafür, dass der Urteilende das Interpretationsverfahren beendet, indem er zu dem Urteil gelangt, dass diese spezifische Entsprechungsrelation gerecht sei.[61]

Diesen Eindruck des Passens versteht Müller-Mall als »ein spezifisches subjektives Urteil,«[62] eine subjektive Erfahrung, die nur der Urteilende selbst machen kann.[63] Aufgrund seiner »Begriffslosigkeit«[64] lassen sich für sein Eintreten keine allgemeinen Kriterien formulieren.[65] Vielmehr konstituiert die Erfahrung, Sachverhalt und Norm als zueinander passend zu empfinden, ein »sinnliches« oder »quasi-sinnliches«, jedenfalls aber »rezeptives Momentum«.[66] Trotz seines zutiefst subjektiven Wesens möchte Müller-Mall das juridische Urteil jedoch nicht als Privaturteil,[67] als singuläre oder gar beliebige Entscheidung verstanden wissen.[68] Denn ein etwaiges Urteil nimmt gleichwohl für sich in Anspruch, dass jeder ihm zustimmen könne und dass es insofern für die Allgemeinheit spreche. Auf diese Weise erhebt das juridische Urteil Anspruch auf »subjektive Allgemeingültigkeit«.[69] »Juridisch zu urteilen« bedeute daher, »eine subjektiv gefundene Übereinstimmung von Sachverhalt und Norm, von Urteil und Fall mit dem Anspruch zu versehen, dass die zugrundeliegende Erfahrung von Übereinstimmung, Harmonie oder Passen von jedermann auch gemacht werden müsse«.[70]

3. Korrektur und Erweiterung des konventionalistischen Rechtsverständnisses

Zunächst ist festzuhalten, wie groß die Schnittmenge dieser Beschreibung mit dem oben entwickelten konventionalistischen Rechtsverständnis ist. Die Vorstellung einer Vielzahl von Faktoren und Erwägungen, die für den Ausgang eines Falls relevant werden können, der Entscheidung

59 Müller-Mall, Verfassende Urteile, S. 191.
60 Müller-Mall, Verfassende Urteile, S. 225f.
61 Müller-Mall, Verfassende Urteile, S. 235.
62 Müller-Mall, Verfassende Urteile, S. 200.
63 Müller-Mall, Verfassende Urteile, S. 233f.
64 Müller-Mall, Verfassende Urteile, S. 188.
65 Müller-Mall, Verfassende Urteile, S. 234.
66 Müller-Mall, Verfassende Urteile, S. 236.
67 Müller-Mall, Verfassende Urteile, S. 201.
68 Müller-Mall, Verfassende Urteile, S. 197.
69 Müller-Mall, Verfassende Urteile, S. 196f.
70 Müller-Mall, Verfassende Urteile, S. 207.

dabei jedoch nicht einfach vorausgehen, sondern erst situationsspezifisch und in gegenseitiger Abhängigkeit konstituiert werden, entspricht exakt der obigen Beschreibung einer durch intersubjektive Gepflogenheiten disziplinierten, aber niemals determinierten und insofern stets dynamischen Entscheidungspraxis. Wie beschrieben zeichnet diese aus, dass die konkrete Bedeutung, die einer bestimmten Norm, einem bestimmten Rechtsgrundsatz oder auch einer spezifischen faktischen Konstellation zugeschrieben wird, mit jedem Gebrauch neu verhandelt wird. Dabei bleibt der Einzelne stets auf die Verwendung von Begriffen, Tropen und Argumenten angewiesen, deren konkreter Sinn immer erst durch ebendiese Verwendung beziehungsweise durch die sich auf diese Verwendung in affirmativer Weise rückbeziehenden nachfolgenden Äußerungen konstituiert wird. Ganz wie es Müller-Mall beschreibt, sind somit sämtliche Elemente der richterlichen Entscheidung in Bewegung und können von dieser immer nur vorrübergehend und in prekärer Weise festgeschrieben werden.

Zugleich scheinen die Ausführungen Müller-Malls dazu geeignet, eine zentrale Leerstelle dieses Rechtsverständnisses zu füllen. Denn sie vermitteln zumindest annäherungsweise eine Vorstellung davon, wie die jeweils herrschenden Konventionen in der konkreten richterlichen Entscheidung aufgehen. Diesen Moment des Umschlagens der intersubjektiven Praxis in die konkrete individuelle Handlung beschreibt insbesondere Fish nur als das intuitive Ausagieren immer schon fest verinnerlichter Wertungen.[71] Diese Beschreibung erweist sich bei genauerem Hinsehen jedoch als Idealisierung, bekommt sie doch die Komplexität des individuellen Entscheidungsvorgangs nicht in den Blick. Denn aus der Perspektive des Entscheidungsträgers ergibt sich die als richtig empfundene Entscheidung regelmäßig nicht auf intuitive oder gar natürliche Weise aus der vorgefundenen Gemengelage. Vielmehr ringt der Einzelne oftmals um eine Lösung, die weitestmöglich mit den (anerkannten) Fakten des Falls, den mit deren Ermittlung verbundenen Unsicherheiten, den geltenden rechtlichen Konventionen und etlichen weiteren Faktoren in Einklang stehen soll. Insbesondere die dabei in Frage kommenden dogmatischen Grundsätze sind wie gezeigt oft vielschichtig und untereinander gegenläufig, so dass sie gerade keine eindeutigen Vorgaben liefern. Sie verlangen vom Einzelnen stattdessen eine aktive und unter Umständen kritische Auseinandersetzung. Das Bild eines chaotischen Prozesses, in dem der Entscheidungsträger eine Vielzahl heterogener Faktoren in kontingenter und potenziell idiosynkratischer Weise in das subjektiv empfundene Verhältnis eines relativen Gleichgewichts bringt, wird dem eher gerecht als die idealisierende Darstellung Fishs. Dadurch, dass diese die subjektive Perspektive vor allem als Kristallisationspunkt

71 Fish, Doing What Comes Naturally, S. 371ff.

intersubjektiver Gepflogenheiten begreift und auch nur aus diesem Blickwinkel abbildet, entgeht ihr die Komplexität, die sich aus dem Spannungsfeld zwischen kollektiver Praxis und individuellem Urteil ergibt. Somit ergänzen die Ausführungen Müller-Malls das konventionalistische Rechtsverständnis an zentraler Stelle und korrigieren dabei ein Stück weit dessen ausgeprägten intersubjektiven Fokus.

4. Die formale Begründung als Teil des informalen Entscheidungsprozesses

Vor allem aber bereiten die Überlegungen Müller-Malls den Weg zu einer plausibleren Beschreibung der Rolle, welche der formalen Darstellung des Urteils im Rahmen der richterlichen Urteilspraxis zukommt. Dafür sind sie ihrerseits wiederum um den bei Fish anklingenden Gedanken zu ergänzen, dass die Bemühung um eine formale Begründung bereits Teil des Entscheidungsprozesses und diesem insofern nicht nachgeordnet ist. Durch diese wechselseitige Ergänzung entsteht schließlich eine Synthese, welche das Verhältnis formaler und informaler Aspekte der Entscheidungsfindung weder einseitig auflöst noch einer Seite in inhaltlicher oder auch nur zeitlicher Hinsicht pauschal Priorität zuspricht und die somit geeignet erscheint, der Komplexität dieses Vorgangs gerecht zu werden.

Dafür sind die Ausführungen Müller-Malls lediglich dahingehend zuzuspitzen, die Frage nach der formalen Rechtfertigung nicht als nachgeordneten separaten Schritt, sondern als integralen Bestandteil eines umfassenden Entscheidungsprozesses zu begreifen. Wie bereits erwähnt fasst sie die Möglichkeit einer formalen Rechtfertigung zunächst als Kontrollfrage auf, die sich erst im Anschluss an den eigentlichen Interpretationsvorgang stellt. Demnach muss zwar stets eine überzeugende formale Begründung vorliegen, die zu den übrigen Aspekten der Entscheidung »passt«, damit der richterliche Entscheidungsprozess zu einem Abschluss kommen kann. Jedoch stellt sich diese Frage erst mit Blick auf bereits gewonnene Interpretationen. Dass sich etwas »als Subsumtionsschluss darstellen lässt«, ist demnach eine zweite Bedingung, die sich an die erste Bedingung des »Passens« anschließt.[72]

Angesichts der obigen Überlegungen lässt sich an einer solchen Nachordnung jedoch nicht mehr festhalten. Denn wie gezeigt strukturieren die Möglichkeiten der dogmatischen Rechtfertigung immer schon, was der Richter als die ihm offenstehenden Handlungsalternativen auffasst. Dieses Kriterium ist also keine diskrete, zeitlich nachgeordnete

72 Müller-Mall, Interpretation und Urteil im Juridischen, in: Grimm, König (Hrsg.), Lektüre und Geltung, S. 27–41, S. 39.

Kontrollfrage, sondern bildet einen wesentlichen Bestandteil einer um diesen Aspekt erweiterten ersten und einzigen Bedingung eines gelingenden Urteils und nimmt dabei maßgeblichen Einfluss auf Gestalt und Ausmaß der weiteren berücksichtigten Gesichtspunkte. Überzeugender scheint es deshalb, die Möglichkeit, eine Entscheidung den herrschenden formalen Regeln entsprechend rechtfertigen zu können, als einen der Gesichtspunkte zu verstehen, welche in das mehrpolige Interpretationsverfahren einfließen, aus dem schließlich die richterliche Entscheidung erwächst. Dementsprechend konstatiert auch Müller-Mall zuletzt, dass »Gerichte Urteile so bilden, dass sie nachträglich in die Form des Subsumtionsschlusses einschreibbar sind. Die Form der Subsumtion stellt insofern einen zusätzlichen Parameter dar, der bei der Urteilsbildung zu berücksichtigen ist«.[73]

Auf diese Weise werden die herrschenden dogmatischen Gepflogenheiten integraler Bestandteil des Entscheidungsprozesses und nicht erst zur nachträglichen Rechtfertigung von dessen Ergebnis herangezogen. Zugleich sind sie nur einer unter mehreren Gesichtspunkten und zudem aufgrund ihres oben beschriebenen indeterminierten Wesens nicht dazu imstande, den Entscheidungsprozess einseitig zu beherrschen. Denn was als überzeugende Begründung gilt, ist wiederum Gegenstand fortwährender Auseinandersetzungen, zu denen jede einzelne Entscheidung immer nur einen partikularen Beitrag leisten kann, der sich seinerseits in den an ihn anschließenden Äußerungen bewähren muss. Ebenso wie andere, möglicherweise externe Faktoren können die Vorgaben der juristischen Methode also eine signifikante Wirkung auf die Entscheidung entfalten, ohne dass dies eine Reduktion des gesamten Vorgangs auf einen dieser Faktoren erlauben würde.

Demgegenüber entsteht durch die Zusammenführung der Gedanken Müller-Malls und Fishs eine Vorstellung vom Verhältnis der richterlichen Entscheidungsfindung und ihrer Darstellung, in der deutlich wird, dass die formale Begründung nicht bloß nachgeschoben wird, dass sie aber die tatsächliche Entscheidungsfindung ebenso wenig bestimmt und diese insofern auch nicht wahrheitsgetreu abbildet. Die Rolle der formalen Begründung geht also einerseits über die bloß nachträgliche Rechtfertigung einer bereits auf anderem Wege getroffenen Entscheidung klar hinaus, ohne dass sie jedoch andererseits dominant genug wäre, um dem formalistischen Anspruch gerecht zu werden. Denn nicht der feststehende Inhalt der zur Anwendung gebrachten Normen bestimmt das richterliche Urteil, sondern ein Pool nie abschließend zu bestimmender Faktoren, unter denen die Möglichkeit einer überzeugenden dogmatischen Begründung immer nur einen Aspekt unter mehreren darstellt.

73 Müller-Mall, Verfassende Urteile, S. 145.

Diese Beschreibung passt zu der Beobachtung, dass die Rolle, welche formalen Aspekten innerhalb richterlicher Urteile zukommt, starken Schwankungen unterliegt. Diese reicht von einer strikten Befolgung, neben der materiellen Überlegungen keinerlei Raum mehr zugestanden wird, bis zur schlagartigen Beseitigung ganzer Rechtsprechungstraditionen. Eine Erklärung, nach der formale und materielle Betrachtungen Faktoren im richterlichen Urteil in immer neuer Weise miteinander in Verbindung gebracht werden, kann diese Varianz problemlos abbilden, während das formalistische Selbstverständnis des Rechts hierbei an Grenzen stößt und die Rechtskritik von vornherein darauf verwiesen ist, das Befolgen formaler Gesichtspunkte als bloß vorgeschoben abzutun.

5. Die informelle Wirkweise des Formalismus

Auch wenn das Recht seinem eigenen Anspruch somit nicht gerecht wird, entfaltet das Erfordernis, das richterliche Urteil als aus der einschlägigen Regel abgeleitet darzustellen, dennoch eine nicht zu unterschätzende disziplinierende Wirkung. Denn auch wenn die Entscheidung nicht in einer solchen Ableitung aufgeht, muss der Richter die herrschenden dogmatischen Gepflogenheiten berücksichtigen und in seine Entscheidung einfließen lassen. Nie kann der Richter auf direktem Wege zu dem von ihm als geboten betrachteten Ergebnis kommen, stets muss er den Umweg über die Bezugnahme auf die bestehenden Regelungen nehmen.[74] Auf diese Weise diszipliniert der Formalismus die richterliche Entscheidung, ohne sie jedoch zu beherrschen und ohne sie dadurch im Einzelfall vorherseh- oder berechenbar werden zu lassen. Denn die Wirkung, die der Formalismus entfaltet, bleibt informeller Natur. Sie beruht auf der situationsspezifischen Inanspruchnahme der bestehenden dogmatischen Gepflogenheiten durch den jeweiligen Richter. Und wie gezeigt wird deren konkreter Gehalt durch jede Verwendung sowie die sich hierauf rückbeziehenden folgenden Äußerungen stets aufs Neue verhandelt. Ohne dass die Regel also im strengen Sinne befolgt würde, hegt sie den Richter durch ihre hervorgehobene Stellung bei der Rechtfertigung des Urteils institutionell ein.[75]

Das richterliche Urteil erweist sich insofern als hybrid. Formalen Aspekten kann zwar eine maßgebliche Rolle zukommen, jedoch bleiben sie

74 Fish, The Law wishes to have a formal existence, in: Sarat, Kearns (Hrsg.), The Fate of Law, S. 159–208, S 172.

75 Fish, The Law wishes to have a formal existence, in: Sarat, Kearns (Hrsg.), The Fate of Law, S. 159–208, S. 172f.; ders. Almost Pragmatism: Richard Posner's Jurisprudence, *The University of Chicago Law Review* 57 (1990), S. 1447–1475, S. 1451.

in ihrem konkreten Inhalt und ihrer Reichweite von der jeweiligen Gesamtkonstellation abhängig und können die Entscheidung deshalb nie in einer Weise beherrschen, die es rechtfertigen würde, die Entstehung des Urteils auf sie zu reduzieren. Vielmehr bedingen sich formelle und informelle Aspekte gegenseitig und bilden jeweils einen integralen Bestandteil der richterlichen Urteilspraxis. Eine adäquate Darstellung dieser Praxis muss deshalb beide Seiten zur Geltung bringen und darf sie nicht aufeinander reduzieren. Dieser Einsicht wird man nicht gerecht, indem man den formalistischen Anspruch des Rechts beim Wort nimmt und die formale Seite für das ausschließliche Wesen des juristischen Urteils hält. Aber ebenso wenig vermag es zu überzeugen, formale Gesichtspunkte als bloßes Beiwerk aus externen Motiven getroffener Entscheidungen zu betrachten und diesen Motiven somit absoluten Vorrang gegenüber jeder Eigengesetzlichkeit des Rechts einzuräumen.[76] Formale Gesichtspunkte sind weder zu überhöhen noch auf der Suche nach einer dahinterliegenden Substanz als bloßes »Oberflächenphänomen« abzutun.[77] Es bedarf stattdessen eines hybriden Modells der richterlichen Entscheidungspraxis, in dem beide Aspekte sowie deren innere Verbundenheit gleichermaßen zum Ausdruck kommen. Ein solches Modell ersetzt die schlechte Metaphysik des »davor« und »dahinter«[78] durch eine komplexe Dialektik. In deren Rahmen schafft die formale Struktur der Informalität erst ihren Raum und prägt diese, ohne sie jedoch je kontrollieren oder auch nur effektiv eindämmen zu können. Die Formalisierung bringt mit der Informalität somit eine ihr gegenläufige Kraft selbst hervor.[79] Doch füllt diese sie im Gegenzug mit Leben und ermöglicht ihr so den Umgang mit ständig im Wandel begriffenen Umständen und Konstellationen, so dass die Informalität ihrerseits wiederum eine stabilisierende Wirkung auf die formale Struktur ausübt. Im Ergebnis besteht zwischen den beiden gegenläufigen Polen eine vielschichtige Wechselwirkung, in der sich beide Seiten gegenseitig hervorbringen, stabilisieren und in ihrer Existenz sichern.[80]

Dabei führt der Zwang zur formalistischen Darstellung nicht nur zur größeren Berechenbarkeit des richterlichen Urteils, sondern er ermöglicht es dem Recht vor allem, seiner oben beschriebenen friedensstiftenden Funktion gerecht zu werden. Denn der Formalismus ermöglicht ebenjenen Spagat zwischen Flexibilität in der Entscheidungsfindung und Rigidität im Erscheinungsbild, welcher das Recht dazu befähigt, potenziell unauflösbare gesellschaftliche Konflikte dauerhaft zu befrieden. Zum

76 Möllers, Die Möglichkeit der Normen, S. 410f.
77 Möllers, Die Möglichkeit der Normen, S. 410.
78 Vgl. Möllers, Die Möglichkeit der Normen, S. 116f.
79 Möllers, Die Möglichkeit der Normen, S. 410f.
80 Möllers, Die Möglichkeit der Normen, S. 410f.

einen verschaffen die vagen und teilweise widersprüchlichen Maximen der juristischen Methode dem Richter den erforderlichen Spielraum, um all jene materiellen Überlegungen in seine Entscheidung einfließen zu lassen, die er für eine gebührende Lösung der jeweiligen Auseinandersetzung für angezeigt hält.[81] Im besten Fall ermöglicht dies dem Richter, die an ihn gerichtete Erwartung zu erfüllen und den ihm vorliegenden Fall einer als angemessen empfundenen, mit den gängigen Gerechtigkeitsvorstellungen in Einklang stehenden Lösung zuzuführen. Und zum anderen verleiht der ausdrückliche Verweis auf die bestehende Rechtslage dem richterlichen Urteil ebenjenen Anschein von Neutralität und Objektivität, der nach der obigen Analyse dafür erforderlich ist, insbesondere die unterliegende Partei, von der nicht stets erwartet werden kann, dass sie sich auf inhaltlicher Ebene überzeugen lässt, zur Akzeptanz der sie benachteiligenden Entscheidung zu bewegen. Indem er sie mit einer formalen Grundlage ausstattet, vollbringt der Formalismus so das Kunststück, ebenjene Erwägungen in die richterliche Entscheidung zu integrieren, deren Ausschluss er vorgeblich sicherstellt.[82] Die Pointe des Formalismus scheint also darin zu liegen, immer wieder aufs Neue ins Feld geführt, ohne jedoch jemals realisiert zu werden und in ebendiesem Scheitern seine eigentliche Funktion zu erfüllen.

Somit zeigt sich, dass die Diskrepanz zwischen der Entstehung des richterlichen Urteils und dessen formalistischer Darstellung nach außen nicht einfach durch die Behauptung der Unabhängigkeit abgetan werden kann. Und auch die Annahme einer Rückkoppelung zwischen den beiden Ebenen des richterlichen Urteils wird der Komplexität ihres Zusammenhangs nicht gerecht. Beides unterschätzt die enge Wechselwirkung, welche aus dem Umstand erwächst, dass die Möglichkeiten der Rechtfertigung dem Richter beim Treffen seiner Entscheidung immer schon vor Augen stehen und diese insofern prägen. Dagegen bietet das von Müller-Mall entwickelte Modell des richterlichen Urteilens, ergänzt man es um ebendiesen Gedanken, die Möglichkeit einer Beschreibung, in der formale und informale Aspekte in immer neuer Weise miteinander kombiniert werden, ohne einander je zu bestimmen. Im Ergebnis entsteht so ein Bild vom Verhältnis zwischen der Entstehung des richterlichen Urteils und seiner Darstellung, in dem formale Aspekte weder überhöht noch auf essentialistische Weise reduziert werden. Zugleich ergänzt dieses Modell das oben entwickelte konventionalistische Rechtsverständnis um die subjektive Perspektive des urteilenden Richters und relativiert so dessen streng intersubjektive Ausrichtung.

81 Fish, The Law wishes to have a formal existence, in: Sarat, Kearns (Hrsg.), The Fate of Law, S. 159–208, S. 195.

82 Fish, The Law wishes to have a formal existence, in: Sarat, Kearns (Hrsg.), The Fate of Law, S. 159–208, S. 185.

IV. Abgleich mit der empirischen Rechtsforschung

Das so entwickelte Verständnis der richterlichen Entscheidungsfindung hält auch einem Abgleich mit den Einsichten der empirischen Rechtsforschung stand und wird in weiten Teilen sogar durch diese gestützt.

1. Die Verwertbarkeit empirischer Forschung

Der Versuch eines solchen Abgleichs muss vorab dem Zweifel begegnen, ob die rechtstheoretische und die empirische Forschung in ihrem jeweiligen Ansatz nicht derart weit auseinander liegen, dass eine Inanspruchnahme der Einsichten der einen Disziplin zur Validierung von Thesen der anderen von vornherein fehlgehen muss. Doch während sich eine normativ ausgerichtete Rechtstheorie möglicherweise tatsächlich grundlegend andersartigen Fragen widmet, können zwischen einer analytisch-deskriptiven Rechtstheorie und der empirischen Rechtsforschung durchaus Schnittmengen bestehen.[83] Damit soll nicht bestritten werden, dass weite Teile der empirischen Rechtsforschung mit dem hier verfolgten, ebenso wie mit zahlreichen anderen rechtstheoretischen Ansätzen kaum kompatibel sind, sei es wegen zu großer methodologischer Unterschiede,[84] oder weil die empirische Forschung häufig doch ein ganz anderes Erkenntnisziel verfolgt.[85] Dennoch kommt auch die abstrakteste Rechtstheorie nicht ohne ein Mindestmaß an empirischen Grundannahmen aus und bezieht sich insofern zwangsläufig auf Zusammenhänge, die auch Gegenstand empirischer Forschung sind.[86] Und insoweit überzeugt es seitens der Rechtstheorie nicht, sich den Konsequenzen dieser Überschneidung unter Berufung auf eine vermeintliche disziplinäre Eigenständigkeit zu verschließen.[87] Anstatt sich also auf ›common sense‹ oder eigene Erfahrungen zu stützen und deren Verallgemeinerbarkeit zu

83 Galligan, Legal Theory and Empirical Research, in: Cane, Kritzer (Hrsg.), The Oxford Handbook of Empirical Legal Research, S. 976–1001, S. 977, 979.

84 Wrase, Verfassungsgerichtsforschung auf der Schnittstelle zwischen Rechts- und Politikwissenschaften – Überlegungen am Beispiel des Bundesverfassungsgerichts, in: Wrase, Boulanger (Hrsg.), Die Politik des Verfassungsrechts: Interdisziplinäre und vergleichende Perspektiven auf die Rolle und Funktion von Verfassungsgerichten, S. 21–36, S. 24f.

85 Beispielsweise die möglichst genaue Vorhersage von Urteilen und Abstimmungsverhalten, siehe Baum, The Puzzle of Judicial Behavior, S. 5ff.

86 Galligan, Legal Theory and Empirical Research, in: Cane, Kritzer (Hrsg.), The Oxford Handbook of Empirical Legal Research, S. 976–1001, S. 979, 991.

87 Nagel, The Central Questions, London Review of Books 27 (2005), abrufbar unter https://www.lrb.co.uk/the-paper/v27/n03/thomas-nagel/the-central-questions.

unterstellen,[88] muss sich die Rechtstheorie, soweit dies im Einzelfall sinnvoll ist, auch an den Ergebnissen empirischer Forschung messen lassen. Damit scheint einem Abgleich der bisherigen Ergebnisse mit der empirischen Forschung zum Zustandekommen des richterlichen Urteils nichts entgegenzustehen und dieser im Sinne einer möglichst umfassenden Untersuchung sogar angezeigt.

2. Vom ›attitudinal model‹ zu (neo-)institutionalistischen Ansätzen

Gewissermaßen konstitutiv für die empirische Forschung zum richterlichen Urteilen ist die Annahme, »dass zum Prozess der Rechtsfindung mehr gehört als die regelrechte Anwendung verbindlicher Normen, die weitestgehend unabhängig von den handelnden Personen und den jeweiligen Entscheidungsverfahren zu dem einzig möglichen, ›richtigen‹ Ergebnis führt«.[89] Damit entspricht der Ausgangspunkt zahlreicher empirischer Untersuchungen gewissermaßen dem Ergebnis der im ersten Kapitel anhand sprachphilosophischer Überlegungen vorgenommenen Dekonstruktion des formalistischen Selbstverständnisses des Rechts und stimmt zudem mit den Implikationen des soeben entwickelten hybriden Modells richterlichen Urteilens überein.

Beim Versuch, die Faktoren zu identifizieren, die anstelle des objektiven Normgehaltes die richterliche Entscheidung bestimmen, dominierte im auf den Supreme Court fokussierten US-amerikanischen Diskurs über lange Zeit das »attitudinal model«.[90] Dieses »postuliert einen direktkausalen Zusammenhang zwischen individuellen Einstellungen [...] der beteiligten RichterInnen und ihren Entscheidungen«[91] und erhebt somit die politischen und anderweitigen Präferenzen der Richter zum maßgeblichen Faktor. Dieses Modell korrespondiert somit der bereits abgelehnten These, dass der Richter, sofern ihm seine Entscheidung nicht durch

88 Galligan, Legal Theory and Empirical Research, in: Cane, Kritzer (Hrsg.), The Oxford Handbook of Empirical Legal Research, S. 976–1001, S. 979.

89 von Steinsdorff, (Verfassungs-)Richterliches Entscheiden, in: Boulanger, Rosenstock, Singelnstein (Hrsg.), Interdisziplinäre Rechtsforschung – Eine Einführung in die geistes- und sozialwissenschaftliche Befassung mit dem Recht und seiner Praxis, S. 207–226, S. 209.

90 Dyevre, Unifying the field of comparative judicial politics: towards a general theory of judicial behaviour, *European Political Science Review* 2 (2010), S. 297–327, S. 301.

91 von Steinsdorff, (Verfassungs-)Richterliches Entscheiden, in: Boulanger, Rosenstock, Singelnstein (Hrsg.), Interdisziplinäre Rechtsforschung – Eine Einführung in die geistes- und sozialwissenschaftliche Befassung mit dem Recht und seiner Praxis, S. 207–226, S. 209.

die zur Anwendung gebrachte Rechtsnorm diktiert wird, sein Urteil nach reinem Dafürhalten fällt. Und auch aus empirischer Perspektive ist es nicht imstande, das Zustandekommen richterlicher Urteile zufriedenstellend zu erklären.[92] Denn politische Einstellungen und Interessen spiegeln zwar »sicherlich eine Dimension richterlichen Verhaltens wider«, sie als die ausschließlichen Beweggründe aufzufassen werde aber »den komplexen Motivationslagen«, die im richterlichen Urteil zum Tragen kommen, »keinesfalls gerecht«.[93] Insbesondere übergeht das ›attitudinal model‹ jede Beschränkung, die für den Richter aus den jeweiligen institutionellen und professionellen Zusammenhängen erwachsen und es ihm unmöglich machen, die eigene Entscheidungsgewalt unumwunden zur Durchsetzung seiner eigenen politischen Vorstellungen zu gebrauchen.[94] Insofern deuten auch die Ergebnisse der empirischen Forschung hin zu einem Mittelweg zwischen einem formalistischen Legalismus und einer ihm oft gegenübergestellten Regel- und Prinzipienlosigkeit.[95]

In den Fokus der empirischen Rechtsforschung rücken somit ebenjene Zusammenhänge, welche den Richter jenseits des Norminhalts bei seiner Entscheidung leiten. Besonderes Augenmerk liegt dabei auf den institutionellen Faktoren, welche die Situation, innerhalb derer die Richter ihre Entscheidung treffen, maßgeblich prägen,[96] wobei weiterhin die unter besonderen Vorzeichen agierenden Richter an Höchst- und Verfassungsgerichten im Vordergrund stehen.[97] Diese Faktoren werden nochmals unterteilt in interne Faktoren, welche die Interaktionen zwischen Richtern an Spruchkammern betreffen und externe Faktoren, welche die Position des jeweiligen Gerichts innerhalb des weiteren Institutionengefüges betreffen.[98] In

92 Wrightsman, Judicial Decision Making - Is Psychology Relevant?, S. 22.

93 Wrase, Boulanger, Die Politik des Verfassungsrechts – Beiträge für ein Forschungsprogramm, in: dies. (Hrsg.), Die Politik des Verfassungsrechts – Interdisziplinäre und vergleichende Perspektive auf die Rolle und Funktion von Verfassungsgerichten, S.7–18, S 9.

94 Wrightsman, Judicial Decision Making - Is Psychology Relevant?, S. 48f.

95 Lindquist, Cross, Empirically Testing Dworkin's Chain Novel Theory: Studying the Path of Precedent, *NYU Law Review* 80 (2005), S. 1156–1206, S. 1205f.

96 von Steinsdorff, (Verfassungs-)Richterliches Entscheiden, in: Boulanger, Rosenstock, Singelnstein (Hrsg.), Interdisziplinäre Rechtsforschung – Eine Einführung in die geistes- und sozialwissenschaftliche Befassung mit dem Recht und seiner Praxis, S. 207–226, S. 211f.

97 von Steinsdorff, (Verfassungs-)Richterliches Entscheiden, in: Boulanger, Rosenstock, Singelnstein (Hrsg.), Interdisziplinäre Rechtsforschung – Eine Einführung in die geistes- und sozialwissenschaftliche Befassung mit dem Recht und seiner Praxis, S. 207–226, S. 207f.

98 Dyevre, Unifying the field of comparative judicial politics: towards a general theory of judicial behaviour, *European Political Science Review* 2 (2010), S. 297–327, S. 302ff.

der Summe entsteht so ein immer differenzierteres Bild einer Vielzahl von Einflussfaktoren und Motivlagen, welche bei der Entstehung des richterlichen Urteils zum Tragen kommen.

3. Das Ende einseitiger Erklärungsversuche

Dabei wird deutlich, dass kein einseitiger Ansatz Exklusivität beanspruchen und dass kein singulärer Faktor eine abschließende Erklärung der richterlichen Urteilsfindung liefern kann.[99] Stattdessen hat sich »allgemein die Erkenntnis durchgesetzt, dass Gerichtsentscheidungen aus einem komplexen Geflecht von Einflussfaktoren resultieren«.[100] Stets beeinflusst also eine Vielzahl von Faktoren und Motiven die individuelle Entscheidungsfindung. Dazu zählen neben den weiterhin als relevant betrachteten politischen Einstellungen der Richter vor allem die bereits erwähnten institutionellen Faktoren und Umstände.[101] Doch auch das allgemeine Bedürfnis, gegenüber den Kollegen, dem unmittelbaren sowie einem weiteren Publikum ein vorteilhaftes Bild abzugeben,[102] genau wie der schlichte Wunsch, den eigenen Arbeitsaufwand zu begrenzen,[103] wirken auf die richterliche Entscheidungsfindung ein. Diese unterscheidet sich insofern trotz ihrer Professionalisierung nicht erheblich von der alltäglichen Entscheidungsfindung gewöhnlicher Menschen.[104] Dieser nicht abschließend beschreibbaren Pluralität trägt das hybride Modell richterlichen Urteilens Rechnung, indem es eine Vielzahl von Faktoren beschreibt, die in nicht vorhersehbarer und nicht vollständig nachvollziehbarer Weise zusammenwirken.

99 Dyevre, Unifying the field of comparative judicial politics: towards a general theory of judicial behaviour, *European Political Science Review* 2 (2010), S. 297–327, S. 314f.

100 von Steinsdorff, (Verfassungs-)Richterliches Entscheiden, in: Boulanger, Rosenstock, Singelnstein (Hrsg.), Interdisziplinäre Rechtsforschung – Eine Einführung in die geistes- und sozialwissenschaftliche Befassung mit dem Recht und seiner Praxis, S. 207–226, S. 211.

101 von Steinsdorff, (Verfassungs-)Richterliches Entscheiden, in: Boulanger, Rosenstock, Singelnstein (Hrsg.), Interdisziplinäre Rechtsforschung – Eine Einführung in die geistes- und sozialwissenschaftliche Befassung mit dem Recht und seiner Praxis, S. 207–226, S. 211ff.

102 Baum, Judges and Their Audiences, S. 25ff.

103 Baum, The puzzle of Judicial Behavior, S. 12f.; Lautmann, Richterliche Strategien zum Abschluss eines Verfahrens, in: Blankenburg (Hrsg.), Empirische Rechtssoziologie, S. 40–55, S. 41ff.

104 Guthrie, Rachlinski, Wistrich, Blinking on the Bench: How Judges Decide Cases, *Cornell Law Review* 93 (2007), S. 1–44, S. 29; Baum, Judges and Their Audiences, S. 25.

4. Die Grenzen des hybriden Modells

Spätestens an dieser Stelle ließe sich einwenden, dass das Modell eines hybriden Verfahrens und mit ihm das konventionalistische Verständnis der Rechtsanwendung die Weite an berücksichtigten Umständen und Einflüssen damit bezahlen, dass sie über den generischen Verweis auf die unüberblickbare Vielzahl von ineinander wirkenden Faktoren nie hinausgelangen und somit zum konkreten Zustandekommen individueller Entscheidungen, dem vermeintlichen Kern ihres Gegenstandes, keine präzise Aussage treffen können. Das hybride Modell, genau wie seine Übereinstimmung mit den Ergebnissen empirischer Forschung, ist demnach von nur begrenzter Aussagekraft.

Tatsächlich verbleibt das hier entworfene Modell stets auf dieser abstrakten Ebene, anhand derer sich die genaue Entstehung einer individuellen Entscheidung nicht bis ins Detail ergründen lässt. Jedoch handelt es sich hierbei nicht um einen blinden Fleck, sondern um eine bewusst gezogene Grenze, die zwingend aus den diesem Modell zugrundliegenden Prämissen folgt. Denn die herrschenden Konventionen determinieren den individuellen Akt nie bis ins Detail. Ihr Wirken gleicht eher dem einer Disposition, die dem individuellen Akteur unter gewissen Bedingungen bestimmte Verhaltensweisen nahelegt, ohne diese jedoch verbindlich festzulegen. Wie diese Dispositionen im Einzelnen in konkrete Äußerungen und Entscheidungen umgewandelt werden, hängt wiederum von den spezifischen Details der jeweiligen Konstellation ab und lässt sich weder in allgemeiner Form beschreiben noch im Einzelfall genau rekonstruieren. Diese zentrale Annahme begrenzt folglich den Anspruch, den das konventionalistische Modell mit seiner Beschreibung erheben kann. Dies würde jedoch nur dann eine Schwäche darstellen, wenn die unterstellten Prämissen nicht zuträfen und eine präzisere Erklärung möglich wäre. Doch der Umstand, dass sich Ansätze, die vorgeben, individuelle Beweggründe eindeutig bestimmen zu können, meist recht unkompliziert widerlegen lassen, scheint ein starkes Indiz dafür zu sein, dass dies nicht der Fall ist. Solange es also nicht möglich ist, das genaue Zustandekommen solch komplexer Entscheidungen wie dem richterlichen Urteil bis ins Detail aufzuschlüsseln, scheint die hier gewählte Beschreibung zumindest eine überzeugende Annäherung zu bieten. Und sollte es jemals dazu kommen, spricht einiges dafür, dass das Ergebnis vor allem in einer Präzisierung des hier vermuteten Zusammenspiels der genannten Faktoren bestünde.

5. Das Verhältnis zwischen Herstellung und Darstellung des richterlichen Urteils

Zuletzt lässt sich auch die obige Beschreibung des Verhältnisses zwischen der Entstehung des richterlichen Urteils und seiner Darstellung nach außen anhand empirischer Untersuchungen stützen. Wie eingangs erwähnt gehen diese zum einen davon aus, dass »die Darstellung gerade nicht den tatsächlichen Herstellungsprozess der Entscheidung wiederspiegelt, sondern [...] ein *deduktives* Entscheidungsprogramm im Sinne eines ›Subsumtionsschlusses‹ vorgibt«.[105] Und zum anderen bestätigen sie die Annahme, dass diese beiden Komponenten des richterlichen Urteils deshalb nicht etwa unverbunden nebeneinanderstehen, sondern »eng miteinander verwoben« sind, so dass »Herstellung und Darstellung in der Praxis ineinandergreifen: Die Richterin hat bereits bei der Herstellung der Entscheidung deren *Darstellbarkeit* ›im Kopf‹«.[106]

Zu diesem Schluss kommt auch Rüdiger Lautmann, der als Gerichtsassessor auf dem Wege einer (heimlichen) teilnehmenden Beobachtung über ein Jahr das Verhalten von Richtern studiert hat.[107] Grundsätzlich hängt er zwar der oben beschriebenen Position Luhmanns an und hält die Darstellung des Urteils dementsprechend für eine von der Entscheidungsfindung unabhängige Tätigkeit. Die richterliche Entscheidung komme auf intuitive Weise und aufgrund informeller Gesichtspunkte zustande und werde erst im Nachhinein durch den Verweis auf das positive Recht gerechtfertigt und so als Akt der Herrschaftsausübung legitimiert.[108] Doch konzediert auch Lautmann, dass sich diese Trennung nicht immer aufrechthalten lässt. Vielmehr beobachtet er, dass die Darstellbarkeit einer Entscheidung eine durchaus komplexe Frage sein kann, die im Rahmen des Entscheidungsprozesses eine eigene Dynamik entwickeln und in den Vordergrund rücken kann. Dies gehe mitunter so weit, dass die Verfügbarkeit einer überzeugenden Begründung ausschlaggebend für die Wahl einer bestimmten rechtlichen Lösung und somit für den Ausgang des Verfahrens werde. So wird »die Darstellbarkeit zum

105 Wrase, Recht und soziale Praxis - Überlegungen für eine soziologische Rechtstheorie, in: Cottier, Estermann, Wrase (Hrsg.), Wie wirkt Recht?, S. 113–146, S. 116 (Hervorhebung im Original).

106 Wrase, Recht und soziale Praxis – Überlegungen für eine soziologische Rechtstheorie, in: Cottier, Estermann, Wrase (Hrsg.), Wie wirkt Recht?, S. 113–146, S. 116f. (Hervorhebung im Original).

107 Lautmann, Richterliche Strategien zum Abschluss eines Verfahrens, in: Blankenburg (Hrsg.), Empirische Rechtssoziologie, S. 40–55, S. 40.

108 Lautmann, Richterliche Strategien, zum Abschluss eines Verfahrens, in: Blankenburg (Hrsg.), Empirische Rechtssoziologie, S. 40–55, S. 47f. unter Verweis auf Lenk, Von der Bedeutung der Rechtswissenschaft und der Sozialwissenschaft für Juristen, Kritische Justiz 3 (1970), S. 273–282, S. 278.

Motiv der Festlegung.«[109] Lautmanns Beobachtungen bestätigen somit die substanzielle Wirkung des formalen Darstellungserfordernisses und mithin das Bestehen einer engen Verbindung zwischen der Herstellung und der Darstellung des richterlichen Urteils.

Offenkundig muss der Abgleich mit der empirischen Rechtsforschung an dieser Stelle kursorisch bleiben und auch die durch ihn aufgeworfene Frage einer genauen disziplinären Abgrenzung zur Rechtstheorie kann und soll hier nicht abschließend behandelt werden. Gleichwohl zeigt schon ein flüchtiger Blick, dass das hier entwickelte Modell der richterlichen Entscheidung, das in Fishs Konventionalismus seinen Ausgang nimmt, ihn mit Müller-Malls Modell des juridischen Urteilens kombiniert und dieses wiederum um den Gedanken ergänzt, dass formale Erwägungen über das Begründungserfordernis zu einem integralen Bestandteil dieses Verfahrens werden, den Abgleich mit der empirischen Rechtsforschung nicht scheuen muss und in vielerlei Hinsicht sogar durch deren Erkenntnisse gestützt wird.

V. Schlink: Die Irrelevanz der Urteilsentstehung

Wenn jedoch derart ersichtlich ist, dass die formalen Darstellungserfordernisse auf die Herstellung des richterlichen Urteils durchschlagen und die beiden Tätigkeiten folglich nicht unverbunden nebeneinanderstehen, legt dies nahe, das bislang vorausgesetzte Verständnis der von Isay und Luhmann formulierten Unabhängigkeitsthese nochmals zu hinterfragen. Insbesondere drängt sich die Frage auf, ob deren Position nicht doch besser dahingehend zu verstehen ist, dass es auf das tatsächliche Zustandekommen des richterlichen Urteils gerade nicht ankommen soll und somit auch dahinstehen kann, ob und inwieweit es zu einer Rückwirkung der Begründungspflicht auf die Entscheidungsfindung kommt. Nach dieser Lesart bezieht sich der Begriff der Unabhängigkeit nicht auf die Beschreibung eines tatsächlichen Verhältnisses, sondern zielt darauf ab, die Entstehung und die Darstellung des Urteils kategorisch voneinander zu entkoppeln[110] und auf diese Weise die Rationalität des richterlichen Urteils vor den Einblicken in dessen tatsächliches Zustandekommen zu bewahren. Folgt man diesem Verständnis, löst sich die oben beschriebene Ambivalenz mit einem Schlag auf und die auf der tatsächlichen Entstehung des richterlichen Urteils fußende Erwiderung geht zu weiten Teilen ins Leere. Insbesondere die Einsichten der empirischen Rechtsforschung wären dann nicht mehr geeignet, die Unabhängigkeitsthese zu widerlegen. Vielmehr

109 Lautmann, Richterliche Strategien, zum Abschluss eines Verfahrens, in: Blankenburg (Hrsg.), Empirische Rechtssoziologie, S. 40–55, S. 52.
110 Müller-Mall, Performative Rechtserzeugung, S. 251.

wäre ihre Inanspruchnahme Ausdruck eines grundlegenden Missverständnisses nicht nur dieser These, sondern der rechtlichen Praxis als solcher. Ein kritischer Abgleich mit den obigen Überlegungen zeigt jedoch, dass der Versuch, die Rationalität des richterlichen Urteils reinzuhalten, ebenso scheitern muss, wie der Versuch, die dem Recht eigene Ambivalenz mithilfe einer solchen kategorischen Unterscheidung einfach aufzulösen.

Eine entsprechende Formulierung der Unabhängigkeitsthese findet sich bei Bernhard Schlink.[111] Er hält es für völlig unerheblich, auf welchem Wege der Richter zu seiner Entscheidung gelangt. Es könne dahinstehen, ob dem Richter die Lösung eines Falles im Traum oder beim Gespräch mit Freunden gekommen sei und welche noch so abseitigen Motive bei seiner Entscheidungsfindung eine Rolle gespielt haben mögen.[112] Entscheidend sei allein, dass eine gefundene Auslegung sodann daraufhin überprüft werden müsse, ob sie in einer der gängigen Weisen falsifiziert werden könne.[113] Sei dies nicht der Fall, habe die Auslegung Bestand – unabhängig davon, wie der Entscheidungsträger zu ihr gelangt sei.[114] Bei der Überprüfung herrschen Schlink zufolge grundlegend andere Prinzipien als bei der Entdeckung einer Auslegung. Während bei dieser grundsätzlich alles zulässig sei, was den Einfallsreichtum des Entscheidungsträgers befördere, komme es bei jener allein darauf an, dass die anerkannten Mechanismen zur Überprüfung dem gefundenen Ergebnis nicht im Wege stünden.[115] Weil diese Prinzipien derart unterschiedlich seien, sei es unschädlich, dass sich die beiden Vorgänge nicht klar voneinander trennen ließen, sondern vielmehr über mehrere Zwischenschritte in einer zirkulären Bewegung zwischen Einfall und möglicher Falsifikation zum Ergebnis führten.[116] Entscheidend für die Zulässigkeit eines

111 Schlink, Interpretation as Hypotheses, in: Goodrich, Rosenfeld (Hrsg.), Administering Interpretation – Derrida, Agamben, and the Political Theology of Law, S. 11–21.

112 Schlink, Interpretation as Hypotheses, in: Goodrich, Rosenfeld (Hrsg.), Administering Interpretation – Derrida, Agamben, and the Political Theology of Law, S. 11–21, S. 15.

113 Schlink, Interpretation as Hypotheses, in: Goodrich, Rosenfeld (Hrsg.), Administering Interpretation – Derrida, Agamben, and the Political Theology of Law, S. 11–21, S. 15.

114 Schlink, Interpretation as Hypotheses, in: Goodrich, Rosenfeld (Hrsg.), Administering Interpretation – Derrida, Agamben, and the Political Theology of Law, S. 11–21, S. 15f.

115 Schlink, Interpretation as Hypotheses, in: Goodrich, Rosenfeld (Hrsg.), Administering Interpretation – Derrida, Agamben, and the Political Theology of Law, S. 11–21, S. 15.

116 Schlink, Interpretation as Hypotheses, in: Goodrich, Rosenfeld (Hrsg.), Administering Interpretation – Derrida, Agamben, and the Political Theology of Law, S. 11–21, S. 16.

Ergebnisses sei letztlich nicht der Kontext der Entstehung, sondern allein der Kontext der Rechtfertigung.[117]

Indem Schlink das Bestehen einer Wechselwirkung zwischen Entscheidung und Begründung anerkennt und dennoch auf der Eigenständigkeit und dem Vorrang letzterer besteht, verdeutlicht er, dass es ihm um eine prinzipielle Form von Unabhängigkeit geht, die von dem Bestehen einer faktischen Beeinflussung unberührt bleibt. Dies scheint zugleich die überzeugendste Lesart der Position Luhmanns zu sein. Denn auch für ihn besteht der spezifische Nutzen der juristischen Methode in der Abstraktion von den jeweiligen Motiven des Entscheidungsträgers und der Möglichkeit einer von seiner Entstehung unabhängigen Validierung des richterlichen Urteils. Und wie erwähnt ist auch er bereit, eine Rückwirkung der Begründungsmöglichkeiten auf die Entscheidungsfindung einzugestehen.[118] Demnach ist die Urteilsbegründung dank der Eigenständigkeit der sie leitenden Prinzipien dazu imstande, die tatsächlichen Beweggründe der jeweiligen Entscheidung in den Hintergrund treten zu lassen und davon losgelöst die Kontrollierbarkeit und Angemessenheit der Entscheidung sicherzustellen.[119]

Darin, ebendiese Form von Eigenständigkeit zu übersehen, liegt für Schlink das grundlegende Missverständnis der Rechtskritik. Sie nehme den in der Selbstdarstellung des Rechts erhobenen Anspruch beim Wort und gehe deshalb fälschlicherweise davon aus, dass die Gründe, welche der Richter in seiner Begründung anführt, diesen auch tatsächlich zu seiner Entscheidung bewegt haben müssen. Damit missverstehe sie jedoch das Wesen der rechtlichen Praxis, welches auf der Trennung dieser beiden Ebene beruhe. Und weil die vermeintliche Enthüllung, dass das richterliche Urteil nicht so zustande komme, wie es die formale Begründung nahelegt, nur auf der Grundlage dieses Irrtums Relevanz entfalte, handle es sich hierbei letztlich um einen bedeutungslosen Triumph.[120]

1. Die vermeintliche Reinheit des Rechtfertigungsdiskurses

Der Reiz dieser kategorischen Gegenüberstellung von Entdeckung und Rechtfertigung scheint offenkundig. Denn eine so verstandene Unabhängigkeit ist durch keine Einsicht in das tatsächliche Zustandekommen des

117 Schlink, Interpretation as Hypotheses, in: Goodrich, Rosenfeld (Hrsg.), Administering Interpretation – Derrida, Agamben, and the Political Theology of Law, S. 11–21, S. 15f.

118 Luhmann, Recht und Automation in der öffentlichen Verwaltung, S. 51, 55ff.

119 Luhmann Recht und Automation in der öffentlichen Verwaltung, S. 57.

120 Schlink, Interpretation as Hypotheses, in: Goodrich, Rosenfeld (Hrsg.), Administering Interpretation – Derrida, Agamben, and the Political Theology of Law, S. 11–21, S. 15.

richterlichen Urteils und somit weder durch theoretische Überlegungen noch durch empirische Untersuchungen oder entsprechende Alltagserfahrungen zu erschüttern. Diese Auffassung lässt sich daher vor allem als Versuch verstehen, die Rationalität und mithin die Legitimität des richterlichen Urteils gegenüber den sich aufdrängenden Einsichten in die Untiefen der richterlichen Entscheidungsfindung reinzuhalten.

In Anbetracht der obigen Ausführungen muss dieser Versuch jedoch scheitern. Denn zum einen ist der Zusammenhang zwischen Entscheidung und Rechtfertigung derart eng, dass »sich beide Bereiche nicht ohne Gewaltsamkeiten in dieser Weise voneinander isolieren« lassen.[121] Und zum anderen verfügt auch der Rechtfertigungsdiskurs, selbst wenn man ihm diese Eigenständigkeit zugestehen wollte, nicht über die erhoffte Reinheit. Denn das oben entwickelte konventionalistische Sprach- und Rechtsverständnis macht auch vor ihm nicht halt. Auch dieser Diskurs ist deshalb nichts weiter als der Schauplatz eines ständigen Widerstreits, in dem das, was als richtig betrachtet wird, auf partikulare Positionen zurückgeht, welche sich aufgrund kontingenter Konstellation zeitweise durchgesetzt haben. Als unsachgemäß betrachtete Beweggründe spielen insofern im Rahmen der Rechtfertigung eine ebenso große Rolle wie bei der Entscheidungsfindung. Die Auffassung, dass die tatsächliche Entstehung der richterlichen Entscheidung dahinstehen könne, weil deren Ergebnisse im Anschluss die von solchen Unwägbarkeiten unberührte Sphäre der Rechtfertigung durchlaufen müssten, unterschätzt somit die Reichweite der rechtskritischen Einsichten. Diese beschränken sich gerade nicht auf den Vorgang der Entscheidungsfindung, sondern nehmen auch die vermeintliche Neutralität der zu ihrer Rechtfertigung herangezogenen Begründungen in den Blick und weisen auf deren prekären Status hin. Auch eine kategoriale Unabhängigkeit der Begründung kann somit nicht die Neutralität des Rechts gegenüber vermeintlich externen Einflüssen garantieren.

2. Der wahre Kern der Unabhängigkeitsthese

Doch auch wenn der Versuch, die Rationalität des richterlichen Urteils zu bewahren, scheitern muss, eröffnet die Darstellung Schlinks gleichwohl den Blick auf den wahren und potenziell aufklärerischen Kern der Unabhängigkeitsthese.[122] Dieser löst jedoch das Dilemma, welches aus dem Auseinanderfallen von Anspruch und Wirklichkeit der Rechtsanwendung erwächst, nicht auf, sondern bestätigt vielmehr die ihm zugrundeliegenden Annahmen und spitzt es so nochmals zu.

121 Neumann, Juristische Argumentationslehre, S. 5.
122 Müller-Mall, Verfassende Urteile, S. 82f.

Schlinks Gegenüberstellung von Entdeckung und Rechtfertigung des richterlichen Urteils umfasst nämlich die treffende Beobachtung, dass zwischen diesen beiden Vorgängen bei aller gegenseitigen Beeinflussung eine unüberbrückbare Differenz besteht. Diese Feststellung unterläuft nicht etwa die obigen Ausführungen zur unauflösbaren Verbundenheit dieser beiden Tätigkeiten, sondern wird im Gegenteil durch diese gestützt. Denn aus ihnen geht hervor, dass es sich beim Treffen eines juristischen Urteils um einen überaus komplexen, begrifflich nicht bestimmten und auch nicht zu durchdringenden Vorgang handelt, in dem zahlreiche Faktoren in nicht vollends nachvollziehbarer Weise zusammenwirken. Trifft diese Beschreibung zu, lässt sich dieser Prozess weder vollständig aufklären noch umfassend und wahrheitsgetreu verbalisieren. Vielmehr handelt es sich beim Treffen und Rechtfertigen des juristischen Urteils um derart verschiedenartige Tätigkeiten, dass eine vollständige inhaltliche Übereinstimmung zwischen ihnen prinzipiell ausgeschlossen scheint. Wie gezeigt kann das richterliche Urteil nicht auf formale Aspekte reduziert und das ungeordnete Verfahren der Urteilsfindung nicht ohne erhebliche Verluste in eine wohlgeordnete Begründung übersetzt werden.[123]

Demnach herrscht zwischen Herstellung und Darstellung des richterlichen Urteils zwar eine komplexe Wechselwirkung, doch hebt diese Wechselwirkung die Differenz zwischen diesen beiden Tätigkeiten nicht auf. Vielmehr ist diese Differenz gerade die Folge der spezifischen Art und Weise, in der formale Aspekte die Entstehung des richterlichen Urteils beeinflussen. Anders als es Schlink annimmt, folgt aus dem Bestehen einer unauflösbaren Differenz also nicht die Unabhängigkeit dieser beiden Vorgänge, sondern die Differenz folgt im Gegenteil aus der spezifischen Form der Abhängigkeit, die zwischen ihnen besteht. Und diese Differenz macht es wiederum unmöglich, den Entstehungsprozess umfassend in der Begründung des Urteils offenzulegen. Darin, auf ebendiese wesensmäßige Verschiedenheit und die hieraus resultierende Divergenz zwischen Herstellung und Darstellung des richterlichen Urteils hinzuweisen, liegt gleichwohl der wahrheitsgemäße Kern der Unabhängigkeitsthese.

3. Die »verlustreiche Verkürzung« des Subsumtionsmodells

Somit bestätigt diese Lesart der Unabhängigkeitsthese die Beobachtung, dass die Norminterpretation selbst immer nur einen begrenzten Teil des richterlichen Entscheidungsprozess ausmachen kann, im Vergleich hierzu aber sowohl in der Selbstdarstellung des Rechts als auch in der

123 Müller-Mall, Verfassende Urteile, S. 145, 155.

rechtswissenschaftlichen und -theoretischen Diskussion unangemessen viel Raum einnimmt.[124] Denn vor dem Hintergrund der obigen Beschreibung des richterlichen Urteilens als ungeordnetem multipolaren Verfahren wird erneut deutlich, dass das Subsumtionsmodell immer nur einen Ausschnitt dessen abbilden kann, »was es heißt, juridisch zu urteilen«.[125] Die Engführung auf einen für sich genommen stets unproblematischen Subsumtionsschluss blendet somit weite Teile und vor allem die inhärente Komplexität des juristischen Urteils aus.[126] Und die Gleichsetzung von Subsumtion und Urteil stellt eine »verlustreiche Verkürzung« dar.[127] In dieser Formulierung Müller-Malls hallt die bereits zurückgewiesene Forderung nach einem aufrichtigen Recht nach, in dem die Entscheidungsträger Transparenz hinsichtlich der sie bewegenden Motive herstellen. Doch anstatt diese Forderung zu untermauern, liefert Müller-Malls eigene Beschreibung des richterlichen Urteils ein weiteres Argument dafür, dass das Recht ihr nicht gerecht werden kann. Denn wie gezeigt lässt sich der begrifflich nicht auflösbare Vorgang des Urteilens nicht vollständig in eine begrifflich gefasste Begründung übersetzen. Wurde die Unauflösbarkeit der dem Recht inhärenten Diskrepanz oben noch ausschließlich anhand funktionaler Gesichtspunkte begründet, sind diese Überlegungen also dahingehend zu ergänzen, dass diese Diskrepanz auch schon zwingend aus der Wesensverschiedenheit des Treffens einer Entscheidung und ihrer Rechtfertigung folgt.

Anstatt also das Dilemma zwischen dem äußeren Anschein und der inneren Funktionsweise des Rechts aufzulösen, bestätigt die Unabhängigkeitsthese nach dieser Lesart die diesem Dilemma zugrundeliegenden Annahmen und liefert ein weiteres Argument für das Scheitern des formalistischen Anspruchs und das notwendige Auseinanderfallen von Herstellung und Darstellung des richterlichen Urteils.

4. Das vermeintliche Missverständnis der Rechtskritik

Zugleich spitzt sie die Frage nach einer angemessenen Beschreibung der dem Recht inhärenten Diskrepanz nochmals zu. Denn die Vorstellung einer unüberbrückbaren Differenz zwischen Entscheidung und Rechtfertigung steht in größtmöglicher Spannung zu dem Umstand, dass das Recht selbst von einer inhaltlichen Entsprechung zwischen diesen beiden Dimensionen des richterlichen Urteilens ausgeht und in seinem Funktionieren auf diese Annahme angewiesen ist.

124 S.o., Kapitel I, Abschnitt IV, 3.
125 Müller-Mall, Verfassende Urteile, S. 192.
126 Müller-Mall, Verfassende Urteile, S. 116.
127 Müller-Mall, Verfassende Urteile, S. 215.

Ebendiesen Aspekt übergeht Schlink, wenn er die Entstehung des richterlichen Urteils für gänzlich irrelevant erklärt. Denn anders als in den Naturwissenschaften, aus denen er die Unterscheidung zwischen dem »context of discovery« und »context of justification« übernimmt, ist es im Recht eben nicht völlig belanglos, wie der Richter zu seiner Entscheidung gelangt.[128] Ihm gegenüber besteht vielmehr die Erwartung, dass er durch die in seiner Begründung angeführten Gründe auch tatsächlich zum jeweiligen Ergebnis bewegt worden ist.[129] Und auf dieser Annahme der »Wahrhaftigkeit des Argumentierenden«[130] beruht wiederum die oben beschriebene legitimierende Wirkung des Formalismus. Denn die Neutralität des richterlichen Urteils und die Annahme, dass in ihm das demokratisch legitimierte und für alle in gleicher Weise geltende Gesetz zur Anwendung kommt, impliziert die Vorstellung, dass der Richter sich beim Treffen dieses Urteils vom Inhalt dieser Gesetze leiten lässt. Eine aus völlig sachfremden Erwägungen getroffene Entscheidung, die erst im Nachhinein auf eine hiervon abstrakte Korrektheit kontrolliert wird, erfüllt diese Erwartung nicht und kann das richterliche Urteil somit nicht in gleicher Weise legitimieren. Wie gezeigt hängt daran jedoch die dem Recht eigene Fähigkeit zur dauerhaften Befriedung potenziell unauflösbarer gesellschaftlicher Konflikte. Die Erwartung einer inhaltlichen Übereinstimmung zwischen vorgeblichen und tatsächlichen Entscheidungsgründen ist somit kein bloßes Missverständnis vonseiten der Rechtskritik, sondern eine grundlegende Voraussetzung für das Bestehen und Funktionieren des Rechts. Insofern ist es nicht verwunderlich und auch kein Zufall, dass die Regeln für die Rechtfertigung einer gefundenen Interpretation als die Regeln für deren Entdeckung ausgegeben und verstanden werden.[131] Indem er diese Verknüpfung von Herstellung und Darstellung des richterlichen Urteils als Irrtum abtut, verkennt Schlink somit die Art und Weise, in welcher der formalistische Anspruch das richterliche Urteil legitimiert und das Recht somit in die Lage versetzt, seinen gesellschaftlichen Wert zu entfalten.

128 Neumann, Juristische Argumentationslehre, S. 5; vgl. auch Müller-Mall, Verfassende Urteile, S. 81f.

129 Neumann, Juristische Argumentationslehre, S. 5.

130 Neuman, Juristische Argumentationslehre, S. 5; vgl. auch § 108 I VwGO: Das Gericht entscheidet nach seiner freien, aus dem Gesamtergebnis des Verfahrens gewonnenen Überzeugung. In dem Urteil sind die Gründe anzugeben, die für die richterliche Überzeugung leitend gewesen sind.

131 Schlink, Interpretation as Hypotheses, in: Goodrich, Rosenfeld (Hrsg.), Administering Interpretation – Derrida, Agamben, and the Political Theology of Law, S. 11–21, S. 15.

VI. Zwischenergebnis

Anders als es die Unabhängigkeitsthese behauptet, stehen die Entstehung des richterlichen Urteils und seine Darstellung nach außen nicht bezugslos nebeneinander. Vielmehr besteht zwischen den beiden Ebenen des richterlichen Urteilens eine vielschichtige Wechselwirkung. Diese lässt sich in einem hybriden Modell des richterlichen Urteilens abbilden, in dem formale Aspekte die Entscheidungsfindung beeinflussen, ohne sie jedoch bestimmen zu können. Hieraus wird erneut deutlich, dass Herstellung und Darstellung des richterlichen Urteils einander nicht entsprechen und der formalistische Anspruch des Rechts somit unerfüllt bleiben muss. Statt das aufgeworfene Dilemma einfach aufzulösen, liefert die Unabhängigkeitsthese somit bloß ein weiteres Argument für dessen Unauflösbarkeit. Damit stellt sich nach wie vor in aller Dringlichkeit die Frage, wie sich eine soziale Praxis beschreiben lässt, die auf die Behauptung einer Funktionsweise angewiesen ist, die sie nicht zu verwirklichen imstande ist.

Kapitel IV: Differenz jenseits des Widerspruchs, Dualität jenseits der Fiktion

Zur begrifflichen Einordnung der verbleibenden Diskrepanz zwischen Anspruch und Wirklichkeit des richterlichen Urteils

> Erinnere dich, daß wir manchmal Erklärungen fordern nicht ihres Inhalts wegen, sondern der Form der Erklärung wegen.
>
> Unsere Forderung ist eine architektonische; die Erklärung eine Art Scheingesims, das nichts trägt.[1]

Somit bleibt es dabei, dass Anspruch und Wirklichkeit der Rechtsanwendung auseinanderfallen und das Recht eine Funktionsweise vorgibt, der es nicht gerecht zu werden vermag. Zugleich ist deutlich geworden, welcher immense Nutzen aus dieser Dualität erwächst und dass auf sie nicht verzichtet werden kann, ohne das Bestehen und damit auch den zivilisatorischen Nutzen des Rechts zu gefährden. In Anbetracht dessen möchte ich nunmehr der Frage nachgehen, wie sich diese Praxis des ständigen Erhebens eines Anspruchs, der sich doch nicht erfüllen lässt, in überzeugender Weise beschreiben lässt.

Offensichtlich unzureichend ist es, die Berufung auf den Formalismus schlicht als Lüge zu bezeichnen. Weder berücksichtigt dies die für den Einzelnen zwingende Wirkung, die aus dem Erfordernis der formalistischen Begründung erwächst, noch wäre solche eine gezielte Unaufrichtigkeit dazu imstande, das Recht mit der ihm eigenen Stabilität auszustatten.

Bedenkenswert scheint hingegen, den formalistischen Anspruch als Fiktion zu begreifen. Dieser Ansatz lässt sich bis zum Werk Hans Vaihingers zurückverfolgen. Für ihn zeichnen sich Fiktionen dadurch aus, dass sie von der Realität zwar in offensichtlicher Weise abweichen, aber gleichwohl einen immensen praktischen Nutzen entfalten. Vaihingers Begriff der Fiktion löst somit den Widerspruch zwischen Kontrafaktizität und praktischer Wirkmacht auf und scheint insofern als Modell für den formalistischen Anspruch des Rechts in Frage zu kommen. Allerdings geht Vaihinger davon aus, dass der fiktionale Charakter der jeweiligen Annahme allgemein bekannt sei und den Beteiligten stets vor

1 Wittgenstein, Philosophische Untersuchungen, § 217.

Augen stehe. Diese Vorstellung passt jedoch nicht zum Recht. Denn dessen Bild ist von der uneingeschränkten Inanspruchnahme der formalistischen Funktionsweise geprägt und auch die Rechtsanwender berufen sich nicht im steten Wissen um dessen Unmöglichkeit auf den Formalismus.

Eine Darstellung, die zwar in einer ähnlichen Annahme ihren Ausgang nimmt, aber gleichwohl eine vielschichtigere Realität abzubilden vermag, findet sich in den Arbeiten Robert Pfallers. Ihm folgend lässt sich der formalistische Anspruch als »Illusion der anderen« auffassen. Der naive Glaube an den Formalismus wird demnach auf einen unbestimmten Dritten übertragen, zu dessen Gunsten ein entsprechender Schein aufrechterhalten wird. Durch diese Projektion kann auch eine unhaltbar gewordene Annahme zur Grundlage einer kollektiven Praxis werden. Damit scheint schließlich eine Beschreibung des formalistischen Anspruchs gefunden, welche sowohl seine Kontrafaktizität als auch die aus ihm erwachsenden praktischen Zwänge abzubilden vermag. Überdies gelingt es ihr, die Vielfalt an Einstellungen gegenüber dieser Ambivalenz einzufangen. Zusammengefasst werden soll diese Beschreibung im Begriff der formalistischen Prätention, in dem in pointierter Weise zum Ausdruck kommt, dass das Recht auf die Vorgabe einer Funktionsweise angewiesen ist, der zu entsprechen es nicht in der Lage ist.

I. Der Formalismus als (noble) Lüge

Eine erste, vergleichsweise schlichte Möglichkeit, die Diskrepanz zwischen innerer Funktionsweise und äußerer Erscheinung zu verarbeiten, besteht darin, das Erheben des formalistischen Anspruchs als Lüge zu begreifen. Die Rechtsanwender wissen demnach um dessen Unerfüllbarkeit, erheben ihn aus strategischen Erwägungen heraus aber dennoch.[2]

Je nach zugrundeliegender politischer Stoßrichtung begleitet dieses Verständnis eine apologetische oder eine vehement kritische Haltung. Aus einer ordnungsaffinen Perspektive ist das Aufrechterhalten des formalen Scheins wider besseren Wissens eine politische Notwendigkeit, welche zur noblen Lüge verklärt wird.[3] Demnach hält eine eingeweihte Elite gegenüber einer zu dieser höheren Einsicht nicht fähigen Masse von Rechtsunterworfenen den Anschein der Neutralität aufrecht, um so die oben beschriebene friedenssichernde Wirkung des Rechts und die Stabilität der politischen Ordnung zu wahren. Solch eine Lüge stellt ein

2 Siedenburg, Die kommunikative Kraft der richterlichen Begründung, S. 19f.
3 Platon, Der Staat, S. 109, 150ff.

notwendiges Übel dar, um das noch größere Übel der Ordnungslosigkeit zu verhindern.[4]

Aus einer herrschaftskritischen Perspektive stellt eine solche Unaufrichtigkeit hingegen eine inakzeptable Irreführung dar. Dieselbe Elite, die nach der ebengenannten Lesart die bestehende Ordnung vor dem Untergang bewahrt, setzt hier lediglich ihre eigenen Interessen durch. Der Anschein der Neutralität befreit die Entscheidungsträger dabei von der demokratischen Kontrolle, immunisiert sie weitgehend gegen Kritik und ermöglicht ihnen so die umso effizientere Durchsetzung ihrer persönlichen politischen und moralischen Vorstellungen. Diese Irreführung gilt es durch die Hinwendung zu einer »methodenehrlichen« und »transparenten« Argumentation zu beseitigen,[5] so dass die sich hinter dem Anschein der Neutralität verbergenden Auffassungen offengelegt und zur Diskussion gestellt werden können.[6]

Wie sich nicht zuletzt an dieser nun schon mehrfach zurückgewiesenen Forderung zeigt, werden beide Sichtweisen der Komplexität ihres Gegenstandes ersichtlich nicht gerecht und gehen insoweit bereits auf der sie verbindenden deskriptiven Ebene fehl. Denn zum einen deckt sich die Vorstellung einer bewusst vorgetragenen Unwahrheit nicht mit der obigen Analyse. Aus dieser ist deutlich geworden, dass die herrschenden formalistischen Gepflogenheiten das richterliche Urteil durchaus prägen und dabei für den individuellen Entscheidungsträger eine mitunter zwingende Wirkung entfalten können. Folglich fungieren sie gerade nicht als bloß nachgeschobene Rechtfertigung einer aus völlig anderen Gründen getroffenen Entscheidung und können deshalb auch nicht als bewusste Irreführung bezeichnet werden. Und zum anderen wäre eine solche Massenkonspiration offenkundig ein instabiles Konstrukt, dessen Reproduktion über einen längeren Zeitraum hinweg höchst unwahrscheinlich erscheint. Denn eine solche Konspiration müsste in sich zusammenfallen, sobald sich nicht mehr genug Kollaborateure fänden oder jemand dem vermeintlichen Schwindel auf die Schliche käme.[7] Demgegenüber zeichnet das Recht gerade eine zuverlässige Reproduktion über Generationen hinweg sowie eine besondere Resilienz auch gegenüber einer potenziell entlarvenden Kritik aus. Obwohl diese die Unerfüllbarkeit des formalistischen Anspruchs in überzeugender Weise nachvollzieht, kann sie dem weitgehend störungsfreien Funktionieren des Rechts unter Inanspruchnahme ebendieses Anspruchs doch nur wenig anhaben. Das Verständnis

4 Schmitt, Der Nomos der Erde, S. 29.

5 von Schlieffen, Sachlichkeit, Rhetorische Kunst der Juristen, S. 19f. unter Verweis auf Esser, Juristisches Argumentieren im Wandel des Rechtsfindungskonzeptes unseres Jahrhunderts.

6 Kennedy, Critique of Adjudication, S. 215ff.

7 Kennedy, Critique of Adjudication, S. 191f.

des formalistischen Anspruchs als eine bewusst vorgetragene Lüge ist demnach zu krude, um einer wesentlich komplexeren Realität gerecht zu werden. Damit soll nicht gesagt sein, dass es keine zynischen Richter gäbe, für die formale Gesichtspunkte mitunter nicht viel mehr als ein – ohne große Schwierigkeiten – zu überwindendes Hindernis bei der Durchsetzung ihrer persönlichen Präferenzen darstellen.[8] Dies rechtfertigt es jedoch nicht, diese Haltung zum allgemeinen Modell für die Rolle des formalistischen Anspruchs zu erheben. Gleichwohl dient dieser Umstand als Hinweis auf die Schwierigkeit, die daraus erwächst, dass verschiedene Akteure ganz unterschiedliche Haltungen gegenüber dem Wesen ihrer eigenen Tätigkeit einnehmen können. Hierauf wird in der Folge zurückzukommen sein.

II. Der Formalismus als Fiktion

Eine Beschreibung, welche ebenfalls die Kontrafaktizität des formalistischen Anspruchs in den Vordergrund stellt, die offensichtlichen Schwächen der Vorstellung einer bewussten Lüge dabei aber zu vermeiden versucht, fasst diesen als Fiktion auf.

Diesen Begriff gebraucht bereits Hermann Isay, um die Diskrepanz zwischen dem von ihm behaupteten tatsächlichen Wesen der Urteilsfindung und dem in der Urteilsbegründung erzeugten gegenläufigen Anschein zu beschreiben. Wie oben ausgeführt geht Isay davon aus, dass die Entstehung des richterlichen Urteils ein irrationaler Vorgang sei, in dem sich die praktische Vernunft sowie das Rechtsgefühl des Urteilenden in von außen nicht nachvollziehbarer Weise ihre Bahn schlügen.[9] Dass die Begründung des Urteils dennoch vorgibt, es sei durch eine bloße Ableitung aus der angewandten Rechtsnorm entstanden, sei daher eine Fiktion. Der Richter offenbare dabei nicht die tatsächlichen Beweggründe für seine Entscheidung, »sondern schreibt, als ob sie einfach aus der Norm abgeleitet sei.«[10] Mit dieser Formulierung knüpft Isay an die Arbeiten Hans Vaihingers an. Auf diesen verweist er an anderer Stelle explizit, wobei er die bedeutende Rolle von dessen Philosophie des Als Ob für die Rechtswissenschaft hervorhebt und bedauert, dass diese noch nicht hinreichend aufgearbeitet sei.[11] Wenn Isay den in der Urteilsbegründung erhobenen Anspruch als Fiktion bezeichnet, steht ihm also

8 Vgl. Liptak, An Exit Interview With Richard Posner, Judicial Provocateur, New York Times (11. September 2017), abrufbar unter https://www.nytimes.com/2017/09/11/us/politics/judge-richard-posner-retirement.html.

9 Isay, Rechtsnorm und Entscheidung, S. 60ff., 339.

10 Isay, Rechtsnorm und Entscheidung, S. 177.

11 Isay, Rechtsnorm und Entscheidung, S. 355ff.

der Fiktionsbegriff Vaihingers vor Augen. Dies wirft die Frage auf, inwieweit dieser dazu geeignet ist, als Ausgangs- oder zumindest Anhaltspunkt für eine überzeugende Beschreibung der Rolle des formalistischen Anspruchs zu dienen.

1. Die Fiktion in Vaihingers Philosophie des Als Ob

Eine Antwort auf diese Frage setzt zunächst eine knappe Zusammenfassung der Position Vaihingers voraus. Dieser legt seiner Untersuchung ein dreiteiliges Modell vom Verhältnis des Menschen zu seiner Umwelt zugrunde: Die Außenwelt wirkt in Form von Reizen auf den Menschen ein, dieser verarbeitet die äußerlichen Reize innerlich und vollzieht zuletzt eine wiederum nach außen gerichtete Reaktion.[12] Die innere Verarbeitung zielt dabei nicht auf eine akkurate Abbildung der Realität ab; eine solche hält Vaihinger für gemeinhin ausgeschlossen. Vielmehr soll sie die Menschen dazu befähigen, sich in ihrer Umwelt zurechtzufinden und erfolgreich in dieser zu bewegen.[13] »Das ganze theoretische tun der Menschen« sei demnach nichts weiter als ein »Durchgangspunkt [...], dessen endliches Ziel die Praxis ist, sei es nun das ordinäre Handeln oder ideal gefasst die ethische Handlungsweise«.[14]

Als gedankliche Konstrukte bilden die Fiktionen dabei einen Teil der inneren Verarbeitung. Bei ihnen handle es sich, so Vaihinger in Anschluss an Hermann Lotze, um Annahmen, die in dem »vollständigen Bewusstsein« gemacht würden, dass sie der Realität nicht entsprechen könnten, weil sie entweder »innerlich widersprechend sind, oder aus äusseren Gründen nicht als Bestandteile der Wirklichkeit gelten können«.[15] Weil die Berechtigung der Fiktionen als Teil der inneren Verarbeitung jedoch ausschließlich aus ihrer Zweckmäßigkeit erwachse, sei diese vermeintliche Unzulänglichkeit unschädlich.[16] Für die Berechtigung einer Fiktion sei allein entscheidend, ob sie »dem diskursiven Denken Dienste leistet, und sich als nützliches Hilfsmittel desselben erweist«.[17] Ist eine Fiktion in dieser Weise gewinnbringend, ist sie gerechtfertigt und kann als »praktisch wahr« bezeichnet werden, auch wenn sie vom theoretischen Standpunkt aus direkt als falsch zu erkennen ist.[18] Eine nützliche Fiktion ist

12 Vaihinger, Die Philosophie des Als Ob, S. II.
13 Vaihinger, Die Philosophie des Als Ob, S. 22.
14 Vaihinger, Die Philosophie des Als Ob, S. 176.
15 Vaihinger, Die Philosophie des Als Ob, S. 153 unter Verweis auf Lotze, Logik, S. 400.
16 Vaihinger, Die Philosophie des Als Ob, S. 174.
17 Vaihinger, Die Philosophie des Als Ob, S. 150.
18 Vaihinger, Die Philosophie des Als Ob, S. XV.

demnach eine falsche Vorstellung, mit der gleichwohl »Richtiges« erreicht werden könne.[19] Fiktionen seien Umwege, welche das Denken nimmt, um doch zu einem richtigen Ergebnis zu gelangen.[20] Mit dem Voranschreiten des Wissenstandes würden diese Umwege zunehmend hinfällig und die provisorische Methode der Fiktionen sukzessive durch die »definitive« Methoden konkreten Wissens ersetzt.[21] Der fiktive Charakter, die »Fiktizität« der jeweiligen Annahme liege also in der Regel nicht im Verborgenen, sondern offen auf der Hand. Zwar sei es insbesondere zu Beginn ihrer Wirkgeschichte durchaus üblich, dass eine Fiktion für eine wahrheitsfähige Hypothese gehalten werde, beziehungsweise dass »ein Schwanken zwischen Fiktion und Hypothese stattfindet.« Doch bilde sich mit dem Voranschreiten der Wissenschaft »allmählich das Bewusstsein ihrer fiktiven Bedeutung« heraus, so dass sie schließlich eine »bewusstfalsche Vorstellung« werde, an der aufgrund ihres beachtlichen praktischen Nutzens gleichwohl festgehalten werde.[22]

Während die meisten der von Vaihinger aufgeführten Fiktionen epistemischer Natur und somit dabei behilflich sind, bestehende Erkenntnislücken zu überbrücken, beschreibt er daneben auch »praktische Fiktionen«.[23] Deren Besonderheit liege in ihrem »ungeheuren praktischen Wert«, der davon unbeschadet bleibe, dass »ihnen doch keine objektive Wirklichkeit entspricht«.[24] So stelle beispielsweise das aus theoretischer Sicht unhaltbare Konzept der Willensfreiheit einen zentralen Bezugspunkt für die Zuordnung persönlicher Verantwortung und somit eine zwingende Voraussetzung für das Funktionieren des Rechtssystems dar.[25] »Höhere Kultur und Sittlichkeit« sei nur auf Grundlage dieser Fiktion möglich, auch wenn sie streng genommen eine »logische Monstrosität« darstelle.[26]

Ein weiteres der zahlreichen von Vaihinger angeführten Beispiele ist der Begriff des Atoms.[27] Es sei, so Vaihinger, offenkundig, dass die Vorstellung unendlich kleiner Bestandteile der Materie widerspruchsvoll sei und die Wirklichkeit folglich nicht akkurat beschreiben könne. Jedoch lasse sich hiervon nicht auf die Unbrauchbarkeit oder gar Entbehrlichkeit des Begriffs schließen. Vielmehr sei er trotz seiner offenkundigen Widersprüchlichkeit »notwendig [...] zur Berechnung der Wirklichkeit«.[28]

19 Vaihinger, Die Philosophie des Als Ob, S. XII.
20 Vaihinger, Die Philosophie des Als Ob, S. 175.
21 Vaihinger, Die Philosophie des Als Ob, S. 172f.
22 Vaihinger, Die Philosophie des Als Ob, S. XII, 173f.
23 Vaihinger, Die Philosophie des Als Ob, S. 59ff.
24 Vaihinger, Die Philosophie des Als Ob, S. 68.
25 Vaihinger, Die Philosophie des Als Ob, S. 59f.
26 Vaihinger, Die Philosophie des Als Ob, S. 60.
27 Vaihinger, Die Philosophie des Als Ob, S. 101ff.
28 Vaihinger, Die Philosophie des Als Ob, S. 102.

Das Atom sei »eine der wichtigsten Fiktionen oder eigentlich die Haupt- und Grundfiktion der mathematischen Physik, ohne welche eine feinere und höhere Ausbildung dieser Wissenschaft ganz unmöglich ist«.[29] Auch wenn er fehlerhaft sei, sei der Begriff des Atoms also dazu imstande, die zentrale Kategorie der wissenschaftlichen Disziplin zu bilden und auf diese Weise von erheblichem praktischem Nutzen zu sein.

Vaihinger meint mithilfe dieser Differenzierung den Widerstreit zwischen den beiden gängigen, aber gleichermaßen defizitären Sichtweisen auf das Wesen des Atoms auflösen zu können. Das orthodoxe Verständnis nehme die dem Begriff des Atoms zugrundeliegende Widersprüchlichkeit gar nicht erst zur Kenntnis und halte ihn unbedarft für eine akkurate Beschreibung der Wirklichkeit. Die kritische Position reagiere hingegen über, wenn sie von der Widersprüchlichkeit des Begriffs auf dessen Nutzlosigkeit schließe und deshalb seine Überwindung fordere. Die Kritik übersehe dabei den Nutzen, der einem Begriff zukommen könne, auch wenn er seiner augenscheinlichen Funktion der möglichst akkuraten Repräsentation der Wirklichkeit nicht gerecht werde.[30] Begreife man den Begriff des Atoms hingegen als Fiktion, ließe sich das Wissen um die Unzulänglichkeit dieses Konzepts mit der Einsicht in den von dieser Unzulänglichkeit unberührten praktischen Nutzen vereinen. Allein solch eine vermittelnde Betrachtungsweise nehme also die Erkenntnisse der Kritik auf, ohne sich zugleich deren destruktive Implikationen zu eigen zu machen und führe so zu einem angemessenen Begriffsverständnis.[31]

2. Übertragung des Fiktionsbegriffs auf den formalistischen Anspruch des Rechts

Insbesondere in Form dieser bestenfalls rudimentären Zusammenfassung wirft die Argumentation Vaihingers zahlreiche Fragen auf. Und auch in einer vertieften Auseinandersetzung wird sie sich in vielerlei Hinsicht wohl kaum verteidigen lassen.[32] Dennoch scheint es lohnend, der Anregung Isays nachzugehen und die Anwendung des Fiktionsbegriffs Vaihingers auf den formalistischen Anspruch des Rechts zu erwägen. Denn die Beschreibung einer unzutreffenden, aber in praktischer Hinsicht gleichwohl nützlichen Annahme scheint auf den ersten Blick hervorragend zu den Ergebnissen der bisherigen Untersuchung zu passen.

29 Vaihinger, Die Philosophie des Als Ob, S. 104f.
30 Vaihinger, Die Philosophie des Als Ob, S. 103f.
31 Vaihinger, Die Philosophie des Als Ob, S. 104.
32 Siehe hierzu überblicksweise Gabriel, Fiktion und Fiktionalismus. Zur Problemgeschichte des ›Als Ob‹, in: Neuber (Hrsg.), Fiktion und Fiktionalismus, Beiträge zu Hains Vaihingers ›Philosophie des Als Ob‹, S. 65–87.

Wie gezeigt lässt sich auch der formalistische Anspruch des Rechts widerlegen. Und dennoch wird er immer wieder aufs Neue ins Feld geführt und erbringt dabei trotz seiner Unerfüllbarkeit eine enorme zivilisatorische Leistung. Insofern stimmt auch der Anspruch der vorliegenden Untersuchung exakt mit Vaihingers erklärtem Ziel überein, die unbefriedigende Gegenüberstellung zwischen einem überkommenen, aber unterkomplexen Verständnis auf der einen und einer Kritik, die zwar auf zutreffenden Beobachtungen beruht, aber den praktischen Nutzen der von ihr widerlegten Annahmen übersieht, auf der anderen Seite zu überwinden. Genau wie es Vaihinger für den Begriff des Atoms behauptet, wurde oben mit Blick auf das Recht konstatiert, dass weder die gängige Betrachtungsweise, welche die am formalistischen Anspruch des Rechts ausgerichtete Selbstdarstellung des Rechts unhinterfragt übernimmt, noch eine Rechtskritik, die aufgrund der Unerfüllbarkeit dieses Anspruchs dessen Überwindung fordert, zu überzeugen vermögen. Stattdessen bedarf es einer Beschreibung, welche die Einsicht in die Unerfüllbarkeit des formalistischen Anspruchs mit dem Wissen um dessen immensen praktischen Nutzen verbindet.

Der Fiktionsbegriff Vaihingers scheint solch eine Beschreibung in Aussicht zu stellen. Insofern überrascht es nicht, dass er an verschiedenen Stellen der rechtstheoretischen Diskussion immer wieder auftaucht.[33] Überträgt man ihn auf das Recht, wird das Erheben des formalistischen Anspruchs zu einer Praxis des Als Ob. Die an der Praxis beteiligten Akteure wissen demnach um die Unerfüllbarkeit dieses Anspruchs, halten aber dennoch an ihm fest, um nicht auf die durch ihn vermittelte Neutralität verzichten zu müssen. Im Gegensatz zur oben diskutierten Lüge wird dadurch niemand in die Irre geführt, da die Unerfüllbarkeit des formalistischen Anspruchs allen Beteiligten vor Augen steht. Der formalistische Anspruch des Rechts wäre demnach eine der praktischen Fiktionen im Sinne Vaihingers, die sich theoretisch zwar bald als unhaltbar erweist, die aber dennoch von ganz erheblichem praktischem Wert ist.

a. Kein bloßer Gegenbegriff zur Realität

Dieser Übertragung ließe sich zunächst entgegenhalten, dass der Fiktionsbegriff auf dem Gegensatz zu einer als eigentlich begriffenen Realität beruht und somit in deutlichem Widerspruch zu den Ergebnissen der bisherigen Untersuchung steht. Denn aus dem oben entwickelten

33 So zum Beispiel bei Kelsen, Allgemeine Theorie der Normen, S. 206; ders., Reine Rechtslehre, 2. Auflage, S. 353; Schmitt, Gesetz und Urteil, S. 42; von Schlieffen, Sachlichkeit, Rhetorische Kunst der Juristen, S. 16; Möllers, Die Möglichkeit der Normen, S. 242f.; Müller-Mall, Verfassende Urteile, S. 116.

konventionalistischem Verständnis geht hervor, dass die in einem bestimmten Feld herrschenden Annahmen ihre eigene unmittelbare Realität erzeugen. Sie definieren sowohl die grundlegende Funktionsweise des gesamten Feldes als auch die spezifische Rolle des Einzelnen und sind somit unauflösbar mit dessen professioneller Identität und Tätigkeit verbunden.[34] Deshalb erwachsen aus diesen Annahmen auch die schon der Bezeichnung als Lüge entgegengehaltenen Sachzwänge, die den Einzelnen bei der Ausübung seiner beruflichen Tätigkeit einhegen. Dem widerspricht es, den formalistischen Anspruch des Rechts als fiktive Vorstellung abzutun. Fish lehnt deshalb auch sämtliche Beschreibungen, welche die Irrealität des formalistischen Anspruchs implizieren, mit der größten Vehemenz ab. Diese setzten voraus, dass es einen neutralen Standpunkt frei von Vorannahmen gäbe, von dem aus sich der Wahrheitsgehalt der jeweiligen Annahmen beurteilen ließe.[35] Einen solchen Standpunkt hält er jedoch für ausgeschlossen. Vielmehr kreierten diese Annahmen erst den Rahmen, innerhalb dessen sich eine Frage wie die nach der Wahrheit einer bestimmten Annahme überhaupt sinnvoll stellen ließe.[36] Außerhalb eines solchen Rahmens sei diese Frage hingegen sinnlos und deshalb zurückzuweisen.[37] Letztlich fehle es an einer Realität, welche der im Begriff der Fiktion implizierten Irrealität gegenübergestellt werden könne.[38]

Zugleich vermag es angesichts der obigen Ausführungen jedoch ebenso wenig zu überzeugen, über die Unerfüllbarkeit des formalistischen Anspruchs einfach hinwegzusehen und den ihm zugrundeliegenden Annahmen einen uneingeschränkten Realitätsgehalt zuzusprechen. Denn bei aller Einsicht in ihre eigenen disziplinären Grenzen kommt eine Untersuchung wie die vorliegende doch nicht umhin, anzunehmen, dass eine Beschreibung der rechtlichen Praxis von außen möglich ist. Und dass diese Beschreibung, ohne sich einen Standpunkt absoluter Neutralität anzumaßen, dazu in der Lage ist, ein Auseinanderfallen von Realität und Anspruch innerhalb der rechtlichen Praxis festzustellen. Es ist schlichtweg nicht von der Hand zu weisen, dass die Außendarstellung des Rechts einen Anspruch erhebt, der in der Entscheidungspraxis nicht realisiert wird. Und die hieraus erwachsende Diskrepanz lässt sich wiederum nicht allein mit einem Verweis auf die konstitutive und

34 Fish, Almost Pragmatism: Richard Posner's Jurisprudence, *The University of Chicago Law Review* 57 (1990), S. 1447–1475, S. 1463.

35 Fish, Almost Pragmatism: Richard Posner's Jurisprudence, *The University of Chicago Law Review* 57 (1990), S. 1447–1475, S. 1459f.

36 Fish, Doing What Comes Naturally, S. 394.

37 Dellwing, Derrida, Fish und das Gesetz, *Zeitschrift für Rechtssoziologie* 29 (2008), S. 261–278, S. 275.

38 Fish, Doing What Comes Naturally, S. 236; von Schlieffen, Sachlichkeit, Rhetorische Kunst der Juristen, S. 17.

performative Funktion des formalistischen Anspruchs abtun. Denn die formalistische Darstellung des Urteils einfach als ein weiteres, unabhängiges und prinzipiell gleichberechtigtes Feld praktischer Tätigkeit zu behandeln, das bezugslos neben dem Feld der Entscheidungsfindung steht, unterschlägt – wie bereits im vorangegangenen Kapitel deutlich wurde – den Anspruch auf inhaltliche Übereinstimmung, der in der formalen Begründung zumindest implizit erhoben wird. Und wie gezeigt ist dieser Anspruch entscheidend für das Wesen und die Funktion des Rechts, begründet der durch ihn erzeugte Anschein der neutralen Gesetzesanwendung doch die Legitimation und Autorität des richterlichen Urteils.[39] Das Erheben des formalistischen Anspruchs dennoch als isolierte Praxis aufzufassen und dieser einen ungebrochenen Realitätsgehalt zuzusprechen, lässt diesen Zusammenhang und somit einen zentralen Aspekt der rechtlichen Praxis außer Betracht. Insofern scheint es wenig überzeugend, jeden Anspruch auf eine ganzheitliche Betrachtung einfach fahren zu lassen und die Darstellung des richterlichen Urteils als isolierte Praxis anzusehen, die ihren eigenen Gesetzmäßigkeiten unterliegt.[40] Auch Fish oszilliert deshalb stets zwischen dem Verweis auf die Eigenständigkeit der formalistischen Begründung gegenüber der Entscheidungsentstehung und der Feststellung, dass sich der vom Recht erhobene Anspruch nicht einzulösen vermag.[41]

Der formalistische Anspruch des Rechts ist demnach weder als Fiktion noch als unhintergehbare Realität überzeugend beschrieben. Einer treffenden Beschreibung muss es stattdessen gelingen, die aus dem Auseinanderfallen von Entscheidung und Darstellung resultierende Kontrafaktizität ebenso darzustellen wie den eigenständigen Realitätsgehalt, welcher dem formalistischen Anspruch als grundlegende Annahme des ihn umspannenden rechtlichen Feldes zukommt.

b. Ein ambivalenter Fiktionsbegriff

Entgegen der eingangs formulierten Skepsis ist der Fiktionsbegriff jedoch möglicherweise dazu in der Lage, diese Ambivalenz abzubilden. Denn er ist nicht zwingend als »Gegenbegriff zur Wirklichkeit« zu begreifen.[42]

39 S.o., Kapitel II, Abschnitt II.

40 Vgl. von Schlieffen, Sachlichkeit, Rhetorische Kunst der Juristen, S. 148f.

41 Fish, Doing What Comes Naturally, S. 393; ders., The Law wishes to have a formal existence, in: Sarat, Kearns (Hrsg.), The Fate of Law, S. 159–208, S. 178ff.

42 Möllers, Die Möglichkeit der Normen, S. 242 unter Verweis auf Iser, Das Fiktive und das Imaginäre, S. 18–24 und Pavel, ›Possible Words‹ in Literary Semantics, The Journal of Aesthetics and Art Criticism 34 (1975), S. 165–176, S. 169–173.

Zwar entspricht die Fiktion nicht der Wirklichkeit, jedoch erschafft sie ihre eigene Realität samt dazugehöriger objektiver Fakten und prägt somit maßgeblich auch das, was wir gemeinhin als Realität begreifen.[43] Fiktionen sind demnach nicht nur »Teil der Welt«, sondern ihrerseits auch »intern welthaltig«.[44] Fiktion und Wirklichkeit stehen einander also nicht einfach gegenüber, sondern in einer komplexen Wechselwirkung zueinander, in der sie gegenseitig auseinander hervorgehen.[45] Auch Vaihinger geht von einem solchen Realitätsgehalt der Fiktionen aus. So nimmt er wie erwähnt an, dass der fiktive, weil widersprüchliche Begriff des Atoms die zentrale Kategorie der mathematischen Physik sei, ohne welche die Entwicklung dieser Disziplin gar nicht denkbar sei.[46] Zweifelsohne erwachsen für den einzelnen Wissenschaftler aus dem Vorhandensein solch einer Kategorie handfeste Zwänge, so dass der Begriff des Atoms, trotz seiner »Fiktizität«[47] zu einer realen Größe wird. Fasst man ihn derart differenziert auf, lässt sich dem Begriff der Fiktion der Gegensatz zu einer als eigentlich begriffenen Realität also nicht entgegenhalten. Somit scheint er prinzipiell zur Beschreibung des formalistischen Anspruchs geeignet.

c. Das Wissen um die Vergeblichkeit des formalistischen Anspruchs

Schwieriger gestaltet sich die Übertragung des Fiktionsbegriffs auf das Recht allerdings mit Blick auf die Annahme Vaihingers, die Unwahrheit der Fiktion sei in der Regel gemeinhin bekannt. Wie erwähnt bezeichnet Vaihinger Fiktionen als »bewusstfalsche Vorstellungen« und geht somit davon aus, dass diese in der Regel im Wissen um ihre Unzulänglichkeit gebraucht werden. Diese Beschreibung passt jedoch nicht recht zum formalistischen Anspruch des Rechts. Weder in der allgemeinen Wahrnehmung noch aus Sicht der beteiligten Akteure stellt sich dessen Unerfüllbarkeit als allgemein anerkannte Tatsache dar. Wie gezeigt beruht das Funktionieren des Rechts auf der allgemeinen Verbreitung der Annahme, dass das rechtliche Urteil tatsächlich durch die in ihm zur Anwendung kommenden Rechtsnormen bestimmt wird. Als Fiktion, deren Unwahrheit allgemein bekannt wäre, könnte diese Annahme ihre tragende Rolle nicht erfüllen.

43 Appiah, Neutrality Is a Fiction—But an Indispensable One, The Atlantic (20. April 2023), abrufbar unter https://www.theatlantic.com/ideas/archive/2023/04/neutrality-journalism-jurisprudence-carl-schmitt-moral-clarity/673757/.

44 Möllers, Die Möglichkeit der Normen, S. 242f.

45 von Schlieffen, Sachlichkeit, Rhetorische Kunst der Juristen, S. 155.

46 Vaihinger, Die Philosophie des Als Ob, S. 104f.

47 Vaihinger, Die Philosophie des Als Ob, S. 173.

Und auch die Haltung, welche die rechtsanwendenden Akteure gegenüber dem formalistischen Anspruch einnehmen, ist mit solch einem klaren Bewusstsein der Unerfüllbarkeit nicht treffend umschrieben. Zwar sind einleuchtende Widerlegungen des formalistischen Dogmas allgemein zugänglich und dürften zumindest einer dahingehend interessierten Minderheit auch bekannt sein. Zudem werden die entsprechenden Einsichten in weiten Teilen durch Alltagserfahrungen gestützt, so dass es für ein distanziertes Verhältnis zu den Prämissen der eigenen Tätigkeit wohl weniger auf ein rechtstheoretisches Interesse und vielmehr auf die Fähigkeit und den Willen zur kritischen Reflexion der jeweiligen Akteure ankommt. Folglich ist davon auszugehen, dass zumindest bei einem Teil der Rechtsanwender eine gewisse Skepsis gegenüber der Realisierbarkeit des formalistischen Anspruchs herrscht und dieser mitunter sogar in der Überzeugung von seiner Unerfüllbarkeit ins Feld geführt wird. Und wie es Vaihinger beschreibt, steht dieser Umstand der Effektivität des formalistischen Anspruchs auch nicht im Wege. Doch lässt sich dieser Befund nicht verallgemeinern. Denn auch wenn die Vergeblichkeit des formalistischen Anspruchs einigen Akteuren bewusst vor Augen stehen mag, scheint dies doch eher die Ausnahme zu sein. Bei einem mindestens genauso großen Teil der Akteure ist hingegen davon auszugehen, dass sie dem Formalismus völlig unkritisch gegenüberstehen und ihn für die Grundlage und folglich auch für eine akkurate Beschreibung ihrer Tätigkeit halten. Und bei einer weiteren, möglicherweise noch weitaus größeren Gruppe von Rechtsanwendern scheint eine ambivalente Haltung gegenüber dem formalistischen Anspruch des Rechts vorzuherrschen, in der sich das Wissen um dessen Unverzichtbarkeit als Grundlage der eigenen Tätigkeit mit einer mehr oder weniger im Vagen gehaltenen Einsicht in seine Unerfüllbarkeit vermengt.[48]

Demgegenüber kann ein positives und stets präsent gehaltenes Wissen um die Unerfüllbarkeit, so wie es in Vaihingers Formulierung der »bewusstfalschen Vorstellung« zum Ausdruck kommt, nicht als allgemeine Beschreibung für die Haltung der juristischen Entscheidungsträger gegenüber dem formalistischen Anspruch dienen. Wie schon die oben abgelehnte Bezeichnung als bewusste Lüge wird eine solche Beschreibung der komplexen Realität der rechtlichen Praxis und der ihr gegenüber gehegten Einstellungen nicht gerecht. Mit Blick auf die subjektive Perspektive der Beteiligten erweist sich der Fiktionsbegriff somit als unzureichende Beschreibung des formalistischen Anspruchs.

Dasselbe muss jedoch für die ins andere Extrem ausschlagende Position Fishs gelten. In Einklang mit der von ihm so betonten konstitutiven Funktion des formalistischen Anspruchs geht er davon aus, dass die Rechtsanwender die formalistischen Konventionen allesamt derart

48 Kennedy, Critique of Adjudication, S. 25.

verinnerlichen, dass sie diesen bei der Ausübung ihrer Tätigkeit nur noch blind folgen müssen. Die professionelle Identität der Richter sei derart eng mit den Prämissen des formalistischen Anspruchs verbunden und in ihrem Bestehen von diesen abhängig, dass eine Ausübung ihrer Tätigkeit ohne die Verinnerlichung dieser Prämissen ausgeschlossen sei.[49] Das Recht könne demnach nur ohne kritische Distanz gegenüber der eigenen Funktionsweise praktiziert werden.[50] Somit geht die subjektive Perspektive bei Fish in einer »überzeugungsgeleiteten Performativität« auf.[51]

Wie bereits mit Blick auf die Entscheidungsfindung des Richters ausgeführt, wird der Glaube an den Konventionalismus jedoch nicht zwangsläufig in einer Weise internalisiert und in der Folge ausagiert, die jegliche kritische Distanz zur eigenen Tätigkeit und den ihr zugrundeliegenden Annahmen ausschließt. Vielmehr scheint, wie soeben angedeutet, gegenüber dem Formalismus ein Spektrum an möglichen subjektiven Einstellungen zu bestehen, auf dem eine gänzlich unkritische Befolgung nur ein Extrem darstellt. Das andere Extrem bildet ein offen zur Schau getragener Zynismus und dazwischen kommt es zu unzähligen, mitunter eigenwilligen Abstufungen.[52] Fishs Vorstellung einer völlig unkritischen Teilnahme an dieser Praxis wird dieser Vielfalt ebenso wenig gerecht wie die Annahme, dass die beteiligten Akteure den formalistischen Anspruch stets im vollen Bewusstsein seiner Unerfüllbarkeit erheben. Beide Positionen beschreiben demnach nicht die einzig mögliche oder auch nur dominante subjektive Haltung, sondern vielmehr die beiden Endpunkte eines ganzen Spektrums möglicher Einstellungen.

Eine überzeugende Beschreibung des formalistischen Anspruchs muss also nicht nur den oben beschriebenen Ausgleich zwischen Kontrafaktizität und konstitutiver Wirkung bewerkstelligen, sondern zugleich auch noch hinreichend Raum für die sich eröffnende Bandbreite möglicher subjektiver Haltungen gegenüber dieser Doppelbödigkeit bieten. Dabei bedarf insbesondere die soeben beschriebene ambivalente Haltung, die dem Formalismus nicht naiv, aber auch nicht zynisch gegenübersteht, hinreichender Beachtung. Denn sie scheint nicht nur zahlenmäßig von Relevanz zu sein. Auch schlagen sich in ihr die widerläufigen Wesenszüge der rechtlichen Praxis in konzentrierter Form nieder, so dass in ihrer Beschreibung möglicherweise der Schlüssel zur Neuformulierung von deren Verhältnis zu finden ist. Vaihingers Fiktionsbegriff, der auf der Annahme

49 Fish, Almost Pragmatism: Richard Posner's Jurisprudence, *The University of Chicago Law Review* 57 (1990), S. 1447–1475, S. 1463.

50 Fish, The Law wishes to have formal existence, in: Sarat, Kearns (Hrsg.), The Fate of Law, S. 159–208, S. 205.

51 Dellwing, Derrida, Fish und das Gesetz, *Zeitschrift für Rechtssoziologie* 29 (2008), S. 261–278, S. 265.

52 Kennedy, Critique of Adjudication, S. 25.

beruht, dass den Beteiligten die Fiktionalität der jeweiligen Annahme klar vor Augen steht, ist derweil nicht dazu imstande, diese Ambivalenz in gebührender Weise abzubilden.

III. Kennedy: Das geteilte Bewusstsein der Richter

Hierfür bietet Duncan Kennedy mit einer in polemischer Weise psychologisierenden Beschreibung einen ersten Ansatz. Er vergleicht das Wissen um das Scheitern des Formalismus mit einem dunklen Familiengeheimnis.[53] Zwar wisse jeder, dass die Erzählung von der Herrschaft des Rechts nichts weiter als ein Märchen und ihre zeitgenössischen Rechtfertigungen möglicherweise nicht viel besser seien. Weil sich aber alle Beteiligten so sehr wünschten, dass die Richter auf neutrale Weise zu ihren Entscheidungen gelangen, unterdrückten die Richter dieses Wissen sowohl gegenüber anderen als auch sich selbst. Dass formale Erwägungen das richterliche Urteil nicht determinieren können und ideologische Erwägungen in der richterlichen Entscheidungsfindung deshalb zwangsläufig eine zentrale Rolle spielen müssen, werde von den Richtern somit zugleich gewusst und geleugnet. Dies versetze sie dazu in die Lage, wider besseres Wissen ihre Arbeit unter der Prämisse fortzusetzen, dass sie in ideologisch neutraler Weise zu ihren Entscheidungen kämen.[54]

Offenkundig eignet sich auch diese Darstellung kaum als allgemeines Modell für die Rolle des formalistischen Anspruchs des Rechts. Denn die Metapher eines unterdrückten Geheimnisses kolportiert den Vorwurf einer kollektiven Unaufrichtigkeit und entspricht insoweit der schon oben abgelehnten Beschreibung des formalistischen Anspruchs als bewusste Lüge. Zudem wird auch sie von der impliziten (therapeutischen) Hoffnung getragen, dass sich dieses Geheimnis in einem Akt der Befreiung an die Oberfläche befördern und überwinden lässt. Und dass auf diese Weise ein aufrichtiges, von solcher Unlauterkeit befreites Recht geschaffen werden kann, in dem die Akteure ihre tatsächlichen Beweggründe offenlegen und bestenfalls in einen transparenten deliberativen Prozess überführen können.[55] Wie nun schon mehrfach aufgezeigt geht diese Hoffnung jedoch ins Leere.

Nichtsdestoweniger sind der Darstellung Kennedys gleich mehrere bedenkenswerte Aspekte zu entnehmen. Denn sein eigenwilliger Ansatz öffnet den Blick für eine komplexere, von Ambivalenzen durchzogene Einstellung, welche die Entscheidungsträger gegenüber ihrer eigenen Tätigkeit und den ihr zugrundeliegenden Prämissen einnehmen können.

53 Kennedy, Critique of Adjudication, S. 191f.
54 Kennedy, Critique of Adjudication, S. 191f.
55 Kennedy, Critique of Adjudication, S. 215ff.

Insbesondere kommt in ihm die Möglichkeit zum Ausdruck, dass Glaube und Unglaube an die Wahrhaftigkeit des formalistischen Anspruchs sich nicht zwingend gegenseitig ausschließen, sondern nebeneinander koexistieren können. Solch eine von widerläufigen Tendenzen geprägte, ambivalente und mitunter widersprüchliche Haltung gegenüber den Prämissen der eigenen Tätigkeit scheint, wie bereits erwähnt, wesentlich besser zum Recht zu passen als die einseitige Annahme einer naiven oder zynischen Haltung. Zuletzt geht aus Kennedys Ausführungen hervor, dass das Bestehen und möglicherweise sogar die Dominanz solch ambivalenter Einstellungen der Effektivität der kollektiven Praxis keinesfalls im Wege stehen muss. Vielmehr geht er davon aus, dass auch eine innerlich reservierte Ausübung ausreichen kann, um eine robuste Funktionsweise sicherzustellen. Es stellt sich somit die Frage, ob sich diese bedenkenswerten Aspekte auch in einer Beschreibung ausdrücken lassen, die besser zum Recht passt als die kollektive Unterdrückung eines dunklen Geheimnisses.

IV. Somek: Heitere Ironie

Eine weitere Annäherung an die ambivalente Haltung gegenüber dem Recht, welche in ihren Annahmen zu weiten Teilen mit der bisherigen Untersuchung übereinstimmt, findet sich bei Alexander Somek.[56] Ihm zufolge konfrontiert die rechtliche Praxis ihre Teilnehmer mit einer unauflösbaren Spannung. Auf der einen Seite stehe der Autoritätsanspruch des Rechts, der vom Wahrheitsanspruch der Aussagen über die jeweilige Rechtslage getragen wird. Das Rechtssystem könne nur bestehen, sofern sich ein über die bloße Praxis hinausweisender Korrektheitsstandards identifizieren lasse.[57] Auf der anderen Seite stehe der Umstand, dass als Recht letztlich doch immer nur das gelte, was sich in der Praxis durchsetze.[58] Wolle man als Einzelner erfolgreich an der rechtlichen Praxis teilnehmen, bliebe einem deshalb nichts anderes übrig, als das Verhalten der tonangebenden Akteure nachzuahmen. Und auch wenn man selbst einer der tonangebenden Akteure geworden sei, müsse man weiterhin das Maß an Konformität an den Tag legen, welches erforderlich sei, um nicht wieder in die Bedeutungslosigkeit zurückzusinken.[59] Der übergeordnete normative Standard sei für das Recht also einerseits unverzichtbar und andererseits nie einzulösen und werde deshalb durch eine entwürdigende soziale Praxis ersetzt.[60]

56 Somek, The Legal Relation, S. 57ff.
57 Somek, The Legal Relation, S. 67.
58 Somek, The Legal Relation, S. 70ff.
59 Somek, The Legal Relation, S. 71.
60 Somek, The Legal Relation, S. 74.

Für Somek liegt der einzige Ausweg aus dieser Misere darin, den normativen Anspruch des Rechts in einer Geste heiterer Ironie aufgehen zu lassen.[61] So wie ein Gelehrter die Gedankengänge eines berühmten Philosophen darlegen könne, ohne sich diese zu eigen zu machen, solle auch der Rechtsanwender Aussagen über die bestehende Rechtslage treffen können, ohne sich dabei zu deren Wahrheitsgehalt oder normativen Implikationen verhalten zu müssen.[62] So seien Aussagen über die Rechtslage möglich, die weder die Autorität des Rechts noch die Objektivität seiner Urteile für sich beanspruchen müssen.[63] Der Einzelne könne sich dadurch von der kollektiven Praxis distanzieren und sich symbolisch über diese erheben.[64] Dem Recht schade solch eine reservierte Haltung nicht, da es nicht darauf angewiesen sei, vom Einzelnen aus einer inneren Überzeugung heraus zur Anwendung gebracht zu werden.[65] Vielmehr erlaube diese ironische Brechung dem Recht, seinen normativen Anspruch zu bewahren, obschon dieser in der rechtlichen Praxis nicht eingelöst werden könne. Das Recht verdanke sein Bestehen demnach einer Sichtweise, die seine Existenz auf symbolischer Ebene in Frage stellt.[66]

Wie Somek selbst eingesteht, passt diese ironisch entrückte Haltung am ehesten noch zur Rolle des Rechtswissenschaftlers, für den das Formulieren rechtlicher Position vorwiegend eine rein intellektuelle Tätigkeit ist und für den es letztlich nicht entscheidend darauf ankommt, ob sich die von ihm vorgebrachte Auffassung in einem konkreten Rechtsstreit tatsächlich durchsetzt.[67] Deutlich weniger passend scheint sie für all jene Akteure, für die der Ausgang einer solchen Auseinandersetzung von größerer, möglicherweise sogar existenzieller Bedeutung ist. Zudem scheint zweifelhaft, ob eine kollektive Praxis wie das Recht tatsächlich ganz ohne Akteure auskommt, die ohne jede kritische Distanz sowohl von der Praxis als solcher als auch den ihr zugrundeliegenden Annahmen überzeugt sind. Plausibler scheint, dass es stets zumindest eine vorbehaltlos engagierte Minderheit geben muss, damit die Stabilität der Struktur gewahrt bleibt. Auch diese Darstellung eignet sich insofern weniger als vorbehaltlos verallgemeinerbares Modell, sondern fügt vielmehr dem oben beschriebenen Spektrum möglicher Haltungen gegenüber dem formalistischen Anspruch des Rechts eine weitere Facette hinzu. Als solche scheint sie allerdings durchaus berechtigt, ist doch der Ironiker, der in seiner ansonsten tadellosen Teilnahme an der rechtlichen

61 Somek, The Legal Relation, S. 78.
62 Somek, The Legal Relation, S. 129f.
63 Somek, The Legal Relation, S. 78.
64 Somek, The Legal Relation, S. 74.
65 Somek, The Legal Relation, S. 67f.
66 Somek, The Legal Relation, S. 78.
67 Somek, The Legal Relation, S. 131f.

Praxis durchscheinen lässt, dass er an deren Prämissen doch nicht so recht glauben mag, eine nicht selten anzutreffende Figur.

V. Der Formalismus als Illusion der anderen

In der Argumentation Someks ist gleichwohl ein Aspekt angelegt, der dazu geeignet scheint, die ambivalente Haltung gegenüber dem Formalismus auf überzeugendere Weise zu beschreiben. Und zwar vollzieht Somek in seiner leicht spöttischen Beschreibung der juristischen Praxis eine Perspektivverschiebung, die einen Aspekt des oben entwickelten konventionalistischen Rechtsverständnis aufgreift, auf den Glauben an den formalistischen Anspruch des Rechts überträgt und so für die hier verfolgte Fragestellung verwertbar macht.

Wie angedeutet begreift Somek die Formation rechtlichen Wissens nicht als vertikalen Prozess zwischen erkennendem Subjekt und zu erkennendem Objekt, sondern sieht »das rechtliche Wissen horizontal im Verhältnis von *Peers* konstituiert«.[68] Insoweit stimmt seine Position mit den obigen Ausführungen überein, denen zufolge die vorübergehende Festschreibung von Auslegungs- und Entscheidungsgepflogenheiten stets das Ergebnis intersubjektiver Aushandlungsprozesse ist. Somek geht hierüber jedoch hinaus und spricht den Einzelnen angesichts dieser horizontalen Konstruktion davon frei, überhaupt an das so zustande kommende Wissen glauben zu müssen. Für das Funktionieren des Rechts komme es nicht auf die eigene Überzeugung an, sondern auf den Glauben an eine entsprechende Überzeugung der anderen. Rechtliche Dogmen seien insofern »Einbildungen der anderen« im Sinne Robert Pfallers: »Man selbst muss nicht an sie glauben, um auf ihrer Grundlage Entscheidungen von sozialer Relevanz treffen zu können. Es genügt, davon auszugehen, dass alle anderen das tun. Wenn man die Praxis, in der jeder das Glauben an andere delegiert, verallgemeinert, erhält man ein Verfahren, das Grundlagen aufruht, für die sich niemand verantwortlich fühlt und das seine Geltungskraft aus einer wechselseitigen sozialen Bestätigung erhält.«[69]

Während Fish also davon ausgeht, dass die intersubjektive Entstehungsweise des rechtlichen Wissens eine kritisch distanzierte Haltung des Einzelnen ausschließt, geht Somek den entgegengesetzten Weg und reduziert das erforderliche Maß an Überzeugung auf eine Projektion auf die anderen Teilnehmer der Praxis. Solch eine Auslagerung stellt

68 Somek, Beantwortung der Frage: Was ist Rechtsdogmatik?, in: Bezemek (Hrsg.), Rechtsdogmatik, S. 13–29, S. 17f. (Hervorherbung im Original).

69 Somek, Beantwortung der Frage: Was ist Rechtsdogmatik?, in: Bezemek (Hrsg.), Rechtsdogmatik, S. 13–29, S. 18.

eine zwar ungewöhnliche, aber bedenkenswerte Alternative für die Beschreibung des Verhältnisses des Einzelnen zum formalistischen Anspruch des Rechts dar. Denn sie scheint imstande, das ambivalente Verhältnis der rechtlichen Akteure zu Wesen und Grundlage ihrer eigenen Tätigkeit abzubilden und zugleich eine Erklärung für deren ungestörte Ausübung bereitzuhalten. Es scheint deshalb lohnend, Someks Verweis auf Pfaller nachzugehen und dessen Position eingehender zu untersuchen.

1. Pfaller: Die Illusionen der anderen

Pfaller zufolge handelt es sich bei den »Illusionen der anderen« um eine bestimmte Art von Einbildungen, die sich dadurch auszeichnen, dass sie stets »von einem entgegengesetzten besseren Wissen« begleitet werden.[70] Im Gegensatz zu gewöhnlichen Ansichten, an die man entweder glaubt oder eben nicht glaubt, werden diese Einbildungen im Wissen ihrer Unwahrheit aufrechterhalten. Demnach schadet dieses bessere Wissen den Einbildungen nicht etwa, sondern ist eine ihrer Voraussetzungen – sie treten »nur bei Leuten auf, die über besseres Wissen verfügen«.[71] Sie werden folglich »durch besseres Wissen nicht nur nicht aufgehoben, sondern überhaupt erst installiert«.[72] Da sie auf ihrer eigenen Widerlegung beruhen, kann niemand vorbehaltlos an diese Einbildungen glauben. Die Vorstellungen werden somit durch das bessere Wissen zugleich aufrechterhalten und suspendiert.[73] Die hieraus erwachsende Distanz führt jedoch nicht etwa zu einem loseren Verhältnis zur jeweiligen Illusion, sondern erlaubt vielmehr eine noch engere Bindung an diese. Denn der durch besseres Wissen relativierte Glauben erweist sich als besonders widerstandsfähig und führt durch die in ihm verkörperte Ablehnung im Ergebnis zu einer umso engeren Bindung an die so in der Schwebe gehaltene Vorstellung.[74] Ein fester Glaube ist somit gerade kein Ausdruck von Naivität, sondern der Beleg für das Vorhandensein besseren Wissens.[75] Jedoch werden die Einbildungen durch das bessere Wissen derart »auf Entfernung gebracht«, dass sie »niemals vollständig als die Überzeugung derer« erscheinen, »die sie äußern; sie werden nie gänzlich angeeignet, sondern sind vielmehr immer in eigentümlicher

70 Pfaller, Die Illusionen der anderen, S. 9.
71 Pfaller, Die Illusionen der anderen, S. 11.
72 Pfaller, Die Illusionen der anderen, S. 12.
73 Pfaller, Die Illusionen der anderen, S. 54ff. unter Verweis auf Mannoni, Clefs pour l'Imaginaire ou l'Autre Scéne.
74 Pfaller, Die Illusionen der anderen, S. 116ff.
75 Pfaller, Die Illusionen, der anderen, S. 128ff.

Weise Einbildung der anderen«.[76] Sie erweisen sich insofern als »Illusionen ohne Subjekt«.[77]

Zugleich setzt der Begriff der Einbildung voraus, dass sich eine Person identifizieren lässt, die dieser unterlegen ist.[78] Da ein konkreter Akteur aufgrund der beschriebenen Struktur hierfür nicht in Frage kommt, füllt Pfaller diese Leerstelle mit der bei Octave Mannoni entliehenen Figur des »naiven Beobachters«.[79] Dabei handelt es sich nicht um eine reale Person, sondern um eine »innerpsychische Beobachtungsinstanz«.[80] Dieser imaginierte »unsichtbare Dritte« gleicht insofern dem von Freud erdachten Über-Ich und hat wie dieses als »virtueller Beobachter« Zugang zu sämtlichen zwischenmenschlichen Interaktionen. Er unterscheidet sich von diesem jedoch grundlegend durch seine Naivität. Während der umfassende Einblick des Über-Ichs sich auch auf sämtliche innere Vorgänge erstreckt, bleibt der Blick des naiven Beobachters dem äußeren Anschein verhaftet. Vor ihm gilt nur der Augenschein, so dass allein deutlich erkennbare äußere Handlungen Anerkennung finden. Die dahinterliegenden Beweggründe bleiben hingegen außer Betracht.[81] Dieser imaginierte naive Beobachter ist der Träger der in Rede stehenden Illusionen. Ihm wird der durch besseres Wissen widerlegte Glauben zugeschrieben und vor seinem naiven Blick gilt es, den äußeren Schein, welcher durch die jeweilige Einbildung erzeugt wird, zu wahren. Er »ist jene Instanz, für deren Blick die Fiktionen in Szene gesetzt werden«. Seinetwegen handeln alle so, »als ob sie sich von einem naiven Beobachter betrachtet fühlten, der die Gedanken der Menschen nicht kennt und dafür den von ihnen gebotenen Augenschein beurteilt«.[82] Das überlegene Wissen lässt die Eingeweihten dabei zu Komplizen werden, die dem naiven Beobachter gegenüber gemeinsam einen Anschein errichten und aufrechterhalten. Und die Annahme einer solchen Instanz verleiht den hierbei vollzogenen Handlungen und Ritualen wiederum ihre Wirksamkeit.[83]

Trotz dieser voraussetzungsreichen Beschreibung hält Pfaller die ausgelagerten Einbildungen nicht etwa für obskure Randerscheinungen, sondern für »ein verbreitetes, vollkommen alltägliches Phänomen«, das sich beispielsweise im Umgang mit kindlichen Mythen, verschiedenen

76 Pfaller, Die Illusionen der anderen, S. 10.
77 Pfaller, Die Illusionen der anderen, S. 11.
78 Pfaller, Die Illusionen der anderen, S. 10f.
79 Pfaller, Die Illusionen der anderen, S. 262ff.; Octave Mannoni, Das Spiel der Illusionen oder das Theater aus der Sicht des Imaginären, *Maske und Kothurn* 52 (2006), S. 17–36.
80 Pfaller, Zwei Enthüllungen über die Scham, S. 78.
81 Pfaller, Die Illusionen der anderen, S. 264.
82 Pfaller, Zwei Enthüllungen über die Scham, S. 77.
83 Pfaller, Die Illusionen der anderen, S. 263.

Formen des Spiels oder allgemeinen Höflichkeitsformen zeigt.[84] Dabei scheint insbesondere der Vergleich mit der Höflichkeit erhellend. Hier wird deutlich, dass es sich, mit Kant gesprochen, bei dem Austausch von wörtlich möglicherweise nicht so gemeinten Nettigkeiten um eine Täuschung handelt, »von der niemand getäuscht wird«.[85] Dass die gegenseitigen Äußerungen nicht beim Wort zu nehmen sind, ist allen Beteiligten bewusst, wird aber dennoch nicht offengelegt, als ob dieser Umstand vor einem unsichtbaren Dritten geheim zu halten wäre. Dieses geteilte Ziel schafft eine Gemeinsamkeit und macht die Beteiligten zeitweise zu Verbündeten.[86] Das Einhalten von Höflichkeitsformen wird auf dieses Weise eine »spielerische, gesellschaftsverbindende Praxis«.[87]

Der einzig sinnvolle Umgang mit diesen Illusionen liegt laut Pfaller folglich darin, sie zwar zu durchschauen, ihnen aber dennoch wohlwollend zu begegnen. Man brauche weder zu beweisen, dass man selbst auf solche Täuschungen nicht hereinfalle, noch den anderen Teilnehmern der illusorischen Praxis Naivität unterstellen.[88] Letztlich sei »das Brechen der Illusion« nämlich »genauso infantil wie das Getäuschtsein« durch diese.[89] Man solle sich stattdessen an den »immer schon durchschauten Illusionen« und den »charmanten Täuschungen« erfreuen, ohne die das menschliche Zusammenleben eine wesentliches ärmeres wäre[90] und die entsprechenden Illusionen liebevoll aufrechterhalten.[91]

2. Übertragung des Illusionsbegriffs auf den formalistischen Anspruch des Rechts

Auch wenn sie ihrem eigenen Anspruch nach auf andere Lebensbereiche abzielen, halten die Ausführungen Pfallers doch Überlegungen bereit, deren Übertragung auf den formalistischen Anspruch des Rechts sich nach dem Verlauf der bisherigen Untersuchung geradezu aufdrängt. Insbesondere gilt dies für den zentralen Vorgang der Auslagerung eines unhaltbar gewordenen Glaubens auf einen imaginären Dritten.

Dabei ist jedoch zunächst eine Anpassung mit Blick auf den von Pfaller gewählten Ausgangspunkt vorzunehmen. Denn wie Vaihinger, der

84 Pfaller, Die Illusionen der anderen, S. 9.
85 Pfaller, Die Illusionen der anderen, S. 111 unter Verweis auf Kant, Anthropologie in pragmatischer Hinsicht, BA 42.
86 Pfaller, Die Illusionen der anderen, S. 262ff.
87 Pfaller, Die Illusionen der anderen, S. 111.
88 Pfaller, Die Illusionen der anderen, S. 161ff.
89 Pfaller, Zwei Enthüllungen über die Scham, S. 172.
90 Pfaller, Die Illusionen der anderen, S. 161.
91 Pfaller, Zwei Enthüllungen über die Scham, S. 172.

von »bewusstfalschen Vorstellungen« spricht, geht auch Pfaller davon aus, dass die Kontrafaktizität der jeweiligen Annahme offensichtlich und gemeinhin bekannt ist. Wie erwähnt werden die Illusionen der anderen erst durch ein ihn entgegenstehendes besseres Wissen erzeugt. Demgegenüber ist der Glaube an den Formalismus gerade nicht in dieser Weise gemeinhin diskreditiert. Vielmehr wird das Bild, welches das Recht von sich selbst zeichnet und welches die öffentliche Wahrnehmung bestimmt, von einem ungebrochenen Glauben an den Formalismus beherrscht. Und wie beschrieben hält auch der Einzelne die sich mitunter aufdrängenden Zweifel an der Realisierbarkeit des formalistischen Anspruchs – wenn überhaupt – eher im Vagen, als dass er sie mit Gewissheit vor sich hertragen würde. Das Recht ist zudem eine Praxis, die zur Lösung und Befriedung grundlegender und mitunter existenzieller gesellschaftlicher Konflikte berufen ist. Dementsprechend scheint auch das Verhältnis der Beteiligten zum formalistischen Anspruch des Rechts ein wesentlich anderes zu sein als das zu den offenkundig unwahren Mythen und Märchen, die Pfaller als Beispiele für seine Theorie ins Feld führt. Solch vergleichsweise triviale Unwahrheiten lassen sich mit einem Augenzwinkern aufrechterhalten, um so einen »lusterzeugenden« falschen Schein zu schaffen.[92] Zum Recht und seiner grundlegenden gesellschaftlichen Bedeutung steht solch eine verspielt distanzierte Haltung jedoch quer. Wie zuvor schon die heitere Ironie Someks entspricht diese Beschreibung insofern nicht der mitunter grundlegenden Bedeutung der vor dem Recht ausgetragenen Auseinandersetzungen und kann allenfalls für eine privilegierte Minderheit gelten, deren persönliche Belange hierbei nicht zur Disposition stehen.

Zugleich bestehen auch gegenüber der Glaubhaftigkeit des formalistischen Anspruchs erhebliche Zweifel. Wie oben beschrieben führen diese auf individueller Ebene oftmals zu einer ambivalenten Haltung gegenüber den Prämissen der eigenen Tätigkeit. Und von der Last ebendieser Ambivalenz kann sich der Einzelne befreien, indem er den ungebrochenen Glauben an den Formalismus von sich weist und ihn stattdessen auf andere projiziert. Der naive Glaube an die Objektivität des rechtlichen Urteils, der durch zahlreiche ihn unterlaufende Erfahrungen in Zweifel gezogen wird, muss so weder revidiert noch aufgegeben werden und kann stattdessen unvermindert zur Grundlage des eigenen Handelns gemacht werden. Der Einzelne kann somit Zweifel am Formalismus hegen, ohne deswegen auch nur im Geringsten von den an ihn gerichteten Erwartungen abweichen zu müssen. Wie Somek es beschreibt, genügt eine solche Zuschreibung, wenn sie wechselseitig vollzogen wird, um eine robuste Praxis hervorzubringen, in der die Achtung des Formalismus zur zwingenden Voraussetzung einer erfolgreichen Teilnahme wird, ohne

92 Pfaller, Die Illusionen der anderen, S. 161.

dass die Teilnehmer tatsächlich von diesem überzeugt sein müssen.[93] Somit verkehrt sich das disruptive Potenzial der Kritik am Formalismus in sein Gegenteil. Denn während es substanzielle Zweifel für gewöhnlich unmöglich machen, an einer Überzeugung festzuhalten, erlaubt es die Projektion auf Dritte hingegen, diese umso entschiedener zum Maßstab des eigenen Handelns zu machen. Das Bestehen von Zweifeln und die hieraus resultierende innere Distanz führen so zu einer umso engeren Bindung an die in Zweifel gezogenen Prämissen und tragen auf diese Weise zu deren Festigung bei.[94] So entsteht im Ergebnis eine Praxis, deren grundlegende Prämisse zwar in Zweifel steht, die aber dennoch unvermindert dazu in der Lage ist, das Verhalten der Beteiligten maßgeblich zu steuern.

Während Somek diese Zuschreibung des naiven Glaubens an den Formalismus im horizontalen Verhältnis zwischen den zumindest formal gleichberechtigten Teilnehmern der rechtlichen Praxis verortet, scheint zum Recht gerade die Figur des naiven Beobachters und die in ihr angelegte zweischneidige Hierarchie zu passen. Denn im Recht wird der ungebrochene Glaube an den Formalismus weniger auf unverständige Kollegen als auf ein mehr oder weniger unbestimmt bleibendes Publikum übertragen. Wie Fish es beschreibt, gehen die Rechtsanwender davon aus, dass ihre Tätigkeit von der Überzeugung der Öffentlichkeit abhängt, dass sich ihr Urteil in der neutralen Anwendung der geltenden Gesetze erschöpft. Diese Zuschreibung wird in der öffentlichen Wahrnehmung wiederum aufgegriffen und so im Wege einer wechselseitigen Bestätigung zur allgemeinen Erwartung an das Recht. Unabhängig von jeder empirischen Grundlage wird der Formalismus auf diese Weise zur grundlegenden Prämisse der juristischen Praxis.[95]

Der Adressat des Anscheins der Neutralität ist demnach keine konkrete Person oder Personengruppe, sondern ein unbestimmt bleibendes Publikum. Diesem gegenüber sind die Rechtsanwender darum bemüht, den Anschein von Objektivität und formaler Korrektheit aufrechtzuerhalten. Und solange nur dieser äußere Schein gewahrt ist, kann von der Gültigkeit des rechtlichen Verfahrens ausgegangen werden. Dem unbestimmt bleibenden Publikum kommt so die paradox anmutende Doppelrolle zu, über die Validität einer Entscheidung zu urteilen, deren Entstehung es nicht zu begreifen imstande ist.

Das Erheben des formalistischen Anspruchs ist folglich keine Unaufrichtigkeit. Dafür fehlt es an dem Vorsatz, ein konkretes Subjekt zu

93 Somek, Beantwortung der Frage: Was ist Rechtsdogmatik?, in: Bezemek (Hrsg.), Rechtsdogmatik, S. 13–29, S. 18.

94 Vgl. Žižek, The Sublime Object of Ideology, S. 43f.

95 Fish, Almost Pragmatism: Richard Posner's Jurisprudence, *The University of Chicago Law Review* 57 (1990), S. 1447–1475, S. 1463.

täuschen. Entscheidend ist allein, dass gegenüber einer unbestimmten, aber stets als präsent vorausgesetzten Öffentlichkeit der Anschein der Neutralität gewahrt bleibt. Insofern ähnelt die Berufung auf den Formalismus dem Gebrauch von Höflichkeitsformeln, bei dem es nicht auf die Wahrhaftigkeit der getroffenen Aussagen, sondern auf den durch sie hervorgerufenen äußeren Eindruck ankommt. Zugleich hängt im Recht wie auch bei der Höflichkeit alles davon ab, dass ein entsprechender äußerer Schein erfolgreich gesetzt und aufrechterhalten wird. Erst durch diesen kann die Rechtsanwendung die an sie gerichteten Erwartungen erfüllen und als wirksame Ausübung der dem Recht übertragenen Verantwortung gelten.

Pfallers Ausführungen sind somit dazu imstande, eine Vorstellung davon zu ermitteln, wie eine in Zweifel stehende Annahme zur zentralen Prämisse einer robusten intersubjektiven Praxis werden kann. Zugleich gibt seine Darstellung eine Antwort auf die eingangs aufgeworfene Frage nach den fehlenden Konsequenzen einer vermeintlich entlarvenden Kritik. Denn er zeigt auf, dass auch eine auf theoretischer Ebene widerlegte Annahme durch die Projektion auf Dritte zur zentralen Prämisse einer widerstandsfähigen intersubjektiven Praxis werden kann. Die Kritik ist insofern außerstande, auf das alltägliche Funktionieren des Rechts durchzuschlagen. Dies liegt jedoch weniger darin begründet, dass es sich, wie Fish annimmt, bei der Rechtsanwendung und ihrer theoretischen Betrachtung um voneinander völlig unabhängige Tätigkeiten handelt.[96] Vielmehr liegt die Resilienz der juristischen Praxis darin begründet, dass sie den Glauben an den Formalismus auslagert, sich von dessen Vorliegen somit ein Stück weit unabhängig macht und sich so gegen die Wirkung einer potenziell verheerenden Kritik immunisiert. Denn die Auslagerung des Glaubens an den Formalismus auf ein unbestimmt bleibendes Publikum befreit die Beteiligten davon, diesen Glauben selbst verinnerlichen zu müssen. Auf diese Weise bleibt »der transzendentale Schein [...] bestehen, und löst sich nicht auf, wenn er von der Kritik als Schein durchschaubar gemacht worden ist.«[97]

Mit Blick auf den Einzelnen wird so deutlich, wie jemand zugleich an etwas glauben und nicht glauben kann.[98] Damit vermittelt Pfallers Beschreibung eine Vorstellung der von Ambivalenzen geprägten Haltung, welche zahlreiche Beteiligte dem Recht gegenüber einnehmen. Diese Vorstellung lässt sich beliebig weit auffächern, so dass eine unbegrenzte

96 Fish, Doing What Comes Naturally, S. 378.

97 Pfaller, Die Illusionen der anderen, S. 55 unter Verweis auf Kant, Kritik der reinen Vernunft B 354 (S. 311).

98 Mannoni, I know well, but all the same..., in: Rothenberg, Foster, Zizek (Hrsg.), Perversion and the Social Relation, S. 68–92, S. 69 unter Verweis auf Freud, The Standard Edition of the Complete Psychological Works of Sigmund Freud, Band XXI, S. 154.

Anzahl von Variationen abgebildet werden kann, die sich voneinander im Grad ihrer Skepsis gegenüber dem formalistischen Anspruch des Rechts unterscheiden. So können die Überlegungen Pfallers nicht nur diese für paradigmatisch gehaltene ambivalente Haltung abbilden, sondern auch den naiven Glauben an diesen. Denn wie Pfaller betont, kann es immer auch Personen geben, die vorbehaltlos an den Inhalt der jeweiligen Einbildung glauben. Bloß handelt es sich dann nicht mehr um Illusionen der anderen, weil das hierfür erforderliche bessere Wissen fehlt.[99] Demnach können Pfallers Ausführungen auch die oben erwähnte Möglichkeit abbilden, dass es stets zumindest eine Minderheit geben muss, welche der jeweiligen Praxis in vorbehaltloser Überzeugung verschrieben ist. Gleichermaßen ist Pfallers Theorie mit einer zynischen Haltung kompatibel. In dem Fall fehlt dem Betroffenen nicht das erforderliche bessere Wissen, sondern allein an die Bereitschaft, dieses auch seinem Gegenüber zuzugestehen und auf dieser Grundlage in wohlwollender Weise an einer gemeinschaftlichen kommunikativen Praxis teilzunehmen.[100] Somit ist diese Beschreibung dazu in der Lage, die Diversität an möglichen Haltungen gegenüber dem formalistischen Anspruch des Rechts abzubilden. Anders als die pauschale Annahme einer unkritischen oder zynisch distanzierten Haltung, die sich durch Gegenbeispiele stets widerlegen lässt, vermag diese Darstellung so das gesamte Spektrum an möglichen Haltungen abzubilden, welche die verschiedenen Teilnehmer gegenüber der juristischen Praxis einnehmen.

Pfallers Ansatz gelingt es somit schließlich, das Auseinanderfallen der tatsächlichen Funktionsweise der rechtlichen Praxis und ihrer äußeren Erscheinung abzubilden und zugleich eine Erklärung dafür zu liefern, weshalb die einigermaßen offenkundige Diskrepanz zwischen diesen beiden Ebenen dem Funktionieren des Rechts nicht abträglich ist. Denn er vermag aufzuzeigen, dass das Aufrechterhalten eines hierauf gerichteten Scheins die zwingende Voraussetzung einer erfolgreichen Teilnahme an ebendieser Praxis bildet. Pfaller liefert somit eine Beschreibung, in welcher der kontrafaktische Charakter des formalistischen Anspruchs ebenso zum Ausdruck kommt wie seine realitätskonstituierende und für den Einzelnen zwingende Wirkung. Damit gelingt es ihm, die Spannung zwischen dem nach außen getragenem Anspruch und der tatsächlichen Funktionsweise des Rechts in einer einheitlichen Erklärung aufgehen zu lassen.

99 Pfaller, Die Illusionen der anderen, S. 84.
100 Vgl. Pfaller, Die Illusionen der anderen, S. 74ff.

VI. Prätention

Somit ist schließlich eine Beschreibung des formalistischen Anspruchs gefunden, der es gelingt, das spannungsreiche Nebeneinander des konstitutiven und des kontrafaktischen Momentes ebenso abzubilden wie das weite Spektrum der von Ambivalenzen geprägten subjektiven Haltungen ihm gegenüber. Aus ihr geht zugleich hervor, wie aus diesem Nebeneinander eine spezifische Resilienz erwächst, so dass auch eine überzeugende Kritik dem Funktionieren des Rechts nichts anzuhaben vermag.

In Abgrenzung zu der von Vaihinger und Pfaller gebrauchten Terminologie möchte ich diese Beschreibung unter dem Begriff der Prätention zusammenfassen. Denn auch wenn die Begriffe der Fiktion und Illusion wie gezeigt prinzipiell dahingehend verstanden werden können, dass sie nicht auf die Abgrenzung zu einer als eigentlich begriffenen Realität abzielen, verorten sie den formalistischen Anspruch des Rechts doch unweigerlich in einer Sphäre der Unwirklichkeit. Damit rücken sie die realitätskonstituierende Dimension des Formalismus in den Hintergrund und werden dessen komplexen Wesen insofern nicht gerecht. Denn wie im Laufe dieser Untersuchung deutlich geworden ist, unterläuft das Wesen des Formalismus gerade die Gegenüberstellung realer und irrealer Vorgänge. Das kontrafaktische Wesen des formalistischen Anspruchs lässt sich nicht von dessen realitätskonstituierender Wirkung trennen. Dementsprechend ist er mit Begrifflichkeiten, die ihn klar auf einer der beiden Seiten verorten, nicht treffend umschrieben. Diesem Dilemma kann sich in letzter Konsequenz natürlich auch der Begriff der Prätention nicht entziehen, zeigt doch auch er die Behauptung eines nicht bestehenden Wesens an. Doch zumindest legt er das Augenmerk dabei auf das dynamische Moment der Transgression, des Übergangs zwischen Sein und Schein und bringt so gerade den Grenzgang zwischen diesen beiden Seiten zum Ausdruck, welcher das zwiespältige Wesen des formalistischen Rechts auszeichnet.

Dabei hebt der Begriff der Prätention in pointierter Weise den Umstand hervor, dass das Recht und mit ihm jede sich auf das Recht berufende Äußerung stets vorgeben muss, etwas zu sein, das es nicht ist und auch nicht sein kann. Rechtliche Urteile unterliegen dem ständigen Druck, »die Bedingung für ihre eigene Legitimation selbst« hervorzubringen[101] und nehmen dafür eine Objektivität in Anspruch, die sie nicht einlösen können.[102] Wie schon bei der Entwicklung des konventionalistischen Rechtsverständnisses ausgeführt, liegt die für die Bewertung des Gelingens maßgebliche Instanz in den Reaktionen der anderen

101 Müller-Mall, Verfassende Urteile, S. 244f.
102 Augsberg, Die Lesbarkeit des Rechts, S. 79f.

Teilnehmer der rechtlichen Praxis. Und um hierbei zu bestehen, ist es wiederum entscheidend, ebendiese Abhängigkeit zum Verschwinden zu bringen und sich stattdessen als das objektive Ergebnis feststehender Regeln zu gerieren. Das Recht ist somit zutiefst rhetorisch und zugleich stets darum bemüht, die eigene Rhetorizität zu verschleiern.[103] Ebendieser Spannung soll mit dem Begriff der Prätention Ausdruck verliehen werden.

Anders als die in dieser Hinsicht bestenfalls neutralen Begriffe »Fiktion« und »Illusion« bringt der Begriff der Prätention dabei auch die in Pfallers Darstellung angelegte Direktionalität zum Ausdruck. Denn die Prätention ist stets darauf ausgerichtet, bei einem anderen einen bestimmten Eindruck hervorzurufen. Dabei bleibt offen, ob dieser andere im konkreten Gegenüber, einem Dritten oder der Allgemeinheit zu verorten ist. Somit ist der Begriff mit der obigen Beschreibung kompatibel, der zufolge der Anschein der Neutralität im Recht stets für den Blick eines unbestimmten Publikums inszeniert wird. Und wie gezeigt ist es gerade die Auslagerung des Glaubens an den Formalismus, die es ihm erlaubt, seiner Kontrafaktizität zum Trotz die rechtliche Praxis zu beherrschen.

Ein weiterer Vorteil dieses Begriffs liegt in seiner Offenheit sowohl mit Blick auf die Haltung desjenigen, der die Prätention erhebt, als auch auf die Wirkung, welche durch die Prätention bei den etwaigen Adressaten erzielt wird. Wie sich gezeigt hat, ist bei Fiktionen regelmäßig davon auszugehen, dass ihre Fiktionalität den Beteiligten stets vor Augen steht. Der Begriff der Illusion scheint hingegen einen Akteur vorauszusetzen, der ihr unterlegen ist. Beides passt jedoch nicht zum Recht. Denn weder der vorbehaltlose Glaube an den Formalismus noch das positive Wissen um dessen Unerfüllbarkeit eignen sich als verallgemeinerbare Beschreibung der bei den Beteiligten vorherrschenden Haltung. Wie gezeigt bilden sie vielmehr die Extreme eines breiten Spektrums möglicher Haltungen, auf dem sich die verschiedenen Beteiligten nach dem jeweiligen Grad ihrer Skepsis einordnen lassen. In Einklang hiermit lässt es der Begriff der Prätention gerade offen, ob der durch sie erweckte Eindruck beim Gegenüber verfängt oder unerhört verhallt. Das Spezifikum der Prätention liegt in der Beanspruchung etwas nicht Wesensmäßigens und der hiermit verbundenen Ungewissheit hinsichtlich des Gelingens dieser ungebührlichen Inanspruchnahme. Der Begriff der Prätention erfasst somit nicht nur das dynamische Moment des Über-sich-Hinausweisens, sondern bildet auch die Prekarität ab, die hieraus erwächst. Denn das Gelingen dieses Unterfangens ist stets ungewiss. Sowohl die einzelne Äußerung als auch das Recht als solches laufen stets Gefahr, den ihre Autorität vermittelnden Anschein der Neutralität nicht aufrechthalten

103 Fish, The Law wishes to have a formal existence, in: Sarat, Kearns (Hrsg.), The Fate of Law, S. 159–208, S. 195.

zu können.[104] Zugleich kann jemand prätentiös handeln, ohne sich dessen notwendigerweise bewusst zu sein. Insofern ist der Prätentionsbegriff zum einen mit einer wesentlich größeren Bandbreite subjektiver Einstellungen kompatibel und verleiht zum anderen dem prekären Status des formalistischen Anspruchs einen passenden Ausdruck. Somit entspricht er auch in dieser Hinsicht eher der Realität des Rechts als die von Vaihinger und Pfaller genutzten Begriffe.

VII. Zwischenergebnis

Der Begriff der Prätention erweist sich somit als geeigneter Bezugs- und vorläufiger Schlusspunkt der hier entwickelten Beschreibung des formalistischen Anspruchs des Rechts. Deren zentrale Einsicht besteht darin, dass das Recht, um seiner Funktion gerecht zu werden, eine Funktionsweise vorgeben muss, der zu entsprechen es nicht imstande ist. Das äußere Erscheinungsbildung und die innere Funktionsweise des Rechts weichen folglich voneinander ab. Die hierbei entstehende Diskrepanz wird aufgefangen, indem der Glaube an den Formalismus auf ein unbestimmtes, aber stets als präsent begriffenes Publikum übertragen wird. Im Erheben des formalistischen Anspruchs liegt folglich weder eine absichtsvolle Unaufrichtigkeit, noch kann dem so erhobenen Anspruch sein eigenständiger Realitätsgehalt abgesprochen werden. Vielmehr handelt es sich um die zwingende Voraussetzung einer erfolgreichen Teilnahme an der juristischen Praxis, die sich zugleich als elementar für die friedenssichernde Funktion des Rechts erweist.

104 Müller-Mall, Verfassende Urteile, S. 245.

Kapitel V: Fazit und Ausblick

Abschließend stellt sich die Frage nach den Implikationen, die solch einem Rechtsverständnis entnommen werden können. Diese sollen im Folgenden anhand einiger ausgewählter Fragestellungen kurz umrissen werden.

Dabei ist zunächst festzuhalten, dass das konventionalistische Rechtsverständnis nicht dazu herangezogen werden kann, in abstrakter Weise die Bedingungen einer gelungenen Rechtsanwendung zu formulieren und dahingehend die rechtliche Praxis oder sogar die juristische Ausbildung zu informieren. Dafür erweisen sich diese Voraussetzungen als zu situationsspezifisch, so dass sie sich dem Versuch einer allgemeinen Festschreibung stets entziehen.

Allerdings kann die vorliegende Untersuchung mit ihrer Beschreibung der Funktionsbedingungen des Rechts dazu beitragen, den Umgang mit den zahlreichen autoritären Bestrebungen zu informieren, die darauf aus sind, die bestehende liberal-demokratische Ordnung zu unterlaufen oder gar zu beseitigen. Sie zeigt in diesem Zusammenhang vor allem die Verletzlichkeit der rechtlichen Praxis auf, welche daraus erwächst, dass das Recht in seinem Funktionieren von anspruchsvollen, ihm vorausgehenden Begebenheiten abhängig ist.

Dies führt wiederum zu der Frage, ob nicht auch kritische Untersuchungen, die wie die vorliegende das Scheitern des Formalismus zum Gegenstand haben, letztlich dazu beitragen, die Integrität des Rechts in Frage zu stellen und insoweit den soeben erwähnten Bestrebungen das Wort reden. Zwar scheint es fernliegend, die Kritik des Rechts für dessen zunehmende politische Vereinnahmung verantwortlich zu machen. Ebenso wenig vermag es jedoch zu überzeugen, ihr in dieser Hinsicht jegliche praktische Relevanz abzusprechen. Plausibler scheint es demgegenüber, einer überzeugenden Kritik innerhalb enger, stets kontingenter Grenzen einen gewissen Einfluss auf die rechtliche Praxis zuzusprechen. Nicht völlig auszuschließen ist demnach die Möglichkeit, dass eine überzeugende Kritik unter Umständen dazu beitragen kann, die Inanspruchnahme des formalistischen Anspruchs zu erschweren und insofern die rechtliche Praxis zu destabilisieren.

Derweil können dem Ansinnen, das richterliche Urteil auf eine künstliche Intelligenz zu übertragen und dem Ideal eines neutralen Rechts so endlich näher zu kommen, die obigen Ausführungen zum Wesen des juristischen Urteils entgegengehalten werden. Zuletzt werden die Ergebnisse der gesamten Untersuchung kurz zusammengefasst.

I. Die Rechtsanwendung und die juristische Ausbildung

Nahe läge zuvorderst der Impuls, dem konventionalistischen Rechtsverständnis verallgemeinerbare Hinweise auf die Voraussetzungen einer gelingenden Rechtsanwendung und ihrer Vermittlung in der juristischen Ausbildung im Sinne einer praktischen Anleitung entnehmen zu wollen. Das schöpferische Moment der Rechtsanwendung soll demnach nicht nur bewusst gemacht, sondern auch in dessen kunstgerechte Wahrnehmung umgemünzt werden.[1]

Fish wird solchen Versuchen gegenüber nicht müde zu betonen, dass es kategorisch ausgeschlossen sei, aus dem von ihm formulierten konventionalistischen Rechtsverständnis praktische Konsequenzen abzuleiten. Es sei für eine Konklusion aus dem Feld der Rechtstheorie schlichtweg unmöglich, die Tätigkeit in dem hiervon unabhängigen Feld der Rechtsanwendung anzuleiten.[2] Fish bleibt damit seinem Verständnis treu, demzufolge das Recht in nebeneinanderstehende Aktivitäten zerfällt, zwischen denen keine Überschneidungen bestehen. Wie oben schon deutlich wurde, lässt sich diese sterile Trennung nicht aufrechterhalten.[3] Gleichwohl ist ihm an dieser Stelle, wenn auch aus anderem Grunde, beizupflichten. Denn das konventionalistische Modell der Rechtsanwendung besagt, dass die Voraussetzungen einer gelungenen Rechtsanwendung stets von der konkreten Anwendungssituation abhängen und insofern einem ständigen Wandel unterliegen. Sie erweisen sich insofern als amorph und entziehen sich jedem Versuch, allgemeine, von der konkreten Anwendungskonstellation abstrahierende Vorgaben zu formulieren.[4] Am Ende eines jeden solchen Versuches muss deshalb der sprichwörtliche Verweis auf die jeweiligen Umstände stehen.[5] Der Versuch, aus einem rhetorisch geprägten Modell allgemeine Anweisungen für die Praxis abzuleiten, widerlegt sich somit stets selbst.

Zur juristischen Ausbildung sei noch hinzugefügt, dass Reformbestrebungen, die angesichts der zahlreichen Verkürzungen des juristischen Diskurses und im Sinne einer verbesserten wissenschaftlichen Fundierung eine Stärkung der Grundlagenfächer und interdisziplinärer Ansätze fordern, zwei der oben herausgearbeiteten Aspekte möglicherweise nicht hinreichend berücksichtigen.

Zum einen liegt in den Verkürzungen des juristischen Diskurses bei genauerem Hinsehen kein bloßes Defizit, sondern eine durch die

1 von Schlieffen, Sachlichkeit, Rhetorische Kunst der Juristen, S. 149.

2 Fish, Doing What Comes Naturally, S. 337.

3 S.o., Kapitel III, Abschnitt III.

4 Dellwing, Derrida, Fish und das Gesetz *Zeitschrift für Rechtssoziologie* 29 (2008), S. 261–278, S. 276.

5 Vgl. Schlag, Griffin, How to do Things with Legal Doctrine, S. 137, 196.

Funktionsbedingungen des Rechts bedingte Eigenheit. Denn wie gezeigt ist das juristische Urteil vor allem von dem Ziel geleitet, unter Zeitdruck eine möglichst überzeugende Lösung konkreter Konfliktkonstellationen zu finden. Auf eine fundierte und akkurate Anwendung der Einsichten anderer Disziplinen kommt es hingegen für das Recht nicht an.[6] Diese werden vielmehr herangezogen, um den Anschein einer wissenschaftsähnlichen Korrektheit zu verstärken. Der idiosynkratische Gebrauch von Versatzstücken fremder Diskurse ist insofern keine bloße Unzulänglichkeit des juristischen Diskurses, sondern die pragmatische Reaktion auf die miteinander in Spannung stehenden praktischen Anforderungen an das richterliche Urteil. Die Unterkomplexität im Vergleich zu den Diskursen benachbarter Disziplinen ist insofern unvermeidlich, aber eben auch nur unter Voraussetzung eines externen Korrektheitsstandards problematisch.[7]

Zum anderen ist an dieser Stelle abermals darauf hinzuweisen, dass nach der hier vertretenen Auffassung jegliche Bestrebungen dem juristischen Urteil eine größere Objektivität zu verleihen, vergeblich bleiben müssen. So kann auch eine ausgeprägte Berücksichtigung wissenschaftlicher Erkenntnisse nie zu einer von arbiträren Verkürzungen gänzlich befreiten Urteilsfindung führen. Vielmehr kann auch deren Inkorporation immer nur zu einer relativen Verschiebung der jeweils gängigen Argumentations- und Entscheidungsformen führen, wobei eine bestimmte Form der Verkürzung durch eine andere ersetzt wird.[8] Nicht in Abrede soll damit gestellt sein, dass solche Verschiebungen unter inhaltlichen Gesichtspunkten mitunter überaus lohnens- und begrüßenswert sein können. Der sie tragende Wunsch nach einem dem Anspruch wissenschaftlicher Objektivität genügenden juristischen Urteil muss jedoch ins Leere gehen.

II. Die Vulnerabilität der juristischen Praxis

Gleichwohl ist die vorliegende Untersuchung dank einiger ihrer Einsichten dazu geeignet, den Umgang mit den vermehrt auftretenden autoritären Strömungen zu informieren, die sich zwar ständig auf das Recht berufen, dieses aber zugleich in unverfrorener Weise als Einfallstor für die Umsetzung ihrer eigenen politischen Agenda nutzen und dabei darauf abzielen, die bestehende liberal-demokratische Ordnung zu unterwandern oder gar zu beseitigen.

6 Pound, The Call for a Realist Jurisprudence, *Harvard Law Review* 44 (1931), S. 697–711, S. 706.
7 Fish, Doing What Comes Naturally, S. 397f.
8 Fish, Doing What Comes Naturally, S. 14ff.

1. Die Unentbehrlichkeit kooperativen Verhaltens

Dabei klären die obigen Ausführungen vor allem über das disruptive Potenzial solcher Bestrebungen auf. Denn aus ihnen geht hervor, dass es sich bei der juristischen Praxis um ein überaus voraussetzungsvolles und insofern vulnerables Gebilde handelt, welches der hinter ihr liegenden Ordnung einen nur prekären Schutz gewähren kann. Dies liegt vor allem in der im konventionalistischen Rechtsverständnis angelegten hervorgehobenen Rolle informeller Übereinkünfte und geteilter Vorverständnisse begründet. Wie gezeigt halten weder die gesetzlichen Regelungen selbst noch die zur Regulierung ihrer Anwendung berufene Methodenlehre hinreichend bestimmte Vorgaben bereit, um das juristische Urteil in maßgeblicher Weise zu determinieren. Stattdessen beruht die Bindungswirkung rechtlicher Vorschriften auf den jeweils herrschenden, sie umgebenden Gepflogenheiten, deren gelungene Anwendung wiederum allein durch die sich hierauf rückbeziehenden Reaktionen der sonstigen Teilnehmer der juristischen Praxis bestimmt wird. Die regulierende Wirkung des Rechts hängt somit entscheidend von dem Befolgen ungeschriebener Regeln und den hierfür erforderlichen gemeinsamen Vorverständnissen ab. Dieser Umstand macht es anfällig gegenüber Versuchen, diese impliziten Übereinkünfte aufzukündigen und die Befolgung ungeschriebener Regeln zu verweigern.

In besonders dramatischer Weise zeigt sich dies mit Blick auf die Regelungen, welche das Funktionieren und Bestehen der demokratischen Ordnung sicherstellen sollen. Diese oft nur fragmentarischen Bestimmungen reichen für sich genommen bei weitem nicht aus, um das komplexe Wechselspiel der verschiedenen Institutionen und Akteure umfassend zu regulieren. Und auch die wenigen bestehenden ausdrücklichen Anordnungen sind in ihrer Wirksamkeit stets darauf angewiesen, dass die jeweiligen Akteure sie in einer Weise mit Leben füllen, die auf eine dauerhafte und konstruktive Kooperation ausgerichtet ist.[9] Versucht hingegen auch nur einer der Beteiligten in rücksichtsloser Weise den eigenen Nutzen zu maximieren, stößt die koordinierende Wirkung dieser Vorschriften bald an ihre Grenzen. Dieser Umstand zeigt sich nicht zuletzt darin, dass auch Maßnahmen, die formal zwar noch als legal zu bezeichnen sind, dabei jedoch in Spannung oder gar Widerspruch zu grundlegenden Prinzipien und Gepflogenheiten stehen, auf Dauer erheblichen institutionellen Schaden anrichten und eine gelingende Kooperation auf Dauer unmöglich machen können.[10] Solch ein Vorgehen zerstört das für eine dauerhafte Kooperation erforderliche gegenseitige Vertrauen in die

9 Levitsky, Ziblatt, How democracies die, S. 59.

10 Levitsky, Ziblatt, How democracies die, S. 61ff.; Tushnet, Constitutional hardball, The John Marshall Law Review, S. 523–553.

Bereitschaft des Gegenübers, die gemeinhin anerkannten Regeln auch dann zu befolgen, wenn sie zum eigenen Nachteil gereichen und unterläuft somit die vermittelnde Wirkung rechtlicher Regelungen.

Wie beschrieben ist das Recht demnach zwar dazu imstande, grundlegende und mitunter unauflösbare Konflikte zu befrieden. Jedoch ist es hierfür wiederum auf das gemeinschaftliche Zusammenwirken der beteiligten Akteure angewiesen. Verweigern diese eine entsprechende Kooperation, fällt auch die regulierende Wirkung des Rechts alsbald in sich zusammen. Somit zeigt sich, dass eine intakte rechtliche Ordnung weniger der Garant als vielmehr das Produkt einer funktionierenden politischen Kultur ist.[11] Ihre Wirksamkeit hängt von einer ihr vorausgehenden Übereinkunft ebenso ab wie von dem Willen und der Bereitschaft, sie zu bewahren und auch im Konfliktfall als verbindlichen Lösungsmechanismus anzuerkennen. Wird diese Übereinkunft einseitig aufgekündigt oder erodiert sie über Zeit, schwindet mit ihr auch die Fähigkeit des Rechts, seine vermittelnde Wirkung zu entfalten.

Wie bereits betont soll damit nicht der kruden These eines absoluten Vorrangs faktischer Vorgänge gegenüber normativen Aspekten das Wort gesprochen sein. Aber ebenso wenig soll rechtlichen Normierungen eine von ihren tatsächlichen Funktionsbedingungen losgelöste Wirksamkeit zugesprochen werden. Vielmehr soll eine komplexe Wechselwirkung angedeutet werden, in der normativen Zusammenhängen zwar eine relative Eigenständigkeit und eine durchaus reale Wirkmacht zukommt, sie in beidem jedoch maßgeblich von ihnen vorgelagerten Begebenheiten abhängen.

Aus diesen Überlegungen folgt unter anderem, dass der zuletzt stärker in den Vordergrund getretene Ansatz, der drohenden Vereinnahmung demokratischer Institutionen mit rechtlichen Sicherungsmaßnahmen zu begegnen, nur von begrenzter Wirksamkeit sein kann. Denn zum einen hängt auch die Wirkung solcher Mechanismen letztlich stets von dem Bestehen einer der rechtlichen Sphäre vorausgehenden Übereinkunft ab, die sie selbst nicht herzustellen vermag. Und zum anderen wird bei einem Blick auf die verschiedenen internationalen Spielarten dieser Bewegungen nur allzu deutlich, dass es unzählige Möglichkeiten gibt, um die Abläufe der demokratischen Verfassungsordnung zu beeinträchtigen. All diesen möglichen Angriffen durch prophylaktische Normierungen zuvorzukommen, scheint schlichtweg unmöglich. Überdies besteht stets die Gefahr, dass die Sicherungsmaßnahmen der Mehrheit von heute den Minderheitenschutz von morgen gefährden. Damit soll nicht gesagt sein, dass rechtliche Maßnahmen nicht unter Umständen durchaus zielführend sein können und gänzlich auf sie verzichtet werden sollte. Bloß soll auf ihre eingeschränkte Wirkung und ihre Abhängigkeit von

11 Möllers, Mythos Wertefundament, Verfassungsblog (23. Mai 2024), abrufbar unter https://verfassungsblog.de/mythos-wertefundament/.

externen Faktoren hingewiesen sein. Dies legt vor allem nahe, dass sie immer nur Teil einer umfassenderen Abwehrstrategie sein können, deren Schwerpunkt nicht auf dem Recht liegen sollte.

2. Kein substanzieller Konsens

Zugleich geht aus der obigen Darstellung hervor, dass die prominente Rolle geteilter Vorverständnisse und gemeinsamer Gepflogenheiten gerade nicht bedeutet, dass zwischen den verschiedenen Akteuren zwangsläufig eine besonders weitgehende inhaltliche Übereinstimmung bestehen muss. Im Gegenteil besteht eine ihrer zentralen Prämisse in dem Vorhandensein tiefgreifender und potenziell unversöhnlicher Verschiedenheit. Diese Pluralität wird auch nicht durch einen vermeintlich tieferliegenden Konsens aufgehoben.[12] Vielmehr ist anzuerkennen, dass gerade »das Fundamentale auch das Umstrittene ist«,[13] dass also gerade über die grundlegenden Fragen des Zusammenlebens und der politischen Organisation Uneinigkeit zwischen den verschiedenen Mitgliedern der politischen Gemeinschaft herrscht. Vor diesem Hintergrund liegt die spezifische Leistung des Rechts gerade darin, einen Umgang mit ebendieser Pluralität zu ermöglichen, der ohne die Herstellung einer weitreichenden inhaltlichen Konvergenz auskommt. Stattdessen stellt das Recht mit dem Formalismus ein Instrument dafür bereit, die einander gegenüberstehenden, mitunter unversöhnlichen Positionen trotz ihrer Partikularität als zwingende Folge der für alle geltenden Regeln auszuweisen.

Für die Vulnerabilität des Rechts ergibt sich hieraus ein zwiespältiger Befund. Einerseits wird es auf diese Weise von weitreichenden Ansprüchen an die Überzeugungen der Rechtssubjekte freigesprochen und kann seiner Funktion auch hiervon losgelöst nachkommen. Insofern erweist sich das fortgesetzte Beschwören vermeintlich geteilter Werte als Missverständnis und die sich hierin niederschlagende Konsenserwartung möglicherweise sogar als mitursächlich für gewisse Dysfunktionalitäten des politischen Diskurses.[14] Ebenso scheint der Ruf nach einer Stärkung deliberativer Elemente mitunter von der falschen Erwartung getragen zu sein, dass sich hierdurch eine grundlegende Einigung tatsächlich herbeiführen ließe. Solch ein Vorgehen übersieht die Kontrafaktizität, auf der die vermittelnde Wirkung des Rechts beruht und nimmt den Anspruch auf Allgemeingültigkeit irrtümlicherweise beim Wort.

12 Waldron, Law and Disagreement, S. 105ff.

13 Möllers, Mythos Wertefundament, Verfassungsblog (23. Mai 2024), abrufbar unter https://verfassungsblog.de/mythos-wertefundament/.

14 Möllers, Mythos Wertefundament, Verfassungsblog (23. Mai 2024), abrufbar unter https://verfassungsblog.de/mythos-wertefundament/.

Andererseits macht diese Funktionsweise das Recht in gleich mehrfacher Hinsicht umso angreifbarer. Denn durch das Fehlen einer substanziellen Übereinstimmung lastet umso mehr Gewicht auf seiner Fähigkeit, zwischen miteinander unversöhnlichen Auffassungen zu vermitteln. Und wie oben dargelegt hängt es hierbei wiederum entscheidend davon ab, dass es in seinen Operationen erfolgreich den Anschein der Neutralität erweckt. Entsprechend verheerend ist deshalb das Potenzial einer Strategie, die sich zwar einerseits fortlaufend auf das Recht beruft, dieses jedoch zugleich unumwunden zu instrumentalisieren versucht und somit zum Gegenstand der Auseinandersetzung macht.

Zum einen können diese Angriffe die fehlende Determinationskraft des Rechts dazu nutzen, die ihm zugrundeliegenden Wertungen, die üblicherweise das Ergebnis langfristiger, nicht explizit gesteuerter Aushandlungsprozesse sind, gezielt zu manipulieren und so inhaltliche Verschiebungen von ganz erheblichem Ausmaß zu bewirken. Hierin zeigt sich erneut, dass die aus der Abhängigkeit von Gepflogenheiten und impliziten Vorverständnissen resultierende Plastizität das Recht vulnerabel gegenüber konzentrierten Versuchen der Vereinnahmung macht. Zum anderen trägt solch ein Vorgehen zwangsläufig zur Politisierung des Rechts bei und beeinträchtigt so dessen vermittelnde Wirkung. Nachrangig ist dabei auf welchem Wege dieser Effekt erzeugt wird, ob also beispielsweise eine allgemein polarisierende Rhetorik oder eine gezielte Beeinflussung organisatorischer Abläufe eine Infragestellung der Legitimität des richterlichen Urteils herbeiführen soll. Maßgeblich ist allein, dass das Recht in der Folge solch eines Vorgehens zunehmend als bloßes Mittel zur Durchsetzung bestimmter politischer Positionen wahrgenommen wird. Dies untergräbt die integrative Dimension seiner Tätigkeit und gefährdet somit auf lange Sicht die Stabilität der gesamten gesellschaftlichen Ordnung.

So wird deutlich, dass in einer Auseinandersetzung, in der sich miteinander unversöhnliche Positionen gegenüberstehen und eine Seite zudem bereit ist, auch die Grundlage der Auseinandersetzung nicht nur in Frage zu stellen, sondern gezielt für ihre Zwecke zu instrumentalisieren, nur bestehen kann, wer dem in entsprechend entschlossener Weise entgegentritt. Zwar mag solch eine entschlossene Reaktion wiederum dazu beitragen, den Glauben an die Neutralität und Stabilität der bestehenden Ordnung zu unterlaufen. Doch erscheint dies gegenüber einer sukzessiven Vereinnahmung ebendieser Ordnung noch immer als das kleinere Übel. In jedem Fall wird deutlich, welchen immensen Schaden hinreichend destruktiv eingestellte Akteure an solch einer komplexen intersubjektiven Praxis anzurichten vermögen.

3. Das Auseinanderfallen von Anspruch und Wirklichkeit

Der Umstand, dass das Recht von der Erhebung eines Anspruchs abhängt, der sich nicht einlösen lässt, verstärkt die Vulnerabilität der rechtlichen Ordnung dabei weiter. Denn die hieraus erwachsende Diskrepanz zwischen dem nach außen getragenem Anspruch und der tatsächlichen Funktionsweise kann stets gegen das Recht gewendet und dazu instrumentalisiert werden, eine vermeintliche Unaufrichtigkeit der verantwortlichen Akteure und das Bestehen einer nicht offengelegten Agenda anzuprangern. Auf diese Weise kann die der rechtlichen Praxis zugrundeliegende Annahme, dass sich das juristische Urteil in einer neutralen Anwendung des geltenden Rechts erschöpft, in Frage gestellt und ihre Legitimationsgrundlage auf sehr simple Weise in Zweifel gezogen werden. Damit teilt das Recht das Schicksal vergleichbarer intersubjektiver Praxen, die in ihrem Funktionieren allesamt von der erfolgreichen Konstruktion einer geteilten Realität abhängen und insofern angreifbar sind. Durch jede noch so plumpe Weigerung, diese Realität anzuerkennen, kann die Legitimität der gesamten Praxis in Frage gestellt und ihr Ablauf gestört werden.[15]

Das Recht stellen solche Störungen jedoch vor eine besondere Herausforderung. Denn es operiert »wie kaum ein anderer gesellschaftlicher Diskurs mit dem Zwang zur Eindeutigkeit«.[16] Wie gezeigt zielt es auf die eindeutige und abschließende Beurteilung komplexer Lebenssachverhalte ab. Und die Legitimation des richterlichen Urteils beruht zu einem maßgeblichen Teil auf der Annahme, dass das Recht auf jede erdenkliche Frage stets eine eindeutige, in verlässlicher Weise zu bestimmende Antwort bereithält. Somit unterscheidet sich das Recht beispielsweise von der Wissenschaft, die sich zwar gleichermaßen der Produktion eindeutiger Ergebnisse verschrieben hat, zu deren grundlegenden Prämissen jedoch auch die Revisibilität ihrer Ergebnisse zählt. Als Disziplin ist sie insofern darauf eingestellt ist, neue Befunde ebenso wie methodologische Veränderungen zu berücksichtigen und kann dies sogar als Fortschreiten der Erkenntnis und somit als erfolgreiche Anwendung der ihr zugrundeliegenden Prämissen ausweisen. Demgegenüber verfügt das Recht, von den wenigen Möglichkeiten der Revision abgesehen, die aber allesamt ebenfalls auf eine letztgültige und ab einem gewissen Punkt nicht mehr angreifbare Entscheidung hinauslaufen, über keine vergleichbaren Ressourcen, um mit Zweifeln an seinen Methoden und Urteilen umzugehen.[17] Das Recht ist daher nicht ohne weiteres dazu imstande, mit der durch solche Disruptionen erzeugten Unsicherheit hinsichtlich

15 Kumkar, Alternative Fakten, S. 155ff., 297.
16 Kumkar, Alternative Fakten, S. 43f.
17 Latour, The Making of Law, S. 237ff.

seiner Prämissen produktiv umzugehen und ist deren destabilisierendem Potenzial vergleichsweise schutzlos ausgeliefert.

Die Integrität der rechtlichen Ordnung kann demnach nicht nur durch aufwendig konzertierte Angriffe auf ihre Institutionen und Abläufe unterminiert werden, sondern bietet auch vergleichsweise plumpen Versuchen der Herabsetzung eine beträchtliche Angriffsfläche. Diverse Versuche der Diskreditierung können somit von überaus unterschiedlichen Akteuren und Stellen ausgehen und sich auch ohne eine entsprechende Koordination zu einem umfassenden, sich selbst verstärkenden Ansturm fügen. Insbesondere kann die rechtliche Ordnung sowohl von innen als auch von außen unterlaufen werden. Politische Akteure, welche die ungeschriebenen Regeln des politischen Betriebs missachten, um ihr eigenes Fortkommen zu sichern und Richter, die ihre politischen Präferenzen und deren Einfluss auf ihre Urteile kaum mehr verhehlen, können der Integrität des Rechts ebenso schaden, wie unterkomplexe, aber gleichsam wirkungsvolle Narrative über vermeintlich korrupte Eliten, die unter dem Deckmantel der Neutralität weitreichende politische Entscheidungen in ihrem eigenen Interesse treffen. Das Recht erweist sich somit als überaus voraussetzungsvolle und insofern vulnerable Praxis, welche durch gezielte und diffuse Disruptionen gleichermaßen in ihren Grundfesten erschüttert werden kann. Der bestehenden Ordnung vermag sie demnach möglicherweise weniger Schutz zu gewähren, als sie selbst des Schutzes durch die bestehende Ordnung bedarf.

III. Die Kritik des Rechts

Diese Überlegungen werfen neues Licht auf die bereits angerissene Frage, wie eine konstruktive Rechtskritik in Anbetracht der Einsichten des konventionalistischen Rechtsverständnisses aussehen könnte. Denn auch die Kritik des Rechts sieht sich mit einem zwiespältigen Befund konfrontiert: Zum einen lässt sich die vom Recht in Anspruch genommene Neutralität nicht einlösen, so dass jeder Rechtsanwendung ein irreduzibler Moment intransparenter Herrschaftsausübung innewohnt, den es unter emanzipatorischen Gesichtspunkten prinzipiell zu kritisieren gilt. Und zum anderen ist ebendieser Anschein von Neutralität eine maßgebliche Voraussetzung für die friedenssichernde Wirkung des Rechts. Lehnt die Kritik das Recht wegen dieser Doppelbödigkeit als Organisations- und Herrschaftsform rundheraus ab, müsste sie darlegen, wie die mitunter unauflösbaren gesellschaftlichen Konflikte ohne die vermittelnde Wirkung des Rechts dauerhaft befriedet werden können. Verfolgt sie hingegen eine spezifische Agenda, wie beispielsweise die Bekämpfung bestimmter Formen der Diskriminierung, muss auch die Kritik des Rechts ihre Forderungen im Namen dieser Neutralität formulieren, um im juristischen Diskurs die größtmögliche Wirkung zu erzielen. Als idealer Mittelweg erscheint insofern eine aufgeklärte Form der Rechtskritik, die sich der Funktionsbedingungen des Rechts zwar bewusst ist und diese auch für sich zu nutzen weiß, dieses Wissen jedoch nicht gegen das Recht selbst richtet und so dessen gesellschaftlichen Nutzen auch nicht gefährdet.

1. Die kritische Analyse als selbsterfüllende Prophezeiung

Angesichts der Vulnerabilität der rechtlichen Ordnung, die wie gezeigt auch aus dem Auseinanderfallen von Anspruch und Wirklichkeit der Rechtsanwendung resultiert, stellt sich nun jedoch die Frage, ob dieser Mittelweg tatsächlich gangbar ist oder ob nicht auch er letztlich dazu beiträgt, die Integrität des Rechts zu unterlaufen. Denn auch solch eine aufgeklärte Kritik zielt letztlich darauf ab, die dem Recht inhärente Diskrepanz zwischen äußerer Erscheinung und innerer Funktionsweise bewusst zu halten und bestmöglich für die eigenen Zwecke zu nutzen. Mit Suzanna Sherry ließe sich deshalb gar der Vorwurf formulieren, dass Untersuchungen, die dem formalistischen Anspruch des Rechts kritisch gegenüberstehen und eine derartige Vorgehensweise nahelegen, letztlich selbsterfüllende Prophezeiungen seien, die mit ihrer Kritik höchstselbst dafür sorgten, dass das Recht seine Funktion als neutraler Mittler verliere.[18] Demnach veranlasse die Überzeugung, dass sich Recht und Politik nicht voneinander trennen ließen, einflussreiche Akteure dazu, das Recht nur noch als Instrument zur Durchsetzung der eigenen politischen Agenda zu betrachten. Dies führe mit der Zeit dazu, dass sich ein instrumentelles, wenn nicht sogar zynisches Verhältnis gegenüber dem Recht durchsetze, welches eine aufrichtig geführte sachliche Auseinandersetzung zunehmend unmöglich mache. Auf diese Weise bewirke die These, dass das Recht im Kern politisch sei, zuletzt ihre eigene Bewahrheitung. Und das Recht verliere so wiederum zusehends die Fähigkeit, als neutrale Instanz gesellschaftliche Konflikte zu lösen.[19]

In Reaktion auf diesen Vorwurf ist zuvorderst darauf hinzuweisen, dass eine kritische Analyse wie die vorliegende dem eigenen Verständnis und Anspruch nach nicht zu einer Politisierung des Rechts führen, sondern allenfalls die immer schon bestehende politische Dimension juristischer Urteile offenlegen soll. Sie nimmt dem Recht demnach nicht die

18 Sherry, Putting the Law Back in Constitutional Law, *Constitutional Commentary* 25 (2009), S. 461–465.

19 Sherry, Putting the Law Back in Constitutional Law, *Constitutional Commentary* 25 (2009), S. 461–465, S. 463f.

in Anspruch genommene Neutralität, sondern weist vielmehr auf deren prinzipielle Unerreichbarkeit hin.[20]

Überdies scheint der Vorwurf Sherrys den Einfluss der Theorie auf die juristische Praxis in erheblichem Maße zu überschätzen. Davon abgesehen, dass sich Kausalitäten von solcher Generalität grundsätzlich nicht in zuverlässiger Weise nachweisen lassen werden, scheint es wenig plausibel, dem akademischen Kontext entstammenden Ideen solch eine durchschlagende Wirkung auf die juristische Praxis zuzuschreiben.[21] Insbesondere scheint es fernliegend, das Aufkommen eines besonders rücksichtlosen Politikstils und die damit verbundene Erosion ungeschriebener Regeln als bloßes Epiphänomen akademischer Auseinandersetzungen einzuordnen. Deutlich überzeugender scheint es hingegen, die Ursachen hierfür in tieferliegenden gesellschaftlichen und politischen Entwicklungen sowie in gewissen Eigengesetzlichkeiten und inhärenten Schwächen eines massenmedial organisierten öffentlichen Diskurses zu verorten.[22] Vor diesem Hintergrund scheint es sogar näher zu liegen, dass die Konzepte der Rechtstheorie Entwicklungen der Praxis nur nachvollziehen, als dass sie diese ihrerseits hervorbrächten oder auch nur maßgeblich prägten. Jedenfalls aber scheint es fernliegend, der Rechtstheorie solch eine weitgehende Wirkung zuzusprechen.

Der Vorwurf verkennt zudem, dass die Diskrepanz zwischen äußerem Anschein und innerer Funktionsweise nach dem hier vertretenen Verständnis schon immer einen wesentlichen Bestandteil der rechtlichen Praxis ausgemacht hat. Wenn aber das Recht darauf beruht, einen Anspruch zu erheben, den zu erfüllen es nicht in der Lage ist, muss zumindest auch die Möglichkeit einer hierauf abzielenden Kritik das Recht immer schon begleitet haben. Dass der Formalismus in Zweifel gezogen wird, kann insofern nicht als das Ergebnis einer neueren Entwicklung verstanden werden. Die Unterstellung eines vormaligen, von dieser Kritik unberührten Glaubens an den Formalismus erscheint demgegenüber als anachronistische Zuschreibung.[23]

Vor allem aber geht aus der obigen Untersuchung hervor, dass auch die überzeugendste Rechtskritik die Dekonstruktion des Formalismus nie restlos vollzieht und diese somit stets unvollendet bleibt.[24] Jede noch so verheerende Kritik kann offenkundig nicht verhindern, dass der formalistische Anspruch weiterhin erhoben wird. Deshalb besteht die Pointe der obigen Ausführungen zur formalistischen Prätention auch darin,

20 Fish, Doing What Comes Naturally, S. 26f.
21 Fish, Doing What Comes Naturally, S. 398.
22 Levitsky, Ziblatt, How democracies die, S. 80ff.
23 Möllers, Why There Is No Governing with Judges (30. September 2014), abrufbar unter: https://ssrn.com/abstract=2503729, S. 11.
24 Unger, The Critical Legal Studies Movement, *Harvard Law Review* 96 (1983), S. 561–675, S. 567.

dass sich das Recht durch die Auslagerung des Glaubens an den Formalismus selbst der überzeugendsten Kritik gegenüber zu immunisieren weiß. Durch die Projektion auf ein unbestimmtes Publikum distanzieren sich die Rechtsanwender von diesem Glauben und versetzen sich so dazu in die Lage, diesen auch im Angesicht sich aufdrängender Zweifel zur Grundlage des eigenen Handelns zu machen. Dass die Kritik in der von Sherry beschriebenen Weise die Inanspruchnahme des Formalismus unmöglich macht, scheint daher ausgeschlossen.

2. Die Folgen einer einleuchtenden Formalismuskritik

Zugleich scheint es auch nicht restlos zu überzeugen, der Präsenz formalismuskritischer Betrachtungen jegliche praktische Relevanz abzusprechen. Denn wie gezeigt beruht die rechtliche Praxis zu einem wesentlichen Teil auf der Annahme, dass es sich beim juristischen Urteil um eine neutrale Anwendung des geltenden Rechts handelt. Und wenn die Unhaltbarkeit dieser Annahme den Akteuren stets vor Augen stünde, scheint es unvermeidlich, dass dies den Blick auf das juristische Urteil, die hierauf bezogenen Auseinandersetzungen und damit letztlich auch die juristische Praxis selbst verändern würde.[25]

Fish würde dem zwar entgegenhalten, dass solch ein Einfluss prinzipiell ausgeschlossen sei, weil es sich bei der praktischen Anwendung des Rechts und dessen theoretischer Betrachtung um voneinander unabhängige Aktivitäten handelte, die von jeweils unterschiedlichen Wertigkeiten und Gesetzmäßigkeiten beherrscht würden.[26] Demnach bliebe auch die überzeugendste Dekonstruktion des formalistischen Anspruchs ohne Folgen für die eigengesetzliche Funktionsweise der juristischen Praxis.[27] Doch vermag die These einer derart sterilen Trennung auch an dieser Stelle nicht zu überzeugen. Denn auch wenn sich – zumindest im Rahmen einer formalen Betrachtung – streng zwischen theoretischen Überlegungen und praktischen Erwägungen unterscheiden lässt, sind die beiden Teilbereiche der juristischen Praxis doch wie gezeigt inhaltlich eng miteinander verbunden und in Teilen sogar voneinander abhängig, so dass von einer klaren Trennung nicht die Rede sein kann. Einleuchtende rechtstheoretische Darstellungen lassen sich demnach nicht derart isolieren, dass sie in keiner Weise auf die Praxis der juristischen Entscheidungsfindung durchschlagen. Dementsprechend kann auch Fish die angedachte Trennung letztlich nur in Form einer formalen begrifflichen

25 Somek, Zwei Welten der Rechtslehre und die Philosophie des Rechts, *JZ* 71 (2016), S. 481–532, S. 482.
26 Fish, Doing What Comes Naturally, S. 378.
27 Fish, Doing What Comes Naturally, S. 398.

Unterscheidung aufrechterhalten. Auch er muss einräumen, dass es zu Wechselwirkungen zwischen Theorie und Praxis kommen kann und weist bloß noch daraufhin, dass in diesem Fall das theoretische Wissen zu einem Teil der rechtlichen Praxis geworden sei.[28] Insofern scheint nicht völlig ausgeschlossen, dass eine antiformalistische Rechtskritik, die eine über die Grenzen der eigenen Disziplin hinausreichende Bekanntheit erlangt, die Inanspruchnahme des formalistischen Anspruchs erschwert und so einen gewissen Einfluss auf die juristische Praxis entfaltet.

3. Die Möglichkeit einer restlos aufgeklärten Rechtspraxis

Diese Möglichkeit steht auch nicht im Widerspruch zu den obigen Ausführungen zur formalistischen Prätention und der Projektion des Glaubens an den Formalismus auf einen unbestimmten Dritten, sondern ist in diesen bereits angelegt. In ihr zeigen sich vielmehr die natürlichen Grenzen einer Immunisierungsstrategie, die auf der Auslagerung einer in Zweifel geratenen Überzeugung beruht.

Wie oben beschrieben reicht das Spektrum der subjektiven Haltungen der Rechtsanwender von einem naiven Glauben an die formalistische Prämisse bis hin zu einem offen zur Schau gestellten Zynismus. Getragen wird die rechtliche Praxis jedoch von dem dazwischen liegenden Graubereich ambivalenter Positionen. In diesen vermengt sich das Wissen um die Unverzichtbarkeit des Formalismus als Grundlage der eigenen Tätigkeit mit Zweifeln an dessen Realisierbarkeit. Dank der Projektion auf einen unbestimmten Dritten kann der ungebrochene Glauben an den Formalismus gleichwohl zur Grundlage der eigenen Tätigkeit gemacht werden. Diese gemäßigten Positionen zeichnet allerdings aus, dass die Zweifel am Formalismus zwar gehegt, dabei aber stets im Vagen gehalten werden. Drängen sich nun formalismuskritische Auffassungen vermehrt auf, gerät diese ambivalente Position zunehmend unter Druck und insbesondere die sie auszeichnende Vagheit kann nicht länger aufrechterhalten werden. Stattdessen sind die Beteiligten dazu gezwungen, die sich aufdrängende Einsicht in das Scheitern des Formalismus zur Kenntnis zu nehmen und mit ihrem Bild von sich und dem Wesen ihrer Tätigkeit in Einklang zu bringen. Somit steht den Akteuren der Widerspruch zwischen dem eigenen Handeln und dem Scheitern des Formalismus in aller Deutlichkeit vor Augen. Dies macht es ungleich anspruchsvoller, den Glauben an den Formalismus unverändert zur Grundlage des eigenen Handelns zu machen. In diesem Fall hängt die Erhebung des formalistischen Anspruchs von der Fähigkeit, vor allem aber der Bereitschaft der Beteiligten ab, über das in ihm angelegte kontrafaktische

28 Fish, Doing What Comes Naturally, S. 338ff.

Moment hinwegzusehen und am Formalismus auch im Wissen um dessen fehlende Realisierbarkeit festzuhalten. Auf diese Weise nähert sich die Inanspruchnahme des Formalismus dem bewussten Aufrechterhalten einer Unaufrichtigkeit beziehungsweise dem vom Pfaller beschriebenen Handeln wider besseres Wissen an.[29] Wie oben schon ausgeführt, stellt dies jedoch keine der Bedeutung und der Funktion des Formalismus angemessene Form der Bezugnahme dar. Ihr fehlt sowohl auf individueller als auch auf kollektiver Ebene die erforderliche Stabilität und Ernsthaftigkeit, um der grundlegenden gesellschaftlichen Funktion des Rechts gerecht zu werden und deren Reproduktion über Generationen hinweg sicherzustellen.

Die obigen Ausführungen sind demnach dahingehend zu präzisieren, dass auch die beschriebene Immunisierungsstrategie des Rechts, die auf der Projektion des ungebrochenen Glaubens an den Formalismus auf einen unbestimmten Dritten beruht, nicht unumstößlich ist. Sie ist ihrerseits darauf angewiesen, dass die Zweifel am Formalismus überwiegend im Vagen gehalten werden und kann folglich durch deren Erstarken ins Wanken gebracht werden. Somit scheint nicht ausgeschlossen, dass eine zunehmende Präsenz formalismuskritischer Positionen der Aufrechterhaltung der formalistischen Prätention und somit der Integrität des Rechts abträglich sein kann. Überzeugend scheint es insofern weder, kritischen Strömungen mit Sherry einen beherrschenden Einfluss auf die juristische Praxis einzuräumen, noch diesen mit Fish gänzlich von der Hand zu weisen. Stattdessen scheint eine komplexe Wechselwirkung zwischen Theorie und Praxis zu bestehen, die weder mit der Vorstellung einer einseitigen Beeinflussung noch mit der These einer völligen Unabhängigkeit treffend beschrieben ist. Innerhalb gewisser, in ihrem konkreten Verlauf stets kontingenten Grenzen erweist sich die juristische Praxis hingegen für die Konsequenzen rechtstheoretischer Einsichten empfänglich. Bei aller Robustheit der juristischen Praxis und der Nachrangigkeit akademischer Debatten ist folglich nicht völlig auszuschließen, dass eine nicht gänzlich aufzulösende Spannung zwischen dem Streben nach einer möglichst genauen Beschreibung der rechtlichen Praxis und dem Wunsch nach der Wahrung ihrer Integrität besteht.

4. Das formalistische Recht als voraussetzungsreiche Kulturtechnik

Vor allem aber bestätigt und verstärkt sich somit nochmals der Eindruck, dass es sich beim Recht um eine voraussetzungsreiche Kulturtechnik handelt, die von zahlreichen Faktoren abhängt, die sie »selbst

29 Pfaller, Die Illusionen der anderen, S. 11f.

nicht garantieren kann«.[30] Insbesondere scheint das Recht auf eine spezifische Form der Zivilisiertheit angewiesen zu sein. Diese umfasst zum einen ein wohlwollendes, auf eine dauerhafte und friedvolle Kooperation angelegtes Verhalten aller Beteiligten. Wird dieses gemeinschaftliche Zusammenwirken verweigert oder unterlaufen, stößt die koordinative Kraft und die vermittelnde Wirkung des Rechts schnell an ihre Grenzen. Somit besteht stets die Gefahr, dass sich ein destruktiv eingestellter Akteur die Vulnerabilität des Rechts zunutze macht und die Erträge einer langfristigen kooperativen Praxis damit in Gefahr bringt. Auch die Fähigkeit des Rechts, die bestehende Ordnung zu bewahren, ist insofern begrenzt und nachrangig gegenüber ihm vorgelagerten politischen und gesellschaftlichen Begebenheiten.

Zum anderen verlangt das Recht von seinen Akteuren die Bereitschaft, an der Berufung auf den Formalismus auch im Angesicht des in ihm angelegten kontrafaktischen Moments festzuhalten. Dies setzt die Fähigkeit voraus, die Inanspruchnahme des Formalismus nicht wörtlich zu nehmen und auch sein Scheitern nicht als Irreführung zu beklagen. Erst die Fähigkeit, die der rechtlichen Praxis inhärente Ambivalenz auszuhalten und diese auch nicht für die eigenen Zwecke zu instrumentalisieren, verleiht dieser die Möglichkeit, Konflikte zu befrieden, die bei unvermittelter Artikulation der aufeinandertreffenden Positionen nicht aufzulösen wären. In diesem Voraussetzungsreichtum spiegelt sich somit zugleich der immense zivilisatorische Wert des Rechts. Weil dieser aber auf der Inanspruchnahme eines unerfüllbaren Anspruchs beruht, bleibt er stets prekär.

IV. Künstliche Intelligenz

Bestärkt durch erhebliche technologische Fortschritte lebt die mehrfach zurückgewiesene Hoffnung auf ein neutrales Recht derweil in dem Ansinnen wieder auf, das juristische Urteil der Entscheidungsfindung einer künstlichen Intelligenz zu überantworten. Dadurch soll die als menschliche Schwäche verstandene Voreingenommenheit und die hieraus resultierende Unberechenbarkeit des juristischen Urteils überwunden werden. Die Auslagerung auf eine fast beliebig skalierbare technische Vorrichtung verspricht zudem erhebliche Effizienzgewinne für eine notorisch überlastete Justiz.[31] Auf Grundlage der bisherigen

30 Böckenförde, Recht, Staat, Freiheit, S. 112.

31 Vgl. Dreyer, Schmees, Künstliche Intelligenz als Richter? Wo keine Trainingsdaten, da kein Richter - Hindernisse, Risiken und Chancen der Automatisierung gerichtlicher Entscheidungen, *CR* 35 (2019), S. 758–764, S. 759.

Untersuchung stehen diesem Ansinnen jedoch einige grundlegende Überlegungen entgegen.

Zunächst ist anzumerken, dass in der Diskussion eines Einsatzes künstlicher Intelligenz regelmäßig allein der Vorgang der Subsumtion ins Auge gefasst wird und auch nur dieser einer Automatisierung unterzogen werden soll.[32] Wie bereits gezeigt entspricht dies einer in der juristischen Methodenlehre üblichen Verkürzung. Bei genauerem Hinsehen zeigt sich bald, dass die Subsumtion lediglich der letzte Schritt in einer langen Kette von Entscheidungen ist. Zeitlich vorgelagerte Vorgänge, wie beispielsweise die Konstruktion des zu beurteilenden Sachverhalts sind für den Ausgang der Entscheidung dabei von mindestens ebenso großer Relevanz wie die insofern zu Unrecht in den Vordergrund gerückte Subsumtion.[33] Werden all diese weiteren Schritte von dem Versuch der Automatisierung ausgenommen, kann das Ziel einer von impliziten Wertungen befreiten Entscheidung folglich schon nicht erreicht werden.

Hinzu kommt, dass sich auch in den Operationen künstlicher Intelligenzen regelmäßig zahlreiche (implizite) menschliche Werturteile niederschlagen. Diese können entweder im Wege der Programmierung oder des eingespeisten Datenmaterials Eingang in den Entscheidungsprozess finden. Und so zeigt sich wenig überraschend immer wieder, dass in automatisierten Entscheidungsprozessen mitunter die abstoßendsten Tendenzen menschlicher Entscheidungspraktiken ihre Fortsetzung finden.[34] Durch die mangelnde Transparenz des Entscheidungshergangs und den durch ihre Technizität vermittelten Anschein gesteigerter Neutralität bieten sie dabei noch weniger Raum für eine kritische Auseinandersetzung als ihr menschengemachtes Pendant und verstärken somit unter Umständen die Probleme, zu deren Lösung sie herangezogen werden sollen.

Doch selbst wenn man von diesen eher praktischen Problemen absieht oder sie mit dem weiteren Voranschreiten der technischen Entwicklung für lösbar hält, scheint das Streben nach einer Automatisierung des rechtlichen Urteils auf einem grundlegenden Missverständnis der rechtlichen Entscheidungspraxis zu beruhen. Denn es reduziert die juristische Entscheidung auf ihre formale Dimension, blendet also jegliche »Informalität radikal aus« und übersieht somit das ihr eigene Ineinanderwirken von formalen und informalen Gesichtspunkten.[35] Ebendieses Zusammenspiel ist für den gesellschaftlichen Nutzen des juristischen Urteils jedoch entscheidend. Denn es erlaubt dem urteilenden Richter, eine auf

32 Raabe, Wacker, Oberle, Baumann, Funk, Recht ex machina - Formalisierung des Rechts im Internet der Dienste, S. 8.

33 S.o., Kapitel I, Abschnitt IV, 3.

34 Angwin, Larson, Mattu, Kirchner, Machine bias, in: Martin (Hrsg.), Ethics of data and analytics, S. 254–264.

35 Möllers, Die Möglichkeit der Normen, S. 472.

formalen Aspekten beruhende Entscheidung auf ihre Folgen hin zu untersuchen und dabei einen vielschichtigen Kontext umfassend zu berücksichtigen.[36] Nur so lässt sich eine unter der Gesamtheit der jeweiligen Umstände des Einzelfalls angemessene, höchst spezifische Lösung finden und diese zugleich als Ausfluss allgemein verbindlicher Maßstäbe ausweisen. Die Unbestimmtheit der Norm beziehungsweise der juristischen Methode verschafft der juristischen Entscheidungspraxis somit die erforderliche Flexibilität, um sich innerhalb einer komplexen Umwelt dauerhaft behaupten zu können.[37] Der maßgebliche Teil der »juristischen Gedankenarbeit« liegt demnach »im nicht-logischen, nicht-schematisierbaren, nicht-kalkülisierbaren Teil der rechtserheblichen Informationsverarbeitung«.[38] »Das Recht ist nicht in dem Sinne rational, dass es als Anwendung eines Logiksystems dargestellt und damit im Prinzip auch auf automatische Datenverarbeitungsanlagen übertragen werden kann, vielmehr liegt seine Rationalität gerade umgekehrt in der Lösung von Systemproblemen, die nicht mit rein logischen Mitteln gelöst, also nicht auf Maschinen übernommen werden können.«[39]

Einer automatisierten Entscheidungsfindung fehlt also »die Freiheit des Geistes«, die es erfordert, die formale Ebene des juristischen Urteils bei Bedarf auf Distanz zu bringen und ihre Ergebnisse mit einer stets unbestimmten Vielzahl informaler Erwägungen abzugleichen, um beide Ebenen situativ in ein angemessenes Verhältnis zu bringen.[40] Auch wenn es also gelänge, die juristische Entscheidung umfassend zu automatisieren, wäre diese dadurch nicht etwa von dem Makel menschlicher Schwäche befreit. Vielmehr wäre eine hochentwickelte Kulturtechnik um ebenjene Eigenheit gebracht, die aus der spezifisch menschlichen Qualität ihrer Anwendung erwächst und auf der ihr immenser gesellschaftlicher Nutzen beruht.

Möglicherweise ist jedoch auch dieser Einwand schon bald überholt. Denn es ist nicht auszuschließen, dass wir uns erst am Beginn einer exponentiell verlaufenden technischen Entwicklung befinden, in der sich die Entwicklung künstlicher Intelligenz weitgehend verselbstständigt und entsprechend beschleunigt. Dann aber scheint auch die Entstehung einer Intelligenz, die auch zu einer solchen, bislang als genuin menschlich verstandenen gedanklichen Leistung nicht nur fähig ist, sondern diese noch bei weitem übertrifft, nur eine Frage der Zeit zu sein.[41] In diesem

36 Möllers, Die Möglichkeit der Normen, S. 473.

37 Luhmann, Recht und Automation in der öffentlichen Verwaltung, S. 52.

38 Luhmann, Recht und Automation in der öffentlichen Verwaltung, S. 58.

39 Luhmann, Recht und Automation in der öffentlichen Verwaltung, S. 59.

40 Müller-Mall, Verfassende Urteile, S. 249f.

41 Good, Speculations Concerning the First Ultraintelligent Machine, *Advances in Computers* 6 (1966), S. 31–88, S. 33; MacAskill, What we owe the future, S. 64f, 68, 70ff.

Szenario ließe sich die Übertragung des rechtlichen Urteils auf eine künstliche Intelligenz jedoch nicht mehr mit dem ursprünglichen Ruf nach einer streng an formalen Vorgaben ausgerichteten Entscheidungsfindung begründen. Denn wie nunmehr deutlich geworden ist, liegt das spezifische Wesen des juristischen Urteils gerade in der ständigen Überschreitung dieser Formalität unter der Berufung auf diese. Eine künstliche Intelligenz, welche dasselbe Maß an gedanklicher Freiheit an den Tag legt wie ein zum Urteil berufener Mensch würde folglich kein neutraleres Urteil fällen als dieser. Zugespitzt ließe sich also sagen, dass der Einsatz künstlicher Intelligenz die juristische Entscheidung entweder um das ihren Nutzen begründende Proprium bringt oder aber die menschliche Entscheidungsfindung so lebensnah nachbildet, dass der ihm zugrundeliegende Ruf nach einer neutralen Entscheidung diesen Einsatz nicht mehr rechtfertigen kann.

In einem solchen Szenario wäre stattdessen vor allem zu bedenken, ob die hiermit verbundenen Risiken durch mögliche Qualitäts- und Effizienzzuwächse aufgewogen würden. Dabei scheint insbesondere zweifelhaft, inwieweit die Übertragung solch gewichtiger Entscheidungen auf eine Entität ratsam erscheint, deren Operationen selbst für ihre Schöpfer im Einzelnen mitunter nicht mehr nachvollziehbar sind.[42] Zudem beruht auch dieses Ansinnen möglicherweise auf einem unzureichenden Verständnis der grundlegenden gesellschaftlichen Funktion rechtlicher Verfahren. Wie oben beschrieben liegt diese vor allem in der Befriedung potenziell unauflösbarer zwischenmenschlicher Konflikte. Hierfür ist die durch das gerichtliche Verfahren bereitgestellte Möglichkeit zentral, die eigene Positionen zum Ausdruck zu bringen, damit auf Gehör zu stoßen und die hervorgebrachten Argumente in einer autoritativen und abschließenden Entscheidung berücksichtigt zu finden. Insofern schafft das gerichtliche Verfahren vor allem einen Resonanzraum, der in hochgradig institutionalisierter Weise bestimmte Formen zwischenmenschlicher Interaktionen ermöglicht. Dies scheint für die Akzeptanz des richterlichen Urteils mitunter von größerer Bedeutung zu sein als dessen konkreter Inhalt.[43] Ob diese Form der Legitimation durch den von einer hochkomplexen Technik vermittelten Eindruck der Neutralität und Korrektheit umfassend ersetzt werden kann, scheint zumindest fraglich. Vielmehr scheint vorstellbar, dass die Mitwirkung an einer komplexen und vom Zusammenspiel verschiedener Wahrheits- und Bedeutungsebenen geprägten Praxis bei all ihren Imperfektionen ein größeres

42 Will Knight, The Dark Secret at the Heart of AI, MIT Technology Review (11. April 2017), abrufbar unter https://www.technologyreview.com/2017/04/11/5113/the-dark-secret-at-the-heart-of-ai/.

43 Tasioulas, The Rule of Algorithm and the Rule of Law (7. Januar 2023), abrufbar unter SSRN: https://ssrn.com/abstract=4319969, S. 15f.

Zugehörigkeitsgefühl erzeugt und insofern integrativer wirkt, als die von einer künstlichen Intelligenz erzeugte eindimensionale Korrektheit. Als Kehrseite der oben beschriebenen Vulnerabilität des Rechts, die aus der Abhängigkeit von der wohlwollenden Mitwirkung aller Beteiligten und dem Festhalten an einem nicht erfüllbaren Anspruch erwächst, zeigt sich hierin das integrative Potenzial einer voraussetzungsreichen intersubjektiven Praxis.

V. Endergebnis

Zurückblickend lassen sich die Ergebnisse der vorliegenden Untersuchung somit folgendermaßen zusammenfassen.

Den Ausgangspunkt bildet die Einsicht, dass der formalistische Anspruch des Rechts unerfüllt bleiben muss. Die ihn tragende Annahme, das konkrete juristische Urteil lasse sich aus dem Inhalt der in ihm zur Anwendung kommenden Normen ableiten, hält dem Abgleich mit grundlegenden Einsichten der Sprachphilosophie in der Tradition des späten Wittgensteins nicht Stand. Es lässt sich schlichtweg kein vom konkreten Gebrauch unabhängiger Bedeutungsgehalt sprachlicher Äußerungen bestimmen. An dessen Stelle tritt ein Netz intersubjektiver Konventionen und Gepflogenheiten unterschiedlicher Solidität, welche trotz ihrer Plastizität dazu imstande sind, eine funktionierende Kommunikation zu ermöglichen. Das maßgebliche Kriterium einer gelungenen Begriffsverwendung liegt demnach nicht in der korrekten Anwendung feststehender formaler Kriterien, sondern in der Reaktion der anderen Mitglieder der interpretativen Gemeinschaft und den sich auf diese Reaktion wiederum rückbeziehenden weiteren Äußerungen. In Übereinstimmung hiermit ist das formalistische Selbstbild des Rechts zu revidieren und durch ein konventionalistisches Verständnis der Rechtsanwendung zu ersetzen. Das richterliche Urteil wird demnach nicht durch die geltenden Gesetze determiniert, sondern durch die in der rechtlichen Praxis zum gegebenen Zeitpunkt jeweils herrschenden Auslegungs- und Entscheidungskonventionen und deren individuelle Konkretisierung im Einzelfall. So finden auch die durch den Formalismus vorgeblich ausgeschlossenen Erwägungen Eingang in die richterliche Entscheidungsfindung. Das richterliche Urteil kommt demnach nicht in der Weise zustande, wie es in der Selbstdarstellung des Rechts und in dem ihn umgebenden Diskurs vorausgesetzt wird. Der formalistische Anspruch des Rechts scheitert.

Zugleich wird deutlich, dass im Erheben des formalistischen Anspruchs eine zwingende Voraussetzung für das Funktionieren des Rechts und den in ihm angelegten zivilisatorischen Wert liegt. Der formalistische Anspruch vermittelt nämlich nicht nur die disziplinäre Eigenständigkeit des Rechts, sondern begründet zugleich auch dessen hervorgehobenen

Status im Rahmen gesellschaftlicher Auseinandersetzungen. Denn er weist das richterliche Urteil im Rahmen der gewaltenteiligen Ordnung als Anwendung des demokratisch legitimierten Gesetzes aus und verleiht dem Recht somit die hierfür erforderliche Legitimität und Autorität. Auf diese Weise ermöglicht der Formalismus es dem Recht, auch in vermeintlich unauflösbaren gesellschaftlichen Konflikten zu vermitteln und diese dauerhaft zu befrieden. Der Formalismus fungiert dabei als Medium der Universalisierung, welches partikulare Auffassungen mit einem Anspruch auf Allgemeingültigkeit versieht. Erst durch den formalistischen Anspruch wird das Recht so zu einem Mechanismus, mit dem eine Gemeinschaft das grundlegende Dilemma zwischen der irreduziblen Verschiedenheit ihrer Mitglieder und dem zwingenden Erfordernis kollektiven Handelns zu lösen vermag.

Hieraus folgt der paradox anmutende Befund, dass sich der formalistische Anspruch zwar als uneinlösbar, für das Bestehen und den gesellschaftlichen Nutzen des Rechts aber zugleich als unverzichtbar erweist. Dies wirft wiederum die Frage auf, in welchem Verhältnis die innere Funktionsweise und das äußere Erscheinungsbild des Rechts zueinanderstehen. Sie ist mit der These, es handle sich um zwei eigenständige, voneinander unabhängige Bereiche der juristischen Praxis nicht hinreichend beantwortet. Denn zum einen besteht zwischen der Entstehung der richterlichen Entscheidung und ihrer Darstellung bei genauerem Hinsehen eine enge und vielschichte Wechselwirkung. Und zum anderen bezieht die Berufung auf den Formalismus ihre legitimierende Wirkung gerade aus dem Anspruch, die richterliche Entscheidung tatsächlich einhegen zu können.

Diese Überlegungen geben zugleich Anlass, das Zustandekommen des richterlichen Urteils genauer zu untersuchen und das oben entwickelte konventionalistische Rechtsverständnis nochmals zu präzisieren und anzupassen. Dabei wird deutlich, dass ebenso wenig wie die Vorstellung einer rein formalen Rechtsanwendung eine Beschreibung zu überzeugen vermag, der zufolge die immer schon verinnerlichten, gängigen Gepflogenheiten der rechtlichen Praxis im Urteil in rein intuitiver Weise zur Anwendung kommen. Stattdessen erweist sich der Vorgang der Rechtsanwendung als vielschichtiges, nie restlos aufzulösendes Zusammenspiel zahlreicher Faktoren, in der die formale Begründbarkeit eine gewichtige, nicht aber bestimmende Rolle einnimmt und an dessen Ende ein subjektiv geprägtes Empfinden der Angemessenheit steht. Damit bleibt es gleichwohl dabei, dass die tatsächliche Entstehung des richterlichen Urteils dem formalistischen Anspruch nicht zu entsprechen vermag. Anstatt sich aufzulösen, tritt das beschriebene Dilemma somit in noch größerer Deutlichkeit hervor: Das Recht ist auf die Vorgabe einer Funktionsweise angewiesen, die zu realisieren es nicht imstande ist.

Zuletzt stellt sich damit die Frage, wie sich die ständige Erhebung eines Anspruchs, der sich doch nicht erfüllen lässt, in überzeugender Weise beschreiben lässt. Während es sich offenkundig nicht um eine gezielte Irreführung handelt, der Begriff der Lüge also ausscheidet, gelingt es einem auf Hans Vaihinger zurückgehenden Fiktionsbegriff, das dem Formalismus eigene Nebeneinander von Kontrafaktizität und realer Wirkmacht einzufangen. Nicht zum formalistischen Anspruch des Rechts passt jedoch die dem Fiktionsbegriff implizite Annahme, dass der fiktive Charakter der jeweiligen Prämisse den Beteiligten stets vor Augen steht. Zwar sind Zweifel am Formalismus keine Seltenheit, doch hängt das Recht dennoch von seiner vorbehaltlosen Inanspruchnahme ab. Insofern bedarf es einer Beschreibung, welche das Bestehen von Zweifeln mit einer robusten Anwendung in der täglichen Praxis in Einklang bringen kann. Eine ebensolche halten die Ausführungen Robert Pfallers bereit. Mit seiner Figur der »Illusionen der anderen« zeigt er auf, wie auch eine in Zweifel geratene Annahme durch die Projektion auf einen unbestimmten Dritten auf Distanz gebracht und dadurch nicht etwa geschwächt, sondern in ihrem Bestehen gestärkt werden kann. Der formalistische Anspruch des Rechts wird auf diese Weise von der Notwendigkeit des Vorliegens entsprechender Überzeugungen entkoppelt und so in die Lage versetzt, trotz seiner Unerfüllbarkeit als zentraler Bezugspunkt der juristischen Praxis zu fungieren.

Das sich hieraus ergebende Bild vom Wesen des formalistischen Anspruchs soll im Begriff der Prätention zusammengefasst werden. Aus ihm geht hervor, dass das Recht stets auf die Vorgabe einer Funktionsweise angewiesen ist, die zu erfüllen es nicht imstande ist. Für das Funktionieren des Rechts kommt es somit auf die erfolgreiche Errichtung eines Scheins an, der zwar der Realität nicht entspricht, dem aber gleichwohl ein eigener Realitätsgehalt zukommt und der deshalb als Unaufrichtigkeit oder Täuschung nicht angemessen beschrieben ist. Vielmehr erweist sich das Recht als eine Praxis, die in ihrem Funktionieren und ihrem gesellschaftlichen Nutzen auf dem Aufrechterhalten der ihr eigenen Ambivalenz zwischen Anspruch und Wirklichkeit beruht. Darin, diese Spannung nicht auflösen oder marginalisieren zu wollen, sondern explizit zum Ausgangspunkt der Beschreibung zu machen, liegt der Ansatz einer postkritischen Theorie des Rechts.

Literatur

Alexy, Robert, Theorie der juristischen Argumentation. Die Theorie des rationalen Diskurses als Theorie der juristischen Begründung. Nachwort (1991): Antwort auf einige Kritiker, 3. Auflage Frankfurt am Main 1996.

Angwin, Julia, Larson, Jeff, Mattu, Surya, Kirchner, Lauren, Machine bias, in: Martin, Kirsten (Hrsg.), Ethics of data and analytics, New York 2022.

Arendt, Hannah, Vita activa oder Vom tätigen Leben, 8. Auflage München 1994.

Aristoteles, Nikomachische Ethik, Ditzingen 2019.

Augsberg, Ino, Die Lesbarkeit des Rechts. Texttheoretische Lektionen für eine postmoderne juristische Methodologie, 2. Auflage Weilerswist 2020.

Augustinus, Aurelius, Vom Gottesstaat, Zürich 1955.

Austin, J.L., How to Do Things With Words, Oxford 1962.

Bacon, Francis, The Advancement of Learning, 2. Auflage Oxford 1880.

Ballweg, Ottmar, Rechtswissenschaft und Jurisprudenz, Basel 1970.

Baum, Lawrence, The Puzzle of Judicial Behavior, Ann Arbor 1997.

Baum, Lawrence, Judges and Their Audiences. A Perspective on Judicial Behavior, Princeton 2008.

Benjamin, Walter, Zur Kritik der Gewalt, in: ders., Gesammelte Schriften Band II 1, Frankfurt am Main 1977, S. 179–203.

Böckenförde, Ernst-Wolfgang, Recht, Staat, Freiheit. Studien zur Rechtsphilosophie, Staatstheorie und Verfassungsgeschichte, Frankfurt am Main 2006.

Boghossian, Paul, The Rule following considerations, *Mind* 98 (1989), S. 507–549.

Busse, Dietrich, Zum Regel-Charakter von Normtextbedeutung und Rechtsnormen, *Rechtstheorie* 19 (1988), S. 305–322.

Danziger, Shai, Levav, Jonathan, Avnaim-Pesso, Liora, Extraneous factors in judicial decisions, *Proceedings of the National Academy of Sciences* 108 (2011), S. 6889–6892.

Dellwing, Michael, Derrida, Fish und das Gesetz, *Zeitschrift für Rechtssoziologie* 29 (2008), S. 261–278.

Derrida, Jacques, Force of Law: The »Mystical Foundation of Authority«, *Cardozo Law Review* 11 (1990), S. 920–1045.

Derrida, Jacques, Before the Law. The Complete Text of Préjugés, Minneapolis/London 2018.

Dreier, Horst, Rechtslehre, Staatssoziologie und Demokratietheorie bei Hans Kelsen, Baden-Baden 1986.

Dreyer, Stephan, Schmees, Johannes, Künstliche Intelligenz als Richter? Wo keine Trainingsdaten, da kein Richter – Hindernisse, Risiken und Chancen der Automatisierung gerichtlicher Entscheidungen, *Computer und Recht* 35 (2019), S. 758–764.

Dworkin, Ronald, Taking Rights Seriously, Cambridge/Mass. 1977.

Dworkin, Ronald, Law's Empire, Oxford 1998.
Dyevre, Arthur, Unifying the field of comparative judicial politics: towards a general theory of judicial behaviour, *European Political Science Review* 2 (2010), S. 297–327.
Dyzenhaus, David, The inevitable social contract, *Res Publica* 27 (2021), S. 187–202.
Endicott, Timothy, Proportionality and Incommensurability, in: Huscroft, Grant, Miller, Bradley, Webber, Grégoir, (Hrsg.), Proportionality and the Rule of Law, Cambridge 2014, S. 311–342.
Engelmann, Andreas, Rechtsgeltung als institutionelles Projekt. Zur kulturellen Verortung eines rechtswissenschaftlichen Begriffs, Weilerswist 2020.
Fish, Stanley, Is There a Text in This Class? The Authority of Interpretive Communities, Cambridge/Mass. 1980.
Fish, Stanley, Almost Pragmatism: Richard Posner's Jurisprudence, *The University of Chicago Law Review* 57 (1990), S. 1447–1475.
Fish, Stanley, The Law wishes to have a formal existence, in: Sarat, Austin, Kearns, Thomas (Hrsg.), The Fate of Law, Ann Arbor 1993, S. 159–208.
Fish, Stanley, Doing What Comes Naturally. Change, Rhetoric, and the Practice of Theory in Literary & Legal Studies, 4. Auflage Durham 1999.
Forsthoff, Ernst, Die Umbildung des Verfassungsgesetzes, in: Barion, Hans, Forsthoff, Ernst, Weber, Werner (Hrsg.), Festschrift für Carl Schmitt. Zum 70. Geburtstag dargebracht von Freunden und Schülern, Berlin 1959, S. 35–62.
Gabriel, Gottfried, Fiktion und Fiktionalismus. Zur Problemgeschichte des ›Als Ob‹, in Neuber, Matthias (Hrsg.), Fiktion und Fiktionalismus. Beiträge zu Hains Vaihingers ›Philosophie des Als Ob‹, Würzburg 2014, S. 65–87.
Gamm, Gerhard, Flucht aus der Kategorie. Die Positivierung des Unbestimmten als Ausgang der Moderne, Frankfurt am Main 1994.
Galligan, Denis, Legal Theory and Empirical Research, in: Cane, Peter, Kritzer, Herbert (Hrsg.), The Oxford Handbook of Empirical Legal Research, Oxford/New York 2010, S. 976–1001.
Good, Irving, Speculations Concerning the First Ultraintelligent Machine, *Advances in Computers* 6 (1966), S. 31–88.
Guthrie, Chris, Rachlinski, Jeffrey, Wistrich, Andrew, Blinking on the Bench: How Judges Decide Cases, *Cornell Law Review* 93 (2007), S. 1–44.
Hart, H.L.A., Positivism and the Separation of Law and Morals, *Harvard Law Review* 71 (1958), S. 593–629.
Hart, H.L.A., The Concept of Law, 3. Auflage Oxford 2012.
Isay, Hermann, Rechtsnorm und Entscheidung, Berlin 1929.
Kantorowicz, Hermann, Some Rationalism about Realism, *The Yale Law Journal* 43 (1934), S. 1240–1253.
Kelsen, Hans, Reine Rechtslehre, 2. Auflage Wien 1960.
Kelsen, Hans, Allgemeine Theorie der Normen, Wien 1979.
Kelsen, Hans, The Concept of the Legal Order, *The American Journal of Jurisprudence* 64 (1982), S. 64–84.

Kennedy, Duncan, Legal Education as Training for Hierarchy, in: Kairys, David (Hrsg.), The Politics of Law. A Progressive Critque, New York 1982, S. 40–61.

Kennedy, Duncan, Critique of Adjudication. Fin de siècle, Cambridge/Mass. 1997.

Klare, Karl, Legal culture and transformative constitutionalism, *South African Journal on Human Rights* 14 (1998), S. 146–188.

Kletzer, Christoph, Primitive Law, *Jurisprudence* 4 (2013), S. 263–272.

Kripke, Saul, Wittgenstein on Rules and Private Language. An Elementary Exposition, Cambridge/Mass. 1982.

Kumkar, Nils-Christian, Alternative Fakten. Zur Praxis der kommunikativen Erkenntnisverweigerung, Berlin 2022.

Latour, Bruno, The making of law. An Ethnography of the Conseil d'Etat, 4. Auflage Cambridge/Malden 2013.

Lautmann, Rüdiger, Richterliche Strategien zum Abschluss eines Verfahrens, in: Blankenburg, Erhard (Hrsg.), Empirische Rechtssoziologie, München 1975, S. 40–55.

Lege, Joachim, Pragmatismus und Jurisprudenz. Über die Philosophie des Charles Sanders Peirce und über das Verhältnis von Logik, Wertung und Kreativität im Recht, Tübingen 1999.

Levitsky, Steven, Ziblatt, Daniel, How democracies die, New York 2018.

Lindquist, Stefanie, Cross, Frank, Empirically Testing Dworkin's Chain Novel Theory: Studying the Path of Precedent, *New York University Law Review* 80 (2005), S. 1156–1206.

Luhmann, Niklas, Ausdifferenzierung des Rechts. Beiträge zur Rechtssoziologie und Rechtstheorie, Frankfurt am Main 1981.

Luhmann, Niklas, Recht und Automation in der öffentlichen Verwaltung. Eine verwaltungswissenschaftliche Untersuchung, 2. Auflage Berlin 1997.

MacAskill, William, What we owe the future, New York 2022.

MacCormick, Neil, Reconstruction after Deconstruction: A Response to CLS, *Oxford Journal of Legal Studies* 10 (1990), S. 539–558.

MacCormick, Neil, Rhetoric and the Rule of Law. A Theory of Legal Reasoning, Oxford 2005.

Mannoni, Octave, I know well, but all the same..., in: Rothenberg, Molly Anne, Foster, Dennis, Žižek, Slavoj (Hrsg.), Perversion and the Social Relation, Durham 2003, S. 68–92.

Mannoni, Octave, Das Spiel der Illusionen oder das Theater aus der Sicht des Imaginären, *Maske und Kothurn* 52 (2006), S. 17–36.

Menke, Christoph, Recht und Gewalt, Köln 2011.

Möllers, Christoph, Why There Is No Governing with Judges (30. September 2014), abrufbar unter https://ssrn.com/abstract=2503729.

Möllers, Christoph, Die Möglichkeit der Normen. Über eine Praxis jenseits von Moralität und Kausalität. Mit einem neuen Nachwort, Berlin 2018.

Montesquieu, Charles, Vom Geist der Gesetze. Eine Auswahl, übersetzt und erläutert von Friedrich August Freiherr von der Heydte, Berlin 1950.

Müller-Mall, Sabine, Performative Rechtserzeugung. Eine theoretische Annäherung, Weilerswist 2012.

Müller-Mall, Sabine, Interpretation und Urteil im Juridischen, in: Grimm, Dieter, König, Christoph (Hrsg.), Lektüre und Geltung. Zur Verstehenspraxis in der Rechtswissenschaft und in der Literaturwissenschaft, Göttingen 2020, S. 27–41.
Müller-Mall, Sabine, Verfassende Urteile. Eine Theorie des Rechts, Berlin 2023.
Neumann, Ulfried, Juristische Argumentationslehre, Darmstadt 1986.
Neumann, Ulfried, Wahrheit im Recht. Zu Problematik und Legitimität einer fragwürdigen Denkform, Baden-Baden 2004.
Pfaller, Robert, Zwei Enthüllungen über die Scham, Frankfurt am Main 2022.
Pfaller, Robert, Die Illusionen der anderen. Über das Lustprinzip in der Kultur, 7. Auflage Frankfurt am Main 2018.
Platon, Der Staat, München 1991.
Pound, Roscoe, The Call for a Realist Jurisprudence, *Harvard Law Review* 44 (1931), S. 697–711.
Raabe, Oliver, Wacker, Richard, Oberle, Daniel, Baumann, Christian, Funk, Christian, Recht ex machina – Formalisierung des Rechts im Internet der Dienste, Berlin 2012.
Renan, Ernest, Qu'est-ce qu'une Nation?, Paris 1997.
Rousseau, Jean-Jacques, Der Gesellschaftsvertrag, Leipzig, 1958.
Schauer, Frederick, Formalism, *The Yale Law Journal* 97 (1988), S. 509–548.
Schauer, Frederick, A Critical Guide to Vehicles in the Park, *New York University Law Review* 83 (2008), S. 1109–1134.
Schlag, Pierre, Griffin, Amy, How do to Things with Legal Doctrine, Chicago/London 2020.
von Schlieffen, Katharina, Sachlichkeit, Rhetorische Kunst der Juristen, Frankfurt am Main 1990.
Schlink, Bernhard, Die Entthronung der Staatsrechtswissenschaft durch die Verfassungsgerichtsbarkeit, *Der Staat* 28 (1989), S. 161–172.
Schlink, Bernhard, Interpretation as Hypotheses, in: Goodrich, Peter, Rosenfeld, Michel (Hrsg.), Administering Interpretation. Derrida, Agamben, and the Political Theology of Law, New York 2019, S. 11–21.
Schmitt, Carl, Gesetz und Urteil. Eine Untersuchung zum Problem der Rechtspraxis, 2. Auflage München 1969.
Schmitt, Carl, Der Nomos der Erde im Völkerrecht des Jus Publicum Europaeum, 5. Auflage Berlin 2011.
Schmitt, Carl, Politische Theologie. Vier Kapitel zur Lehre von der Souveränität, 11. Auflage Berlin 2021.
Sherry, Suzanna, Putting the Law Back in Constitutional Law, *Constitutional Commentary* 25 (2009), S. 461–465.
Simon, Dieter, Die Unabhängigkeit des Richters, Darmstadt 1975.
Simon, Dieter, Alle quixe sind quaxe - Aristoteles und die juristische Argumentation, *JZ* 66 (2011), S. 697–703.
Somek, Alexander, Von der Rechtserkenntnis zur interpretativen Praxis, *Rechtstheorie* 23 (1992), S. 467–490.

Somek, Alexander, Gesetzesbindung als Problem der Demokratie, *Journal für Rechtspolitik* 6 (1998), S. 41–62.
Somek, Alexander, Rechtliches Wissen, Frankfurt am Main 2006.
Somek, Alexander, Zwei Welten der Rechtslehre und die Philosophie des Rechts, *JZ* 71 (2016), S. 481–532.
Somek, Alexander, The Legal Relation. Legal Theory after Legal Positivism, Cambridge 2017.
Somek, Alexander, Rechtstheorie zur Einführung, Hamburg 2017.
Somek, Alexander, Beantwortung der Frage: Was ist Rechtsdogmatik?, in: Bezemek (Hrsg.), Rechtsdogmatik. Stand und Perspektiven, Wien 2023, S.13–29.
Somek, Alexander, Forgó, Nikolaus, Nachpositivistisches Rechtsdenken. Inhalt und Form des positiven Rechts, Wien 1996.
von Steinsdorff, Silvia, (Verfassungs-)Richterliches Entscheiden, in: Boulanger, Christian, Rosenstock, Julika, Singelnstein, Tobias (Hrsg.), Interdisziplinäre Rechtsforschung. Eine Einführung in die geistes- und sozialwissenschaftliche Befassung mit dem Recht und seiner Praxis, Wiesbaden 2019, S. 207–226.
Tasioulas, John, The Rule of Algorithm and the Rule of Law. Vienna Lectures on Legal Philosophy (7. Januar 2023), abrufbar unter: https://ssrn.com/abstract=4319969.
Tyler, Tom, Psychological Perspectives on Legitimacy and Legitimation, *Annual Review of Psychology* 57 (2006), S. 375–400.
Unger, Roberto, The Critical Legal Studies Movement, *Harvard Law Review* 96 (1983), S. 561–675.
Vaihinger, Hans, Die Philosophie des Als Ob. System der theoretischen, praktischen und religiösen Fiktionen der Menschheit auf Grund eines idealistischen Positivismus. Mit einem Anhang über Kant und Nietzsche, 8. Ausgabe Berlin 1911.
Viehweg, Theodor, Zur geplanten Reform des Rechtsstudiums in Deutschland, in: Dempf, Alois, Arendt, Hannah, Engel-Janosi, Friedrich (Hrsg.), Politische Ordnung und menschliche Existenz. Festgabe für Eric Voegelin, München 1962, S. 558–571.
Viehweg, Theodor, Topik und Jurisprudenz. Ein Beitrag zur rechtswissenschaftlichen Grundlagenforschung, 5. Auflage München 1974.
Waldron, Jeremy, Law and Disagreement, Oxford/New York 1999.
Weber, Max, Wirtschaft und Gesellschaft, in: Borchardt, Knut, Hanke, Edith, Schluchter, Wolfgang (Hrsg.), Max Weber-Gesamtausgabe, Band I/23: Wirtschaft und Gesellschaft. Soziologie. Unvollendet. 1919-1920, Tübingen 2019.
Wittgenstein, Ludwig, Philosophische Untersuchungen, 11. Auflage Frankfurt am Main 2022.
Wrase, Michael, Recht und soziale Praxis – Überlegungen für eine soziologische Rechtstheorie, in: Cottier, Michelle, Estermann, Josef, Wrase, Michael (Hrsg.), Wie wirkt Recht?, Baden-Baden 2010, S. 113–146.
Wrase, Michael, Verfassungsgerichtsforschung auf der Schnittstelle zwischen

Rechts- und Politikwissenschaften – Überlegungen am Beispiel des Bundesverfassungsgerichts, in: Wrase, Michael, Boulanger, Christian (Hrsg.), Die Politik des Verfassungsrechts: Interdisziplinäre und vergleichende Perspektiven auf die Rolle und Funktion von Verfassungsgerichten, Baden-Baden 2013, S. 21–36.

Wrase, Michael, Boulanger, Christian, Die Politik des Verfassungsrechts – Beiträge für ein Forschungsprogramm, in: dies. (Hrsg.), Die Politik des Verfassungsrechts – Interdisziplinäre und vergleichende Perspektive auf die Rolle und Funktion von Verfassungsgerichten, Baden-Baden 2013, S. 7–18.

Wrightsman, Lawrence, Judicial Decision Making. Is Psychology Relevant?, New York 1999.

Žižek, Slavoj, The Sublime Object of Ideology, London 1989.

Dank

Danken möchte ich zuallererst meiner Betreuerin Frau Professor Michaela Hailbronner dafür, dass sie mich beim Schreiben dieser Arbeit stets unterstützt und mir zugleich alle Freiheiten gelassen hat. Bedanken möchte ich mich zudem bei Herrn Professor Franz Reimer für die Erstellung des Zweitgutachtens und die vielen, sehr hilfreichen Kommentare zu meiner Arbeit. Danken möchte ich außerdem Herrn Professor Alexander Somek und Herrn Professor Christoph Möllers für überaus hilfreiche Kommentare zu früheren Entwürfen einzelner Kapitel. Herzlich bedanken möchte ich mich weiter bei Tim Wihl und Tankred Freiberger für die zahlreichen Gespräche und Einwürfe, die mein Denken über die Jahre geprägt und, wenn man es so nennen möchte, vorangebracht haben. Zuletzt möchte ich meiner Mutter dafür danken, dass sie immer für mich da war. Ihr und dem Gedenken meines Vaters ist diese Arbeit gewidmet.